高校实验室技术与安全管理系列教材
中国矿业大学“十四五”规划教材

高校实验室安全与应急处置

主　编　王启立　吴祝武
副主编　袁　玲　白向玉

中国矿业大学出版社
·徐州·

内 容 提 要

实验室是高校进行人才培养、科技创新的重要保障和基地，承担着实验教学、科技创新和社会服务的重要任务，同时也是培养学生实践创新能力、进行科普宣传和开展实践劳动教育的重要平台。加强实验人员的安全教育，促进实验人员提升开展实验的安全素养，是强化实验室安全保障的重要措施之一。本书作为高校开展实验室安全教育的教材，融合了国家最新有关安全生产的法律法规、教育主管部门的最新文件要求及高校实验室管理现实要求，内容涵盖实验室通识安全教育和专业安全教育，强调了实验室安全事故的应急处置能力。通识安全包括场所安全、基础安全、消防安全和应急管理与处置，专业安全包括化学安全、机电安全、生物安全、辐射安全、特种设备与常规冷热设备安全等内容。本书具有内容全面、结构清晰、适用性强等特点。

本书可作为高校实验室安全教育培训课程的教材，也可作为实验室管理人员和科研人员的参考用书。

图书在版编目(CIP)数据

高校实验室安全与应急处置 / 王启立，吴祝武主编．
徐州 ：中国矿业大学出版社，2025．5．— ISBN 978-7
-5646-6826-6

Ⅰ．G642.423

中国国家版本馆 CIP 数据核字第 2025UK1404 号

书　　名　高校实验室安全与应急处置
主　　编　王启立　吴祝武
责任编辑　姜　翠
出版发行　中国矿业大学出版社有限责任公司
（江苏省徐州市解放南路　邮编 221008）
营销热线　(0516)83885370　83884103
出版服务　(0516)83995789　83884920
网　　址　http://www.cumtp.com　**E-mail**:cumtpvip@cumtp.com
印　　刷　江苏凤凰数码印务有限公司
开　　本　710 mm×1000 mm　1/16　**印张** 20　**字数** 349 千字
版次印次　2025 年 5 月第 1 版　2025 年 5 月第 1 次印刷
定　　价　60.00 元
（图书出现印装质量问题，本社负责调换）

《高校实验室技术与安全管理系列教材》

编委会

前言 Preface

安全是发展的前提，发展是安全的保障，坚持统筹发展和安全。党的二十大报告指出：以新安全格局保障新发展格局。高校实验室在推动高校人才培养、学科发展和科技进步的进程中发挥了重要作用，没有实验室安全保障这一前提，很难取得高质量发展成果。

高校实验室作为科研与教学的关键场所，其安全状况直接关系到实验室的安全运行。安全教育培训能促进师生掌握必要的安全知识和安全技能，预防火灾、爆炸、泄漏等事故，为实验室的设备管理与教学科研活动提供安全保障。实验室安全是平安校园建设的重要组成部分。安全的实验室环境能为校园营造稳定氛围，减少校园安全隐患，保障师生生命财产安全，推动平安校园建设进程。同时，高校作为培养人才与开展科研的重要阵地，在高校落实总体国家安全观意义深远。加强实验室安全教育培训，能提升师生的安全意识与责任担当，使其认识到实验室安全与社会安全、国家安全的紧密联系，从而在校园内形成维护国家安全的良好风气，促进总体国家安全观在高校的深入落实，为国家的安全稳定培养出更多具备安全意识与责任感的高素质人才。

2019 年以来，教育部先后出台《关于加强高校实验室安全工作的意见》《高等学校实验室安全规范》《高等学校实验室安全检查项目表》等文件，从多维度对实验室安全管理和安全教育提出了全面且细致的要求，具有重要的指导意义。在安全教育上，倡导“全员、全面、全程”教育，创新教育形式，将安全知识和技能培训融入人才培养方案，提升师生安全意识与实操能力，让安全理念深入人心。上述文件为高校实验室安全管理和安全教育提供了明确的方向与标准，有力推动了实验室安全工作迈上新台阶。

实验室安全教育的分级分类精准教育至关重要。不同学科的实验室风险特性各异，对其进行分级分类教育，能有针对性地传授安全知识，让师生精准掌握应对各类风险的方法。通识安全教育涵盖实验室的基本安全准则，例如用电安全、消防安全等基础内容的传授，是所有实验室人员都应掌握的，无论身处何种学科实验室，这些常识都能保障实验室人员在基础层面的安全，避免因基础安全意识匮乏引发诸如触电、火灾等常见事故。专业安全教育则依据各学科专业特点，针对性地传授专业实验涉及的特定安全知识。由于不同学科实验室风险差异较大，只有通过专业安全教育，才能让师生深入了解并有效防控本专业领域的安全风险。二者相互补充，缺一不可，能全面提升实验室人员的安全素养，最大限度地保障实验室安全稳定运行。

《高校实验室安全与应急处置》聚焦平安开展实验室活动应具备的安全态度、安全知识、安全技能和安全品格等关键要素，在充分融入国家有关安全生产的法律法规、教育主管部门关于高校实验室安全管理和教育培训的文件要求，以及高校实验室管理和教育培训的重点难点的基础上，结合《高等学校实验室安全检查项目表》中关于实验室管理和检查的内容分布及具体要求，按照通识安全和专业安全两大部分编写。全书共两篇 10 章，其中“通识安全篇”包括安全概述、场所安全、基础安全、消防安全和应急管理与处置等 5 章内容，“专业安全篇”包括化学安全、机电安全、生物安全、辐射安全、特种设备与常规冷热设备安全等 5 章内容，并针对各种专业安全事故的特点，分别阐述了其危害性和应急处置流程。本书的读者对象为高校从事实验室安全管理和教育工作的教师、学生、实验人员以及其他相关人员。

本书由王启立、吴祝武主编，袁玲、白向玉副主编。王启立对全书进行统稿，并负责第1、2、3章内容的编写，参与第4、7、8、10章内容的编写；吴祝武对全书进行了审订，并参与第1、3、9章内容的编写。辛良参与了第1章内容的编写，徐剑坤参与第2、3章内容的编写，陈晓猛、叶璀玲参与第4章内容的编写，白向玉负责第5章内容的编写，袁玲负责第6章内容的编写，董海波负责第7章内容的编写，刘海苗负责第8章内容的编写，周蕊、邵菊芳负责第9章内容的编写，于江华、任耀剑负责第10章内容的编写。

本书编写是在江苏省高等教育学会高校实验室研究委员会指导下完成的，参考了多部国内实验室安全教育教材、实验室安全管理规范以及专家学者有关实验室安全管理和教育的研究成果。本书得到了江苏省高等教育教改研究“重中之重”项目(2023JSJG027)、中国矿业大学“十四五”规划教材建设项目(高校实验室安全与应急处置)、中国矿业大学实验技术研究与开发重大项目(S2023Z001)、中国矿业大学教学研究与改革专项重点项目(2024JY003)、中国矿业大学研究生教育教学改革项目(2025YZX)等的资金支持。本书在编写过程中得到了清华大学艾德生、上海交通大学彭华松等专家的支持，也得到了编者同事们的帮助。在此对各位领导、专家、同事一并表示感谢。

期待本书的出版和使用对高校实验室安全教育发挥积极的推动作用。由于作者的学识水平有限，书中难免有不妥之处，敬请读者批评指正。

编 者

2025年2月于中国矿业大学

第一篇　通识安全

第一篇

通识安全

▶ 第 1 章

实验室安全概述

本章简介

开展实验室安全教育,可有效缓解"人的不安全行为"因素对实验室安全管理的影响,降低安全事故发生率,保障实验室安全有序运转,为培育专业人才、催生高质量科研成果筑牢根基。本章介绍实验室安全教育的必要性,解读国家及教育主管部门对实验安全工作的文件规定,分析实验室常见的安全事故类型及其诱因。在此基础上,结合人才培养要求阐述影响实验室安全的要素和实验人员开展实验室活动应具备的安全素养。

教学目标

知识目标 ① 熟知国家及教育主管部门在安全生产和实验室安全管理方面的重要文件并掌握其核心条款。② 掌握实验室常见的安全事故类型及其诱因。③ 理解实验人员开展实验室活动所需具备的安全素养构成要素。

能力目标 ① 能够深刻理解开展实验室安全教育对于保障人员生命安全、维护实验设备与环境、确保实验顺利进行的重要意义。② 能够分析实验室的具体情况,初步预测可能出现的安全事故类型。

素养目标 ① 具备能够在实际实验室活动中践行安全管理要求,逐步提升自身安全素养。② 具有实验室安全的责任意识,主动树立对个人安全、集体安全、社会安全和国家安全有益的价值观。

1.1 实验室安全教育的重要性

1.1.1 实验室安全教育的必要性

安全是发展的前提,发展是安全的保障,坚持统筹发展和安全。党的二十大报告指出:以新安全格局保障新发展格局。实现高质量发展和高水平安全的良性互动,把发展建立在更加安全、更为可靠的基础之上。对高校实验室而言,一方面,实验室是高校进行人才培养、科技创新的重要保障和基地,承担着实验教学、科学研究和社会服务的重要任务,在推动高校人才培养和学科建设等过程中发挥重要作用，没有实验室安全保障这一前提，很难取得高质量发展成果。另一方面，高质量发展的丰硕成果极大地保障和促进了实验室在队伍建设、仪器设备、实验环境及管理服务等方面的全面提档升级，大批高水平实验室涌现。因此，高校实验室的高水平安全是高质量发展的前提，二者相辅相成，犹如车之两轮、鸟之两翼，在为国家培养社会主义事业建设者和接班人的伟大事业中不可或缺。

高校实验室要开展实验教学、科学研究、开放服务等活动，且近年来承担了越来越多的探索性前沿交叉学科研究任务。实验室承担的工作量、难度和风险均迅速增加，在涉及化学品、材料、生物、新能源等领域尤为突出，而安全管理和保障工作未能跟上相关要求，实验室安全事故仍有发生，造成了不同程度的损失和负面影响，引起国家和社会的广泛关注。相关研究表明，实验室发生安全事故的诱因主要包括人的不安全行为、物的不安全状态、环境的不安全因素和管理制度不健全等四大因素。其中，绝大部分安全事故与人的不安全行为有关。实验人员是实验室一切教学科研活动的主导，如果能树立安全意识，掌握必要的安全知识和应急处置技能，按照安全规定和实验指导规范开展实验活动，做好必要的防护措施，将大大降低安全事故发生的概率，诸多安全事故完全可以避免。因此，有必要加强实验室人员的安全教育和培训，最大限度地缓解由人的不安全行为造成的安全事故。

1.1.1.1 国家法律法规的要求

我国先后颁布《中华人民共和国突发事件应对法》《中华人民共和国特种设备安全法》《中华人民共和国安全生产法》《中华人民共和国教育法》等法律，规定学校应当建立、健全安全制度和应急机制，对学生进行安全教育，不仅要注重知识的传授，还要重视学生安全意识的培养和应急处置能力的提升，将应急知识和技能纳入教学内容，对学生进行应急知识教育，培养学生的安全意识和自救与互救能力。虽然相关法律并未直接对实验室安全教育作出明确规定，但是作为学校的重要场所之一，针对学校安全教育的规定同样适用于学校所属的实验室安全教育。

教育部高度重视高校实验室安全工作，自 2019 年以来，先后出台《关于加强高校实验室安全工作的意见》(〔2019〕36 号)、《关于开展加强高校实验室安全专项行动的通知》(〔2021〕38 号)、《高等学校实验室安全规范》

(〔2023〕5 号)、《高等学校实验室安全分级分类管理办法(试行)》(〔2024〕4 号)等文件,对高校实验室安全责任体系、教育培训、安全检查、分级分类管理、条件保障、安全准入等方面进行了详细的规定,指导各高校开展实验室安全工作。在安全教育培训方面,应做到以下几点:① 按照“全员、全面、全程”的要求,创新宣传教育形式;② 明确课程结构,设置教学大纲,开展相关教材编写、课程设置等工作,加强实验室安全专家与师资队伍的培育培训;③ 开展教育培训活动(安全培训及应急演练),开设安全课程,开展安全教育宣传,建设安全文化。

1.1.1.2 保障实验室安全活动的关键措施

诸多实验室安全事故表明,很多实验人员(特别是新进入实验室的人员)对自己开展实验活动应具备的安全素养认识不清,掌握的安全知识不够、风险辨识能力不足、应急处置技能匮乏,现有的知识和能力不足以保障实验活动安全开展。更为严重的是,部分实验人员(特别是学生)存在“对安全风险没有敬畏之心”“实验的主要目的是出实验结果,其他的不用过多考虑”“别人做实验,跟我关系不大”“事不关己高高挂起”等心态,导致其在实验活动中麻痹大意,引发事故。总体而言,实验人员在不同程度上存在安全意识淡薄、安全知识匮乏、安全技能不足、安全品格缺乏等问题,这是当前高校实验室安全教育存在的主要薄弱环节。

另外,除了开展实验教学、科学研究和对外服务活动外,实验室还要存放实验仪器设备、药品、气(液)体试剂等实验物资,这也是实验室安全的重要组成部分。实验人员既要确保实验过程安全,又要做好相关物资的存放和管理工作,包括实验未用完物资及实验废弃物处置工作,如果不接受必要的安全教育和培训,就难以保障实验人员具备实验室物资存放管理和设备维护技能,容易导致安全事故。国内因实验材料管理、设备维护和废弃物处置不当而引发的多起安全事故,就充分说明了这一点。

1.1.1.3 提高安全素质和构建安全文化的迫切需要

长期以来,各级学校都比较重视安全教育,但对安全素养提升和安全文化建设有所忽视。“补课式”安全教育现象十分突出,中小学阶段开展安全教育偏少,几乎都停留在“防火、防盗、防溺水”阶段,大学阶段开展“补课式”安全教育的难度、接受度和效果均大打折扣,多数学校将安全教育定位于教学科研活动的保障措施层面,安全培训理论化、知识内容碎片化、教育方式讲座化、应急演练全靠消防灭火等现象突出。导致这些现象的主要原因为：① 实验人员安全知识和技能有缺陷，安全素养不高。② 师生整体安全意识薄弱，安全文化尚未形成。③“成果导向”潮流下实验任务繁重，安全教育无暇顾及。

现有的实验室安全教育理念尚不完备，方式尚不够合理，不能很好地满足当前人才培养、适应新形势下高水平安全实验室建设等要求，安全教育成效并不显著。因此，加强实验室安全教育，更新教育理念，创新教育方式，构建安全文化，有助于推动实验室安全教育“入脑入心”，提升实验人员整体安全素养，形成“人人讲安全、个个会应急”的良好局面，促进实验室安全保障能力上升到新的水平。

1.1.1.4 落实校园安全和总体国家安全观的要求

总体国家安全观是我国国家安全理论的新成果，是对以往各种安全观理论的继承与发展，是对安全观理论的极大丰富和创新，是国家发展和民族复兴的重要保障。校园安全是总体国家安全观的重要组成部分，直接关系到国家安全。通过贯彻总体国家安全观，高校能够更好地维护校园安全，确保教育环境的稳定和谐。具体而言，校园安全不仅包括物理安全，如校园设施安全、实验室安全、校园交通安全、师生人身安全、师生饮食和卫生安全等，还包括网络安全、信息安全等方面。

校园安全要求学校建立健全安全管理制度体系，全面加强安全教育，宣传安全文化，强化安全基础设施建设，而这些要求也是实验室安全的重要内容。实验室是高等学校教学和科研的重要基地，其安全直接关系到广大师生的生命财产安全，是校园安全不可或缺的组成部分。实验室安全水平的提升不仅有助于减少校园内的安全事故，还能为师生提供一个更加安全的学习和研究环境，从而促进教育教学和科研活动的顺利进行。实验室安全教育涵盖了校园安全教育的大部分领域，既包括通识安全教育，如消防安全、用水用电安全、常用安全防护等内容，又包括不同学科的专业安全教育，如化学安全、生物安全、机电安全、特种设备安全等。

高校作为人才培养的重要阵地，立德树人是高校教育的根本任务，“知识、能力、品行”是立德树人的基本属性。总体国家安全观为立德树人提供了新的视角和内容，立德树人培养出的具有高度责任感和使命感的青年学生，将成为维护国家安全、推动国家发展进步的重要力量。安全教育从属于德育范畴，具有培养学生在“德”方面的德育功能，实验室安全教育也应从知识、能力、品行等方面践行实施。学生接受安全教育后，可以掌握必要的安全知识和安全技能，具备“重视安全、敬畏生命、遵守规则”的安全态度以及“正确的安全观、安全防范意识、安全责任意识”的安全品格，真正实现“我的安全我负责，他人安全我有责”，为校园安全和国家安全打下坚实基础，进而对个人安全、集体安全、校园安全和国家总体安全产生积极影响。

1.1.2　实验室常见安全事故类型

1.1.2.1　火灾事故

火灾事故的发生具有普遍性，任何实验室都有可能发生。可能引起火灾的原因如下所述。① 忘记关电源，致使设备或电器通电时间过长，温度过高，引起着火。② 操作不慎或使用不当，使火源接触易燃物质，引起着火。③ 供电线路老化，超负荷运行，导致线路发热，引起着火。④ 电路系统短路，引发火灾。⑤ 乱扔烟头，接触易燃物质，引起着火等。

1.1.2.2　爆炸事故

爆炸事故多发生在有易燃易爆物品和压力容器的实验室。可能引起爆炸的原因如下所述。① 违反操作规程使用设备、压力容器（如高压气瓶）导致爆炸。② 设备老化，存在故障或缺陷，造成易燃易爆物品泄漏，达到爆炸条件引起爆炸。③ 对易燃易爆物品处理不当，导致燃烧爆炸。该类物品（如苦味酸、硝酸铵、叠氮化物等）受到高热摩擦、撞击、震动等外来因素的作用或其他性能相抵触的物质接触，会发生剧烈的化学反应，产生大量的气体和高热，引起爆炸。④ 强氧化剂与性质有抵触的物质混存能发生分解，引起燃烧和爆炸。⑤ 火灾事故引起仪器设备、药品等发生爆炸。

1.1.2.3　机电伤人事故

机电伤人事故通常发生在有高速旋转或冲击运动的实验室，或要带电作业的实验室和一些有高温产生的实验室。可能引起机电伤人事故的原因如下所述。① 不当或缺少防护，造成挤压、甩脱和碰撞伤人。② 设备本身的机械故障（如设备损坏、部件脱落、运动部件断裂）引起伤人。③ 设备设施老化，存在故障和缺陷（如电缆破损、接地不良、无漏电保护装置），造成漏电触电和电弧火花伤人。④ 操作不当或防护不当，造成漏电触电和电弧火花伤人。⑤ 操作不当造成高温气体、液体伤人。

1.1.2.4 生物安全事故

生物实验因其特殊性备受关注，特别是部分实验原料和实验废弃物中含有传染性的病菌、病毒、化学污染物及放射性有害物质，对人类健康和环境污染都可能构成极大的危害。管理体系、技术选用及道德方面的因素均可能导致生物安全事故。① 生物技术使用不当导致对实验人员的健康损害。② 实验室操作失误(如疏忽、不熟练、未按规程操作等)导致安全事故。③ 实验室管理不善导致安全事故，如因管理上的缺陷导致微生物泄漏、生物毒素污染、实验动物逃逸、实验废弃物扩散等，可能导致人员感染、生态环境破坏和公共卫生事件。④ 实验人员违背道德约束，开展明令禁止的实验导致安全事故。

1.1.2.5 毒害事故

毒害事故多发生在具有化学药品和剧毒物质的实验室和具有毒气排放的实验室。可能酿成这类事故的原因有以下几种。① 违反实验室管理规定，将食物带进有毒物的实验室，造成误食中毒。例如，某高校曾发生学生在实验室内误食装在食品或饮料包装盒(瓶)内的有毒介质而中毒的事故。② 设备设施老化，存在故障或缺陷，造成有毒物质泄漏或有毒气体排放到室内，造成人员中毒。③ 管理不善，操作不慎或违规操作，实验后有毒物质处理不当，造成有毒物品散落流失，引起人员中毒、环境污染。④ 废液排放管路受阻或失修改道，造成有毒废液未经处理而流出，引起环境污染或造成其他安全事故。

1.1.2.6 辐射事故

实验室辐射安全是使用辐射装置开展科研工作中不可或缺的一部分，确保实验室的辐射安全对于保护科研人员健康、顺利进行科学研究至关重要。可能导致辐射安全事故的可能原因如下所述。① 不遵守实验室辐射安全操作规范：在实验区域内开展与工作无关的活动，无关人员进入射线装置室内，未按操作规程开展实验。② 违规使用或存放放射性物质：如电离辐射是检测实验室的危险因素之一，长时间暴露于低剂量的电离辐射中，会增加相关疾病的发生概率。③ 缺乏必要的防护措施：对于辐射装置在距离、时间和屏蔽防护不到位；对进入辐射装置区域的人员个人防护不够，危害人体健康。

1.2　实验室安全规范文件

1.2.1　党和国家关于实验室安全工作的文件规定

党的十八大以来，习近平总书记从总体国家安全观、推进国家治理体系和治理能力现代化的高度对安全生产工作提出了系列要求。例如，2016 年 1 月 6 日，习近平总书记在中共中央政治局常委会会议上发表重要讲话，指出主体责任不落实、隐患排查治理不彻底、法规标准不健全、安全监管执法不严格、监管体制机制不完善、安全基础薄弱、应急救援能力不强等问题。此次会议就加强安全生产工作提出狠抓安全生产责任制落实、加强和改进安全监管工作、提高安全生产法治化水平、采取风险分级管控和隐患排查治理双重预防性工作机制、提升安全保障能力等 5 点要求。党的二十大报告将推进国家安全体系和能力现代化单独成章进行论述，突出了国家安全在党和国家工作大局中的重要地位。2021 年修订的《中华人民共和国安全生产法》明确了全员安全生产责任制、“三管三必须”、双重预防机制等内容。

高校实验室安全是高校校园安全的重要组成部分，情况复杂且任务艰巨，是教育系统安全工作的重点，也是不可逾越的红线。2015 年起，教育部每年开展高校实验室安全专项检查工作。2017 年，教育部下发了《关于加强高校教学实验室安全工作的通知》(〔2017〕2 号)，要求加强高校教学实验室安全工作，不断提高师生安全意识，增强师生安全防护能力，提升高校校园安全和人才培养整体水平。2019 年，教育部印发了《关于加强高校实验室安全工作的意见》(〔2019〕36 号)，专项指导高校实验室安全工作。

为补齐实验室安全短板，切实增强高校实验室安全管理能力和水平，确保安全隐患及时消除，杜绝实验室安全重特大事故发生，营造安全和谐的教学、科研环境，2021 年 12 月，教育部发布了《关于开展加强高校实验室安全专项行动的通知》(〔2021〕38 号)，包括全面落实实验室安全责任体系、提升实验室安全管理能力、完善实验室分级分类管理体系、建立健全项目风险评估与管控、强化实验室安全教育体系建设、提升实验室安全应急能力、强化实验室安全基础设施建设、持续开展高校实验室安全专项检查、加强实验室安全研究与标准建设等 9 个方面的内容。

2023 年 2 月，教育部印发了《高等学校实验室安全规范》(〔2023〕5 号)，从明确责任体系、完善管理制度、加强教育培训、严格准入制度、做好条件保障、重视危险化学品管理等6个方面提出新要求及建设新目标。为加强高等学校实验室安全精细化管理，提高高校实验室安全风险防范的针对性和有效性，2024年3月，教育部印发了《高等学校实验室安全分级分类管理办法（试行）》（〔2024〕4号），对高校实验室安全分级分类管理的责任体系、工作原则、管理要求等作出相关规定。

1.2.2 实验室安全规范文件解读

1.2.2.1 《关于加强高校实验室安全工作的意见》（〔2019〕36号）

为深入贯彻落实党中央、国务院关于安全工作的系列重要指示和部署，深刻吸取事故教训，切实增强高校实验室安全管理能力和水平，保障校园安全稳定和师生生命安全，教育部印发实施《关于加强高校实验室安全工作的意见》，从认识站位、安全责任体系、管理制度、教育培训、组织保障等5个方面进行了系统阐述，共提出15条指导性意见。

在实验室安全教育方面，《关于加强高校实验室安全工作的意见》第10条明确指出，各高校要持续开展安全教育，按照“全员、全面、全程”的要求，创新宣传教育形式，宣讲普及安全常识，强化师生安全意识，提高师生安全技能，做到安全教育“入脑入心”，达到“教育一个学生、带动一个家庭、影响整个社会”的目的。要把安全宣传教育作为日常安全检查的必查内容，对安全责任事故一律倒查安全教育培训责任。《关于加强高校实验室安全工作的意见》第11条明确要求，高校要加强知识能力培训。学校的分管领导、有关职能部门、二级院系和实验室负责安全管理的人员要具备相应的实验室安全管理专业知识和能力。建立实验室人员安全培训机制，进入实验室的师生必须先进行安全技能和操作规范培训，掌握实验室安全设备设施、防护用品的维护使用，未通过考核的人员不得进入实验室进行实验操作。对涉及有毒有害化学品、动物及病原微生物、放射源及射线装置、危险性机械加工装置、高压容器等各种危险源的专业，逐步将安全教育有关课程纳入人才培养方案。

1.2.2.2 《关于开展加强高校实验室安全专项行动的通知》（〔2021〕38号）

《关于开展加强高校实验室安全专项行动的通知》从总体要求、行动目标、主要任务、组织实施等四大方面作出具体要求，切实盯紧安全薄弱环节，补齐安全管理短板，强化安全风险防控和隐患排查治理。《关于开展加强高校实验室安全专项行动的通知》要求各高校要把安全摆在各项相关工作的首位，全面落实高校实验室安全责任体系建设，形成齐抓共管的局面。一要提升实验室安全管理能力，根据危险源使用和储存情况，配备专职安全管理人员，持续开展高校实验室安全专项检查，重大安全事故隐患一经发现立整立改。二要完善高校实验室分级分类和危险源管控分级分类管理体系建设，加强教学与科研项目安全审查过程管理，建立健全项目风险评估与管控机制，强化涉及危险化学品和生物安全等的采购、保存、使用、处置的全程管理。三要构建完善的实验室安全教育体系，强化师生安全教育培训的各个环节，对各级安全管理与技术人员加强技术培训与考核，提升实验室安全应急能力。四要落实实验室基础设施的基本安全要求，加快实验室安全标准建设工作，杜绝实验室安全重特大事故发生，营造安全和谐的教学、科研环境。

《关于开展加强高校实验室安全专项行动的通知》要求高校压实各级责任，建立长效机制。各高校要成立实施专项行动的领导小组，根据专项行动内容制定实施方案。高校行政主管部门要制订每年的工作计划，针对重点难点问题，做好总结分析，并扎实开展检查工作，对专项行动落实情况不好的高校进行督导，依法依规追究责任。同时要把宣传教育作为专项行动抓落实、促成效的重要推力，要结合国家安全日教育，开展警示教育和典型宣传，进一步提高师生安全意识。

1.2.2.3　《高等学校实验室安全规范》(〔2023〕5 号)

《高等学校实验室安全规范》总结了近年来我国高校实验室安全管理的经验，全面阐述了高校实验室安全管理工作要求，是高校实验室安全管理领域的指导性文件。《高等学校实验室安全规范》明确指出，高校实验室安全工作应坚持“安全第一、预防为主、综合治理”的方针，实现规范化、常态化管理体制，重点落实安全责任体系、安全管理制度、安全教育培训和宣传、安全准入制度、安全条件保障以及危险化学品管理等危险源的安全管理内容。

(1) 安全责任体系。明确党政主要负责人是第一责任人，分管实验室工作的校领导是重要领导责任人，协助第一责任人负责实验室安全工作，其他校领导在分管工作范围内对实验室安全工作负有支持、监督和指导职责。

(2) 安全管理制度。要求建立健全实验室安全管理办法和制度，主要包括安全检查制度、安全教育培训与准入制度、项目风险评估与管控制度、危险源全周期管理制度、安全应急制度、实验室安全事故上报制度等。出现实验室安全事故后，高校应立即启动应急预案，采取措施控制事态发展，同时在1小时内如实向所在地党委、政府及其相关部门和高校主管部门报告情况，并抄报教育部，不得迟报、谎报、瞒报和漏报，同时根据事态发展变化及时续报。

(3) 安全教育培训、宣传。要求开展安全教育培训活动，组织应急演练和安全教育培训考试，做好标准操作规程培训和评估。加大安全教育宣传力度，提高师生安全意识。

(4) 安全准入制度。对实验项目在实验室实施过程中所涉及的内容进行危险源辨识、风险评估和控制，制定现场处置方案，指导有关人员做好安全防护；制定具体的安全管理措施和安全教育方案，并进行培训；进入实验室学习或工作的所有人员必须遵守实验室安全准入制度和安全管理制度，取得准入资格后，再严格按照实验操作规程或实验指导书开展实验。

(5) 安全条件保障。做好经费、物资与设施、人力资源和建筑安全保障。

(6) 危险化学品管理。要求对危险化学品建立动态管理台账，执行管制化学品和进口化学品的购置审批政策，建设危险品存储区、化学实验废物贮存站，对化学实验废物集中定点存放。建立化学实验危险废物管理制度，及时清运、处置实验室危险废物。

1.2.2.4 《高等学校实验室安全分级分类管理办法(试行)》(〔2024〕4号)

《高等学校实验室安全分级分类管理办法(试行)》从总则、管理体系与职责、分级分类原则、实施与监督检查、附则等方面全面进行了阐述。明确高校党政主要负责人是第一责任人；学校实验室安全主管职能部门牵头制定本校实验室安全分级分类管理办法；二级单位党政负责人是本单位实验室安全分级分类管理工作主要领导责任人。

实验室安全分级是指根据实验室中存在的危险源及其存量进行风险评价，判定本实验室安全等级。实验室安全等级可分为Ⅰ、Ⅱ、Ⅲ、Ⅳ级(或红、橙、黄、蓝级)，分别对应重大风险、高风险、中风险、低风险等级。实验室安全分类是指依据实验室中存在的主要危险源类别判定实验室安全类别。同一实验室涉及危险源种类较多的，可依据等级最高的危险源来判定其类别。根据高校教学与科研的特点，高校实验室可划分为化学类、生物类、辐射类、机电类、其他类等类别。

实验室分级分类结果和所涉及的主要危险源应在实验室门外的安全信息牌上标明，并及时更新。另外，实验室用途中的研究内容、危险源类型与数量等因素发生变化时，实验室应立即重新进行危险源辨识和安全风险评价，重新判定实验室安全类别及级别，如需变更应立即报告所属二级单位。二级单位应及时修正本单位实验室安全分级分类管理台账，同时报学校备案。高校应及时更新本校实验室安全分级分类管理台账，并定期对实验室分级分类情况进行复核。

高校应根据实验室分级分类结果，针对不同等级实验室，制定并落实不同等级的管理要求。其中，安全等级为Ⅰ级/红色级的实验室应报高校主管部门备案，高校主管部门对其加强监管。实验室负责人、实验室安全管理员和实验人员等应根据所在实验室类别和安全等级，接受相应等级的安全培训并开展相应的应急演练。

在实验室开展的科研项目、学生课题，或其他实验活动应进行相应等级的安全风险评估。涉及重要危险源的实验活动，二级单位应进行审查、备案，学校应不定期抽查。Ⅰ级/红色级、Ⅱ级/橙色级实验室应针对重要危险源制定相应的管理办法和应急管控措施，责任到人。

1.3　实验室安全因素

1.3.1　影响实验室安全的因素

影响实验室安全的因素众多，各类安全事故诱因有所不同，按照通用分类方法，主要包括人、物、环境和管理等四个方面。

1.3.1.1　人的因素

实验室中人的行为是影响安全的关键因素之一，具体包括实验人员的安全意识、操作技能以及是否遵守安全规程等。例如，忘记关闭电源导致设备过热或忘记处理易燃物质，都可能引发火灾或爆炸事故。

1.3.1.2　物的因素

实验室中的设备和物品的状态直接关系到实验的安全性，具体包括设备的维护状况、物品的存放和管理等。例如，老化的电线或存放不当的化学药品都可能成为安全隐患。

1.3.1.3 环境因素

实验室的环境条件，如温度、湿度、通风情况等，都会影响实验的安全性。不良的环境条件可能导致实验材料变质或反应失控，从而引发安全事故。

1.3.1.4 管理因素

实验室的安全管理包括安全规章制度的制定和执行、应急预案的制定以及安全培训等。有效的管理可以预防和减少安全事故的发生。

实验室安全是一个系统工程，需要从人、物、环境和管理等四个方面综合考虑，可通过加强安全培训、规范操作流程、改善环境条件以及强化管理等措施来确保实验室的安全运行。影响实验室安全的主要因素及原因见表 1-1。

表 1-1 影响实验室安全的主要因素及原因

主要因素	原因
人的因素	安全意识淡薄：不重视安全、不遵守规则、存在侥幸心理
	安全知识匮乏：不了解安全风险、不了解实验注意事项
	安全技能不足：操作不熟练、风险辨识能力弱、应急处置技能不足
	安全品格缺失：主动关心实验人员安全、主动维护实验安全等意识欠缺
	其他：操作失误、身心状态不佳
物的因素	设备超负荷运行：设备台套数不够，长时间、频繁超负荷运行
	设备超期服役：缺乏资金更新换代、设备使用率不高不受重视、设备数量不够被迫超期服役使用等
	设备自身缺陷：设备本身存在质量问题或安全隐患
	设备安全防护不够：设备危险源标识不具体，防护距离、空间不够，促使设备处于不安全状态
	设备使用不当：不定期巡视、不定期维修、平时不管理仅使用前试一试
管理因素	管理制度不完善：安全管理制度不健全、责任体系不清晰
	管理制度不执行：安全制度不落地、不能有效实施
	安全教育不重视：教育理论化、碎片化、实效差；准入形式化
	安全风险预防不力：分级分类管理不到位、缺乏风险研判及预防
	安全检查整改不力：检查形式化、整改口头化

表 1-1（续）

主要原因	原因
环境因素	实验环境差：实验场所或储存场所环境恶劣
	实验场所改造难：老校区、老楼、老实验室环境难以改造提升
	实验环境不适应新要求：研究队伍壮大导致实验室空间拥挤、无法满足新要求
	实验环境不匹配新学科要求：面向交叉融合、新工科、新科研方向多重需求，实验室环境不能满足要求
	实验环境保障不足：资金投入不足和政策限制等导致实验室通风、降温、防护、应急等环境保障不足

1.3.2　实验人员必备的安全要素

研究表明，大约 90%的实验室发生安全事故是由“人的不安全行为”引起的，足见实验人员在保障实验室安全开展教学科研活动中的重要性。很多实验人员对自己开展实验活动应具备的安全素养认识不清，现有的知识和能力不足以保障实验活动安全开展，部分实验人员不当的安全态度和匮乏的安全品格是引发安全事故的重要原因，是当前高校实验室安全教育存在的短板之一。因此，从“人”的角度分析，关键在于明确实验人员应当具备哪些要素，才能具备保障实验室教学科研活动安全开展的基础条件。

1.3.2.1　安全态度

从广义上理解，安全态度是劳动者对安全生产重要性的认知，对贯彻安全生产方针的情感及对执行安全规章制度的行为倾向的综合反映，如高度重视安全、遵守规章制度、保持敬畏之心、居安思危等。高校实验人员在不同程度上存在安全态度不正确的现象，如马虎大意、心存侥幸、漠然视之、满不在乎，都是不正确安全态度、安全意识和安全心理的具体反映。海因里希法则证明，即使日常看起来微不足道、毫不起眼的不安全态度和不安全行为日积月累后最终将导致严重的安全事故及后果。生产实践中诸多安全事故都是源于相关人员不正确的安全态度。

养成诸如明确安全是一切工作的基础和前提、理解安全无小事、保持居安思危意识、重视实验室安全、遵守实验规则、敬畏安全和生命等正确安全态度，将会有助于实验人员在实验室教学科研活动中树牢安全意识，减少和消除大多数因人的不安全行为而引起的安全隐患。个人将因此终身受益，也将有利于维护和促进校园安全、家庭安全、集体安全和社会安全。

1.3.2.2 安全知识

广义上的安全知识是人们对一切安全风险的认知。对高校实验室而言，安全知识包括对实验室通识安全风险和各学科专业安全风险的认知与理解，即通识安全知识和专业安全知识。通识安全知识主要包括：① 安全法律法规，包括国家各部门，特别是教育部关于实验室安全工作的相关规定和文件；② 实验室和场所安全知识，包括实验室环境安全、消防设施、卫生等方面的规定和要求；③ 实验室基础安全知识，包括实验室内水电使用安全知识、实验室活动的个体防护知识及实验室消防安全知识（如燃烧、爆炸及防灭火等）。专业安全知识因学科专业而异，主要包括：化学化工类专业安全知识、机电类专业安全知识、特种设备类专业安全知识、生物类专业安全知识、辐射类专业安全知识、材料类专业安全知识及各类新兴交叉学科的专业安全知识等。

1.3.2.3 安全技能

安全技能是指应对危险和突发事件的技术能力。对高校实验室而言，在学习和掌握必备的安全知识基础上，需要掌握的安全技能主要包括通识安全技能和专业安全技能两大类。通识安全技能，指实验室内涉及的通识风险辨识和应对处置能力，如火灾辨识能力和防灭火技能、个人急救技能、危险情况下的逃生技能等。专业安全技能，指除通识安全技能外，涉及相关学科专业特有的安全风险辨识及应急处置能力，如化学反应实验中的风险辨识和应急处置、活泼金属实验的风险辨识和应急处置、易燃易爆气体实验的风险辨识和应急处置等。此外，实验人员应具备对所在团队的教学科研活动中联系紧密的专用（或自制）设备相关操作技能、风险辨识和应急处置能力。

1.3.2.4 安全品格

安全品格也称为安全意愿，指通过观察、学习、总结、归纳各种风险发生的可能，主观上积极辨识和预防风险的自发意愿。对高校实验室而言，安全品格指树立正确的安全观、主动维护实验室安全、实验室活动中的自我防范意识、“我的安全我负责，他人安全我有责”等安全责任意识的综合。与安全品格对应的则是“对别人的危险熟视无睹”“事不关己高高挂起”“他人实验与我无关”“做好自己的事就行了，其他的管不了”等利己思维和“利用安全风险，阻止他人取得成果，甚至危害他人”等极端思想。具备优秀的安全品格，有助于成为有益于个人、集体、社会和国家的人。

思考题

1. 实验室常见的安全事故有哪些类型？

2. 影响高校实验室安全的因素有哪些？

3. 开展实验室安全教育的必要性体现在哪些方面？

4. 我国关于安全生产的法律法规主要有哪些？

5. 教育部出台了哪些重要规定（意见、文件）来指导高校实验室安全管理？

6. 实验室安全与平安校园建设、践行落实总体国家安全观有何关联？

7. “人的不安全行为”包含哪些方面？它是如何影响实验室安全运行的？

8. 要安全开展实验室活动，应该具备哪些方面的安全素养？

9. 当代大学生比较缺乏哪些方面的安全素养？

10. 实验室安全和生活中的安全有哪些关联性？良好的实验室安全行为是否让人终身受益？

第2章

实验场所安全

本章简介

实验场所是实验室安全保障的重要基础，良好的环境能够减少外部干扰因素，为实验操作提供稳定条件，避免因环境异常引发安全事故；实验场所良好的卫生可以防止有害物残留积累，降低安全风险；实验场所完善的安全设施是危险发生时应急处置的条件保障。本章介绍实验室在布局、消防、环境及水电气方面的要求，实验场所卫生与日常管理要求，实验室消防设施、通风系统、应急喷淋、门禁监控和防爆装置等安全设施要求。

教学目标

知识目标　① 了解实验场所在布局、消防、环境、水电气方面的基本要求。② 熟知实验场所在卫生与日常管理方面的相关要求。③ 熟知实验室常用的安全设施(消防、通风、应急、监控、防爆等)要求。

能力目标　① 能够依据实验室布局、消防、环境及水电气等方面的要求，对实验场所进行合理规划和初步评估。② 能够按照实验室卫生与日常管理要求，有效进行实验室卫生维护和日常事务管理。③ 能够根据实验室安全设施要求，判断安全设施是否符合标准。

素养目标　① 具有严谨、细致、负责的科学态度，重视实验场所的各项要求。② 具有安全意识和应急处置的基本素养，深刻认识实验室安全设施的重要性，遇到突发情况时能够保持冷静并正确使用安全设施。

2.1　场所环境

2.1.1　实验场所布局要求

实验室新建、扩建和改建项目并非只是单纯购置仪器设备，还需综合考虑实验室总体规划、合理布局与平面设计。同时，供电、供水、通风等基础措施、安全措施和环境保护条件等也需要综合设计。对于现代实验室而言，先进仪器设备和科学合理规划是提升科技水平、促进科研成果增长的必备要素。因此，实验室建设需要进行科学的规划，既要符合实验场所方面的规范要求，又能有效促进实验室功能的发挥。

2.1.1.1 信息牌

就实验室安全管理而言，信息牌不仅是信息传递的介质，还是极为重要的安全保障手段。合理有效的信息牌设置能明显增强实验室的安全程度，使实验人员对实验室环境、危险化学品、安全设施等关键信息形成全面认知。因此，对于实验场所布局中信息牌的设置要求应当详尽且明确，从而保证每一位进入实验室的人员均可快速知晓实验室的基本情况、主要安全风险及相关要求，有效传递安全信息，营造出安全有序的实验环境，切实保障实验人员的安全与健康。实验人员进入实验室时，应当首先阅读实验室信息牌相关信息，了解该实验室安全方面的基本情况。

相关法律法规明确规定，生产经营单位、机关、团体、事业等单位应该对有较大风险的场所、设施、设备按照国家标准、行业标准或企业标准设置安全警示标志，以提醒场所内相关人员。教育部相关文件也明确规定，实验室每个房间门口应设置安全信息牌，向进入实验室人员展示主要的安全信息，明确危险源和防护要求，确保在发生突发状况时能够迅速准确地联系实验室负责人或安全责任人、安全员等。

根据功能不同，信息牌包括总体安全指导信息牌和特定区域信息牌。前者一般张贴在实验室房间门口或者实验室中较为显眼的位置，通常包括安全风险点的警示标志、涉及危险源的类别、主要防护措施（如消防要点）、实验室负责人及安全责任人信息、应急联系电话等内容。后者根据实验室内不同功能区域的特点，应当确切地标明本区域的特定要求。比如，在化学品存储区域，信息牌要细致地罗列出所存储化学品的具体种类、危险性的分类、对应的应急处置措施等内容。在实验操作区域，信息牌应提醒实验者所需佩戴的个人防护装备以及操作之前的安全检查要点等事项。对于实验室内的特殊安全设施，例如洗眼器、紧急喷淋装置、消防器材等，与之对应的信息牌不但要指示出其所在位置，还需要简洁阐述其使用要点，保证在紧急情形下能够被快速找到且迅速使用。特定区域的信息牌可以根据要求适当简化，相关具体要求以安全规程的形式呈现。

信息牌设计的基本要求如下：一是清晰直接，使用标准且清晰的颜色和图案，确保即使在紧急情况下也能被快速识别和理解；二是内容信息来源可靠，避免误导实验人员；三是信息内容准确及时，定期更新维护，以反映实验室环境和规则的任何变化。实验室安全信息牌示例见图 2-1。

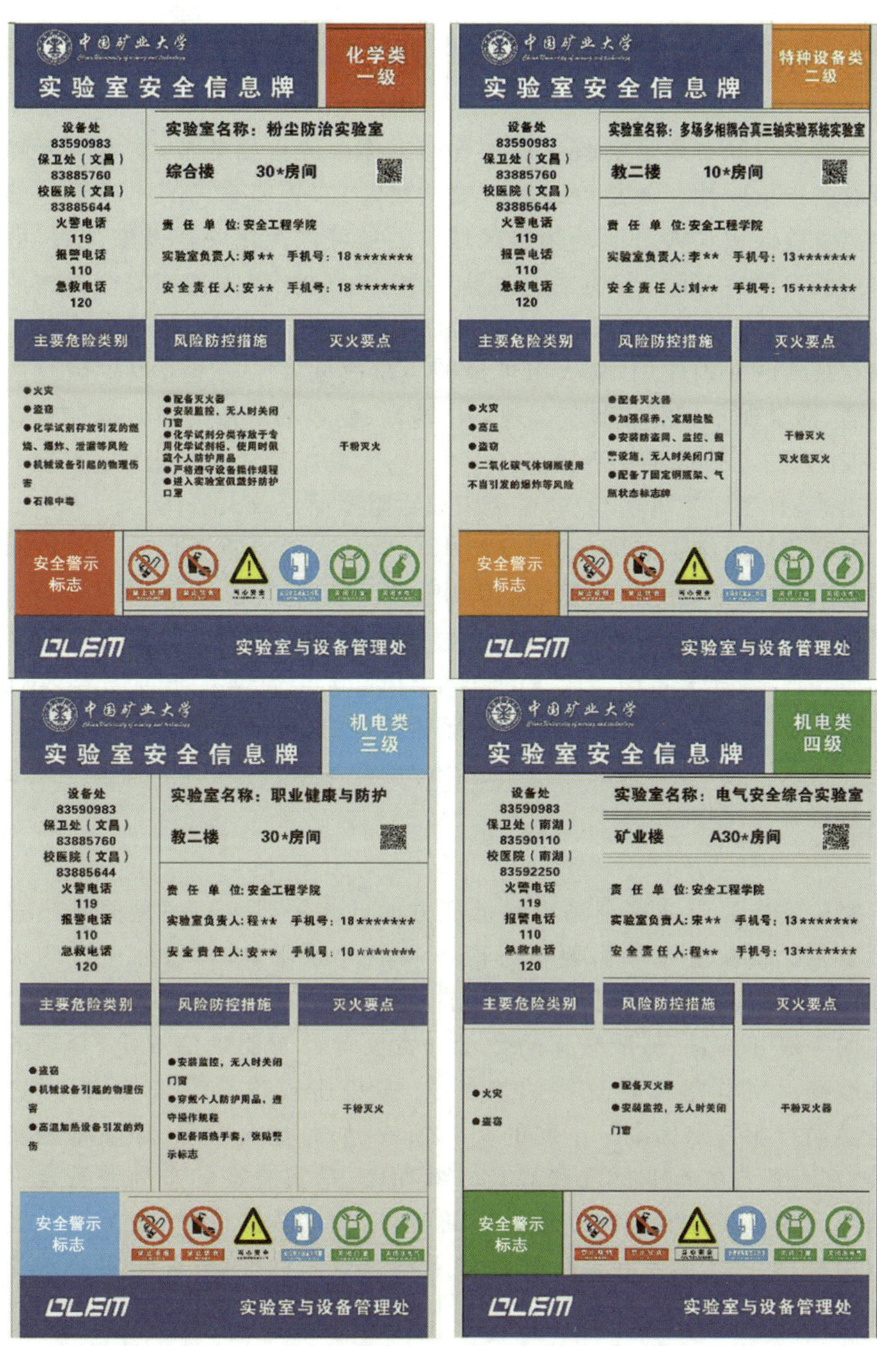

图 2-1　实验室安全信息牌示例

2.1.1.2 空间布局

(1) 空间布局的重要性

实验室空间布局是实验建设和管理工作中的重要环节，在安全保障方面具有三点重要性。一是可以减少安全风险，即合理布局的实验室能够有效分离危险区域和人员活动频繁区域。二是可以优化安全设施位置，即合理布局的实验室有助于确定紧急喷淋装置、洗眼器、灭火器等安全设施的最佳位置。这些设施应布置在容易到达的位置，确保在紧急情况下，实验人员能够在最短时间内使用，最大限度地减少事故危害。三是可以保障疏散通道畅通，即合理布局的实验室会规划出清晰、畅通的疏散通道。通道宽度要符合安全要求，不能堆放杂物。在发生火灾、爆炸等紧急情况时，实验人员能够迅速、有序地撤离实验室，避免因通道阻塞而导致人员伤亡。

在环境质量维护方面，实验室空间布局具有两点重要性。一是控制污染扩散，通过合理划分清洁区、半污染区和污染区，能够有效控制实验过程中产生的有害气体、液体和固体废弃物的扩散。二是可以确保良好的通风和光照条件，会充分考虑实验室的自然通风和人工通风系统的设计，保证室内空气质量。同时，合理安排窗户和照明设备的位置，提供充足的自然光照和均匀的人工光照，为实验操作创造良好的环境条件，有助于实验人员准确地进行观察和操作。

(2) 空间布局的相关要求

实验室布局应该符合法规和标准方面的相关要求。一是要满足建筑规范要求。实验室布局需要符合国家和地方的建筑法规，如建筑防火规范、抗震设计规范等。例如，根据建筑防火规范，实验室的防火墙设置、防火门的等级和位置、疏散楼梯的数量和宽度等都有明确的规定，合理的布局能够确保实验室满足这些法规要求，避免违规建设带来的法律风险。二是遵循行业特定标准。不同的实验领域(如医疗实验室、环境检测实验室等)都有各自的行业标准和规范。例如，医疗实验室的布局要符合卫生健康部门关于医院实验室生物安全的要求，包括分区设置、无菌操作区域的布局等，确保实验室在设计和建设上符合专业标准，有利于实验室的规范运行。

基于《建筑防火通用规范》(GB 55037—2022)、《科研建筑设计标准》(JGJ 91—2019)、《民用建筑通用规范》(GB 55031—2022)、《普通高等学校建筑面积指标》(建标 191—2018)等标准要求，教育部针对高校实验室布局作出了明确规定，主要要求如下：① 面积超过 200 平方米的实验楼层具有至少两个出入口，75 平方米以上的实验楼层要有两个出入口；② 实验楼大走廊保证留有大于 2.0 米净宽的消防通道；③ 实验室操作区层高不低于 2 米，理工农医类实验室人均面积不小于 2.5 平方米。

(3) 常用的空间布局形式

① 集中式。集中式是指大空间实验室集中在中心，办公室、交通设施和辅助房间等布置在四周。集中式布局的特点是灵活性大，活动隔墙拆装方便，可以根据实验需求的变化随时调整实验室的布局；实验室楼层之间设技术夹层，管线、设备布置灵活，检修方便。集中式布局适用于实验项目多样、实验设备更新频繁、经常进行实验室布局调整的实验室。

② 分散式。分散式是指把实验室辅助用房与实验室分开，各个功能的建筑独立建设，通过走廊等交通空间进行联系。分散式布局的特点是可以根据不同功能的需求进行独立设计和建设，避免不同功能区域之间的相互干扰。同时，分散式布局也有利于实验室的扩建和改造。分散式布局适用于实验室规模较大、功能分区明确、对独立性要求较高的实验室。

③ 其他形式。除上述两种方式外，还有环绕式、单走道(廊)式、双走道(廊)式等布局方式。环绕式：实验室围绕垂直交通设施、管道竖井和公用设施组成的中心布置，适用于大型的综合性实验室或实验楼，能够充分利用空间，提高实验室的使用效率。单走道(廊)式：将实验室、辅助房间、研究人员办公室等分别布置在走道两侧，适用于对环境控制要求不高、实验设备相对简单、实验过程中产生的污染物较少的实验室。双走道(廊)式：在两边走道之间布置实验室、辅助房间以及设备管道竖井等，靠外墙侧设置一般要求的实验室和研究人员办公室，常用于对环境要求较高、需要精确的温度和湿度控制以及良好的通风和照明条件的实验室。

2.1.1.3 消防通道

消防通道是指供消防车和消防人员实施灭火救援作业及被困人员疏散的通道。实验室发生火灾、爆炸等紧急事故时，消防通道发挥着重要作用，一是保障人员生命安全。消防通道是实验人员快速疏散、逃生的关键路径，能够让人员迅速撤离危险区域，避免受到火灾、烟雾、有毒气体等危害，最大限度地减少人员伤亡，反之如果消防通道被堵塞，人员疏散就会受到阻碍，可能导致严重的人员伤亡。二是利于火灾扑救和事故控制,降低财产损失。消防人员进行救援时,需要通过消防通道进入实验室。畅通的消防通道可以确保消防人员快速到达事故现场,及时开展灭火、救援等工作,为被困人员争取更多的救援时间和生存机会,同时减少因事故造成的人员伤亡和设备、物资的损坏,从而降低实验室的财产损失。如果消防通道堵塞,消防车辆和设备无法靠近,会严重影响灭火的效率和效果,导致火势蔓延,造成更大的损失。

(1) 通道数量与位置。实验楼至少应设两个对外出入通道,以便在一个通道被堵塞或无法使用时,人员可以通过另一个通道进行疏散。每一楼层至少应有两个出入口,且出入口应分散布置,避免过于集中,以提高疏散的效率和安全性。

(2) 通道宽度。疏散通道的宽度应满足人员疏散的要求。一般来说,走廊的净宽度不应小于 1.2 米,以便人员能够快速、顺畅地通过。如果实验室人员密度较大或存放有大型设备,通道宽度应适当增加。实验室的门开启方向应便于人员疏散,不得设置影响门开启的障碍物。

2.1.2 实验场所消防要求

2.1.2.1 建筑设计与布局

(1) 选址与防火间距。有火灾及爆炸危险的实验室,应设置在独立的实验楼内,实验楼宜采用单层或底层建筑,并与周边建筑保持足够的防火间距。高危实验室,如氢化实验室和高压釜实验室,应设置在实验楼的底层靠外墙部分,并应设置独立的出入口。

(2) 建筑设计方面。实验室的门上应有观察窗,门锁及门的开启方式应有利于人员疏散,外开门不得阻挡逃生路径,不能成为应急情况下逃生、疏散的障碍物,门窗等应符合相应实验室类型的防火、防爆和防盗要求。

(3) 安全距离方面。高温、明火设备布置位置与气体管路间要有必要的安全间隔距离。实验室内的气体管路要远离高温、明火装置,避免气体泄漏引起燃烧、爆炸等安全事故。《科研建筑设计标准》(JGJ 91—2019)对各类可燃气体、助燃气体、不燃气体管路之间的间隔距离均有明确规定。

2.1.2.2 建设和装饰方面的消防要求

第一,实验室操作台面一般应具有耐磨、耐腐蚀、耐高温、防水及易清洗等特点，常用的台面材质有理化板、陶瓷板、环氧树脂等。不同实验室的建设与装饰应该根据实验室类型和消防安全要求选取符合要求的台面及其他装饰材料。

第二，《公用建筑吊顶工程技术规程》等相关文件规定，吊顶内不得敷设可燃气体管道。吊顶内可形成相对密闭的空间，如果可燃气体在吊顶内泄漏，则在短时间内易形成积聚，极易引发火灾爆炸等事故。因此，教育部下发的相关文件明确要求，有可燃气体的实验室不设吊顶。

第三，实验室内废弃不用的配电箱、插座、水龙头、气体管路等，应及时拆除或封闭。这些设施长期不使用容易形成安全隐患，如漏水漏电等，不利于保障消防安全。

2.1.2.3　消防设施配备

（1）灭火设备。实验楼应根据技术规范配备必要的灭火设备，如消防水龙、泡沫灭火器、二氧化碳灭火器、干粉灭火器、消防砂等。每个实验室均应配备小型灭火器，并放置在室内便于取用的位置。

（2）防毒用具。实验楼的每一楼层应设若干过滤式防毒面具或隔离式防毒面具，其容量应可供呼吸 30 分钟。

（3）报警器。从事剧毒气体实验的实验室，应设泄漏报警器。遇有毒气外泄事故，可及时向附近的实验室发出警报。

（4）事故照明。实验楼应配备紧急电源，确保停电时疏散通道和紧要场所的照明。紧急电源分备用发电机与备用蓄电池两种。

2.1.2.4　消防通道管理

（1）消防通道畅通性。《中华人民共和国消防法》及教育部相关文件明确规定，消防通道内应保持畅通无阻，不得堆放仪器设备、实验材料、杂物等任何影响通行的物品，人员密集场所的门窗不得设置影响逃生和灭火救援的障碍物。将暂时不用的设备或材料堆放在通道内，不符合消防通道设置要求，一旦发生火灾，会严重妨碍人员疏散和消防救援。

（2）消防标志与照明。消防通道应设置明显的疏散指示标志和应急照明设施。疏散指示标志应安装在通道的墙壁、地面或天花板上，以便人员在烟雾弥漫的情况下能够清晰地看到疏散方向。应急照明设施应保证在停电或火灾等紧急情况下正常工作，为人员疏散提供足够的照明。

2.1.3 实验场所其他要求

2.1.3.1 环境条件方面要求

(1) 温度和湿度。一般无特殊需求的实验室可适当配置制冷或制热设备,保障实验室内设备正常存放和工作。若实验对温湿度有特殊要求,应符合相关国家标准或行业标准规定。例如,某些精密仪器的存放和使用对温湿度的稳定性要求较高,需要配备专门的恒温恒湿设施来维持环境条件。

(2) 空气质量。一般工作场所空气质量应符合《室内空气质量标准》(GB/T 18883—2022)的规定。涉及散发蒸气、有毒有害气体、粉尘等职业病危害因素的工作场所,空气质量应符合《工作场所有害因素职业接触限值 第1部分:化学有害因素》(GBZ 2.1—2019)等职业卫生相关标准规范要求。比如,化学实验室在进行某些实验时可能会产生有害气体,需要安装通风换气设备及时排出有害气体,保证空气质量。涉及病原微生物操作的场所,空气质量应符合《实验室 生物安全通用要求》(GB 19489—2008)、《生物安全实验室建筑技术规范》(GB 50346—2011)等生物安全相关标准规范要求。生物实验室需要保持空气的洁净度,防止微生物污染。涉及动物饲养和动物实验的场所,空气质量应符合《实验动物设施建筑技术规范》(GB 50447—2008)、《实验动物 环境及设施》(GB 14925—2023)及《实验动物机构 质量和能力的通用要求》(GB/T 27416—2014)等有关动物实验机构标准规范要求。动物实验室要保证空气流通,为动物提供适宜的生存环境。

(3) 噪声。根据相关规定,实验室噪声级不宜大于 55 dB(A),机械设备的实验室应低于 70 dB(A),以保证实验人员的工作环境安静舒适。

2.1.3.2 水电气方面要求

有用水需求的实验室应配备稳定的供水系统,包括自来水和实验用纯水。实验室一般要求电力供应稳定,照明用电和实验用电线路分开。对一些精密、贵重仪器设备,要求提供稳压、恒流、稳频、抗干扰的电源,可配备专用不间断电源(如 UPS)。使用气体的实验室要根据相关要求合理布置,设置必要的检测和报警装置。

2.1.3.3 其他要求

(1) 防雷。实验建筑物应设置完善的防雷系统。二级以上生物安全防护实验室、计算机网络机房、大型仪器分析室等对安全性有特殊要求的场所，须设置独立的防雷系统。

(2) 防振。振动是工作场所的有害因素之一，对实验设备本身、周围环境和室内人员都有不利影响，也是产生噪声的重要原因之一。实验设备须做好必要的减振措施：首先应通过工程控制措施降低振动，减轻影响；其次可通过管理制度、个人防护等措施降低振动对人和环境的影响，减少干扰，增加实验设备的稳定性和可靠性。

2.2　场所卫生与日常管理

2.2.1　实验场所卫生

实验室卫生管理至关重要，保持实验室的清洁卫生是确保实验室安全的基础，同时可避免样品污染和维持仪器精准度，确保实验结果可靠。此外，良好的实验室卫生也是守护实验人员安全健康的防线，可防止化学伤害、降低生物风险、减少物理危害，这不仅影响实验室工作环境的舒适度，也关系到实验人员的健康。

实验室卫生包括但不限于规律地清理工作台、设备和实验室地面，特别是对于那些容易产生危险化学物质或生物制剂的实验区，更需要定期进行专业的消毒处理。另外，实验室内的通风系统必须定期检查和维护，确保实验室内空气质量达标，特别是对于使用有毒化学品的实验室来说，良好的空气流通至关重要。

(1) 实验室环境应当整洁有序，卫生状况良好。整体环境整洁，实验室的地面应保持干净，无灰尘、纸屑、杂物等，墙角、门窗周边等角落也不应有积尘。实验台桌面要整洁有序，不能随意堆放与实验无关的物品，常用的实验器具应摆放整齐，使用完毕及时归位。实验物品摆放有序，实验材料存放规范。各类实验设备应按照其功能和使用频率，合理放置在实验室内相应的位置，便于操作和使用；同时要注意设备之间保持适当的间距，避免相互干扰和碰撞。

(2) 实验室应有规范的安全卫生制度。实验室要建立健全卫生值日制度，明确值日人员的职责和分工，制定详细的值日表，确保每天都有专人负责实验室的卫生清洁工作。值日人员要认真履行职责，对当天的卫生清洁情况进行记录，以便对实验室卫生状况进行跟踪和管理。

(3) 实验室内禁止开展与实验无关的相关活动。不在实验室内入睡，不在实验室内存放被褥、食品等无关用品，不在实验室内烧煮食物、抽烟、使用可燃蚊香等。在实验室内入睡可能导致对意外险情浑然不知；在实验室内饮食可能导致误食或造成食品污染；在实验室内抽烟、烧煮、点燃蚊香等都有明火，容易成为随机火种。因此，在实验室内应禁止这些行为。

2.2.2 实验室日常管理

实验室的日常管理涉及实验数据的管理、设备和耗材的采购与维护、废弃物管理和安全管理等多个方面。首先，必须制定一套实验室日常管理规范，并确保所有实验室成员熟知并遵守这些规范。然后，要定期召开实验室工作会议，回顾和更新实验室规程，同时评估实验室管理流程，确保其高效、合规。

2.2.2.1 日常规范

① 建立实验室管理制度(规范)。② 建立实验室安全管理制度(规范)。③ 建立实验室应急处置预案。④ 按照相关要求，定期开展实验室安全教育培训和应急处置演练。⑤ 建立实验室卫生管理制度。

2.2.2.2 仪器设备的使用和维护

① 实验室人员通过准入考试方可进入实验室开展实验，操作相关设备。② 使用仪器设备前，操作人员必须经过专业培训。培训内容包括仪器的基本原理、操作步骤和安全注意事项等。③ 实验开始前，实验人员按照相关要求穿戴好个人防护用品。④ 实验设备启动前，认真阅读操作规程，按照规程完成启动前相关检查工作。⑤ 实验过程中，严格按照操作规程进行实验。⑥ 实验结束后，按照规则整理现场，做好记录。⑦ 当仪器设备出现异常情况(如发出异常声响、冒烟、有异味等)时，应立即停止使用，并按照紧急处理程序进行操作，如切断电源、疏散人员等，同时及时向实验室管理人员报告。⑧ 实验室应根据实验设备特点和要求，制定具体的维护保养制度，明确维护保养周期和要求。⑨ 仪器设备应定期进行校准，以确保其测量结果的准确性和可靠性。⑩ 当仪器设备出现故障时，应及时进行维修，分析故障原因。

2.2.2.3 废弃物管理

① 实验室应按照相关规定严格实验废弃物管理，进行分类收集和处理，

严禁随意处置实验废弃物或与生活垃圾混合处理等违规行为。② 实验废弃物应按照环保等相关规定，进行无害化处理，严禁违规排放，可根据实际情况自行无害化处理或委托专业机构进行收集处理。③ 实验室废气应根据其性质和成分进行分类收集与处理。无机废气常采用填料喷淋塔等方式进行中和处理，有机废气可通过活性炭吸附、吸收液吸收等方法处理。④ 实验室废液一般分为重金属废液、含氰废液、含氟废液、生物危害废液等类别。强酸、强碱等腐蚀性废液需单独收集，并进行中和处理。剧毒废液必须单独存放，严禁与其他废液混放，并按照剧毒试剂管理规定进行保管和处理。⑤ 实验室固废包括固体废渣、装有药品或试剂的容器及包装物等，应分类收集。⑥ 收集实验废弃物的容器应符合使用要求，容器应无破损、盖子完好，具备防刺穿、防泄漏、密封等性能，并根据废弃物类型粘贴相应的危险废弃物标签。⑦ 实验废弃物存放环境和容量应符合安全与环保要求，避免高温、日晒、雨淋，远离火源及生活垃圾，防止发生意外泄漏、燃烧、爆炸等事故。⑧ 实验废弃物要做好存放记录与处置申报。实验室人员收集存放废弃物时，需做好详细记录，便于后续追溯和管理。实验室应定期向相关管理部门申报废弃物处置，避免长时间存放构成新的安全隐患。

2.2.2.4　安全管理

① 实验室应有明确的名称和编号，按照分级分类管理要求登记，明确安全风险类型或级别。② 进入实验室的所有人员都应遵守实验室安全管理规定。③ 实验人员应熟知本实验室内实验活动的安全要求，具备必要的应急处置能力。④ 实验室人员应熟知本实验室的安全逃生通道、消防器材放置位置、急救箱位置和应急喷淋位置。⑤ 实验室管理人员和实验人员应知晓消防器材的放置位置，熟悉消防器材的使用，并定期检查消防器材。⑥ 实验人员开展实验前，应根据要求穿戴必要的个人防护用品。⑦ 实验人员应避免带入与实验无关的用品，严禁携带明令禁止的物品进入实验室。⑧ 使用加热、高温、高压等特种设备时，应按照安全管理要求做好登记。⑨ 需要长期运行的实验、无人值守实验、夜间实验和非工作日实验等应按照安全管理规定进行申请或登记，未经许可不得擅自开展实验。⑩ 新建及改扩建实验室投入运行前、新实验开展前，应按安全管理规定进行安全风险评估，获批后开展相关活动，未经许可不得开展启用实验室或开展新实验。

2.3 场所安全设施

相关法律和规定要求，高校应加强安全物质保障，在场所安全设施方面有如下要求。① 高校实验室应配备必要的安全防护设施和器材，建立能够保障实验人员安全与健康的工作环境。② 实验室配置必要的消防设施，并定期开展使用训练。③ 危险性实验室应按要求配置相应的急救物品。④ 有可能发生化学和生物伤害（如灼伤、中毒、伤眼等）的实验室，应配置必要的应急处置设施，如冲淋、洗眼器及个人防护用品。⑤ 重点场所应安装门禁和监控设施。

2.3.1 消防设施

高校实验室消防常用的消防设施在第 4 章（实验室消防安全）中详细阐述，本章不再赘述，仅简要介绍实验室的主要消防设施分类和作用。

2.3.1.1 灭火器

实验室人员密集，一旦发生火灾，火焰、浓烟和高温会对人员的生命安全构成严重威胁。火灾发生的初期阶段，火势通常较小，灭火器能够及时有效灭火。当火灾发生时，实验人员可以使用附近的灭火器尝试灭火，即使无法完全扑灭火灾，也可以在一定程度上控制火势，延缓火势蔓延的速度，为人员逃生争取宝贵的时间。实验室配置灭火器应注意以下几个方面。

（1）配备合适类型。应根据实验室可能存在的火灾类型，配备相应种类的灭火器，如干粉灭火器、二氧化碳灭火器等，以确保在火灾发生时能够有效灭火。

（2）确保完好有效。灭火器须在有效期内，压力正常，瓶身无破损、腐蚀等情况，并且要定期进行检查和维护，保证其性能完好，随时可用。

（3）数量与位置合理。灭火器的配置数量应根据实验室的面积、布局以及危险等级等因素确定，要保证在实验室的各个区域都能在较短时间内获取灭火器。一般来说，每个实验室应至少配备 2 具灭火器，且应放置在明显、便于取用的位置，如走廊、门口等公共区域以及易燃、易爆物品存放处等重点部位附近，同时不应被遮挡或妨碍取用。

（4）定期校验，确保在有效期内。灭火器应定期维护，确保在有效期内，压力指针位置正常，保险销正常，瓶身无破损、腐蚀痕迹。

（5）定期开展使用训练。学校应组织实验室人员定期开展灭火器使用训练，使实验室人员熟悉灭火器的操作方法，确保在火灾发生时能够正确、迅速地使用灭火器进行灭火，提高其应对火灾的能力。

2.3.1.2 其他灭火设备

除按规定配置必要灭火器外，实验室还应根据危险源特点和相关要求配置烟感报警器、灭火毯、消防砂、消防喷淋系统等灭火设备。

（1）烟感报警器

烟感报警器能够实时监测空气中的烟雾浓度，当烟雾浓度达到一定阈值时，便会发出警报信号。在实验室环境中，由于实验过程可能会产生各种有害气体和烟雾，早期的烟雾探测至关重要。例如，在有机化学实验室，当加热有机试剂时可能会因温度控制不当产生烟雾，烟感报警器可以及时发现这种情况，提醒实验人员采取措施，包括检查实验装置是否出现异常、疏散人员等，为应对火灾等紧急情况争取更多的时间。

（2）灭火毯

灭火毯主要是通过隔绝空气来灭火，一般是由玻璃纤维等耐高温、不易燃烧的材料制成。当遇到小面积的初期火灾，如实验台上的小型火焰时，将灭火毯覆盖在火源上，可以迅速切断火焰与空气的接触，从而达到灭火的目的。

（3）消防砂

消防砂主要用于扑灭油类火灾，其原理是通过覆盖油类火源，隔绝空气，阻止油与氧气的接触，从而达到灭火的目的。消防砂具有良好的吸热性，可以吸收燃烧产生的热量，降低油温，进一步阻止火势的蔓延。

（4）消防喷淋

消防喷淋系统是一种自动灭火装置，当环境温度达到喷头的动作温度时，喷头的玻璃球会破裂，水就会自动喷洒出来，进而通过喷水冷却燃烧物，降低燃烧物的温度，同时稀释燃烧区域的氧气浓度，达到灭火的目的。

2.3.1.3 火灾自动报警系统

火灾自动报警系统是建筑物内的重要消防设施，是现代消防不可缺少的安全技术措施，对高校实验室的火灾预警有重要作用，有助于及时采取适当措施，避免酿成重大火灾。

火灾自动报警系统由火灾探测器件、报警装置和消防联动控制系统等组成。火灾探测器件能够及时感知火灾初期阶段产生的烟雾、热量和火焰等信号。一旦检测到火灾信号，报警装置会发出声光报警。其中，声音报警可以是持续的高分贝警报声，能够在实验室嘈杂的环境中引起人员的注意。光报警通常是闪烁的强光，在视觉上提醒人们发生火灾，报警信号可以同时传送到本地和远程监控中心。消防联动控制系统可与其他消防设备联动。比如，当火灾自动报警系统发出报警信号后，可以自动启动实验室的消防喷淋系统，使喷头喷水灭火；还可以控制防火卷帘门下降，隔离火灾区域，阻止火势蔓延；同时，关闭通风空调系统，防止火灾产生的烟雾和热量通过通风管道扩散到其他区域。消防联动控制系统能够有效地提高实验室的火灾应对能力。为防止联动控制装置失控，火警广播及火灾事故照明、消防泵、防火卷帘等设备还设有手动开关，可以手动开启联动设备。

2.3.1.4　消火栓系统

消火栓系统是使用最为广泛的消防设施之一，绝大多数公众聚集场所都设有这种消防系统。当火灾发生时，它能够为消防人员提供灭火所需的水源，消防人员可以通过连接消火栓和消防水带，将水输送到火灾现场，以扑灭火灾。消火栓系统主要由以下五个部分组成。

(1) 消火栓箱

消火栓箱是由金属或其他材质制成的箱体，一般安装在建筑物的墙壁上，有明显的标志，便于人们在紧急情况下发现。箱体内存放有消火栓、消防水带、消防水枪等设备，起到保护和收纳这些器材的作用。消火栓箱的门一般采用玻璃门，在紧急情况下方便打破取用器材。

(2) 消火栓

消火栓带有阀门的接口，通常分为室内消火栓和室外消火栓。室内消火栓主要用于建筑物内部灭火，其接口与消防水带相连，阀门开启后可以使水从消防管道系统流入消防水带。室外消火栓主要安装在建筑物外的消防给水管网上，为消防车供水或者在室外火灾时直接连接消防水带进行灭火。

(3) 消防水带

消防水带是输送消防用水的管道，一般由帆布、橡胶等材料制成，具有一定的耐压和耐磨性能。消防水带的长度有多种规格，常见的有 20 米、25

米等，在使用时可以根据火灾现场的距离需求进行连接。消防水带的两端带有接口，一端连接消火栓，另一端连接消防水枪。

（4）消防水枪

消防水枪是将消防水带中的水喷射出去的装置，其形状和喷射方式有多种。常见的有直流水枪，其喷射出的水流呈柱状，射程较远，适合扑灭距离较远的火灾。另外，还有喷雾水枪，其可以将水喷射成雾状，能有效吸收热量、降低烟雾浓度，适合扑救油类等火灾。

（5）消防管道

消防管道分为干管、立管和支管。干管是消火栓系统的主要供水管道，一般布置在建筑物的地下室或者架空层等位置。立管是从干管垂直向上延伸的管道，沿着建筑物的楼梯间、电梯间等位置设置，将水从干管输送到各个楼层的消火栓。支管是从立管连接到各个消火栓的水平管道，其作用是将立管中的水引到消火栓箱内的消火栓接口，以便在需要时为消防水带供水。

2.3.2　通风系统

高校实验室类型众多，有的实验室进行化学实验会产生各种有毒有害气体，有的实验室需要除尘或补充新风，有的实验室对温湿度有较高要求，这些实验室都需要配置必要的通风系统，实现通风换气、补充新风和温湿度调节等。高校实验室的通风系统（室内和室外部分）示例见图 2-2。

图 2-2　高校实验室的通风系统（室内和室外部分）示例

2.3.2.1　通风系统的主要功能

（1）通风换气，保障实验人员健康安全。一些化学实验会产生各种有毒有害气体,如在化学合成实验中,使用挥发性有机溶剂(如苯、甲苯等)。这些物质挥发后会被人体吸入,对人体的呼吸系统、神经系统等造成损害。通风系统能够及时将这些有害气体排出实验室,减少实验人员暴露在有害环境中的时间,从而降低职业病的发生风险。在检测重金属含量的实验中,样品消解会用到硝酸、盐酸等强酸,这些强酸挥发产生的酸雾对人体的呼吸道和皮肤黏膜有强烈的刺激作用。通风系统可以有效防止酸雾在室内积聚。

(2) 空气过滤,保障实验环境。有的实验室对实验环境(如粉尘和杂质、气体成分、洁净度等)有严格要求,需要通风对实验环境进行调节,良好的通风系统可以通过通风和过滤的方式将这些杂质排出,输送新鲜且符合要求的空气,保障实验环境达到实验要求。

(3) 温度和湿度调节,防止实验设备损坏,保障实验准确性。有的实验设备对温度和湿度有严格要求,有些实验气体可能具有腐蚀性,长期存在会对实验室内的精密仪器和设备造成损坏。通风系统可以与空调系统等配合,调节实验室室内的温度和湿度,同时稀释和带走对设备和环境有害的气体,保障设备的完好性和数据的准确性。

2.3.2.2 实验室通风管理的主要要求

(1) 有需要通风的实验场所配备符合设计规范的通风系统。通风系统设计应符合《科研建筑设计标准》(JGJ 91—2019)相关要求,涉化类实验室的通风系统设计同时应参考《化工实验室化验室供暖通风与空气调节设计规范》(HG/T 20711—2019)的相关要求。

(2) 管道风机须有防腐措施,使用可燃气体的实验场所建议采用防爆通风机。

(3) 保障实验室通风系统、各实验室通风柜正常运行,风量符合相关文件规定,对通风系统定期维护保修。

(4) 布置于实验楼顶的通风机应牢固固定,无异常噪声。对于处理有害气体的通风机,如有害物浓度超过允许排放标准时,还需进行空气净化处理,排放应符合环保要求。

(5) 室内通风柜(橱)布置合理、使用正常、操作合规。通风柜的布置要科学合理,风量并非越大越好;同一房间内有多个通风柜的要合理布置,避免通风短路、未实际通风换气的现象。可能产生有毒有害气体、易燃易爆气体或蒸气等气体积聚的实验，都在通风柜内进行。实验人员使用通风柜时应按照相关规范或技术说明执行，避免伤害个人或引起事故。

2.3.3　实验场所其他设施

2.3.3.1　应急喷淋和洗眼装置

在高校化学实验室中，实验人员经常会接触各种强酸、强碱、腐蚀性化学试剂。为防止实验人员因化学品喷溅、溢洒等原因而受伤害，化学实验室应安装应急喷淋和洗眼装置（见图 2-3）。生物实验室有时会涉及具有感染性的生物样本，如细菌、病毒等。如果实验操作过程中，这些生物样本意外溅入眼睛或者接触到皮肤，可能会引发感染。应急喷淋和洗眼装置可以通过及时冲洗，降低生物样本在人体表面的附着量，减少感染的风险。

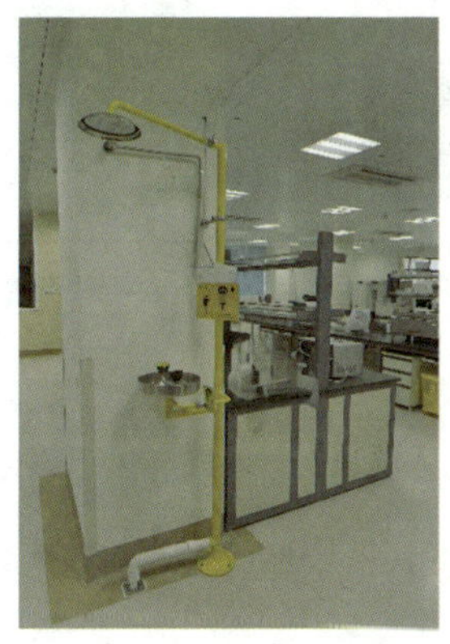

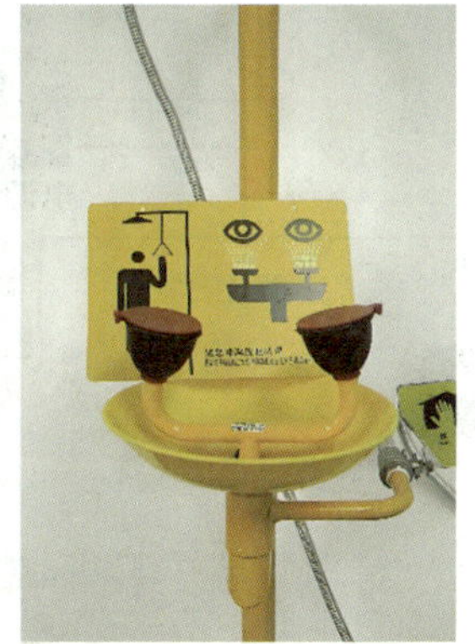

图 2-3　实验室应急喷淋和洗眼装置示例

因此，存在燃爆、腐蚀等风险的实验室或实验区域，应配置应急喷淋和洗眼装置，主要要求如下所述。

（1）根据实验室所涉及的危险物质和实验操作类型，选择合适的应急喷淋和洗眼装置类型。

（2）应急喷淋和洗眼装置应安装在实验室的显著位置，且周围无障碍物，方便在紧急情况下实验人员能够迅速到达并使用。

（3）定期对应急喷淋和洗眼装置进行检查，查看设备是否完好无损，包括喷头是否堵塞、阀门是否能够正常开启和关闭、管道是否有泄漏、出水是否符合要求等。

(4) 对进入实验室的人员要进行应急喷淋和洗眼装置的使用培训，确保他们熟悉设备的位置、操作方法和注意事项。培训内容包括如何快速开启设备、如何调整喷头方向、冲洗时间等，可通过现场演示、操作练习等方式进行培训。

2.3.3.2 门禁和监控

实验室的门禁系统框架示例见图 2-4。门禁是实验场所中的重要设施之一，其主要作用是控制人员进出实验室，防止未授权人员进入危险区域，保护实验人员和设备的安全。因此，重点场所需要安装门禁和监控设施，并有专人管理。门禁和监控的相关要求如下所述。

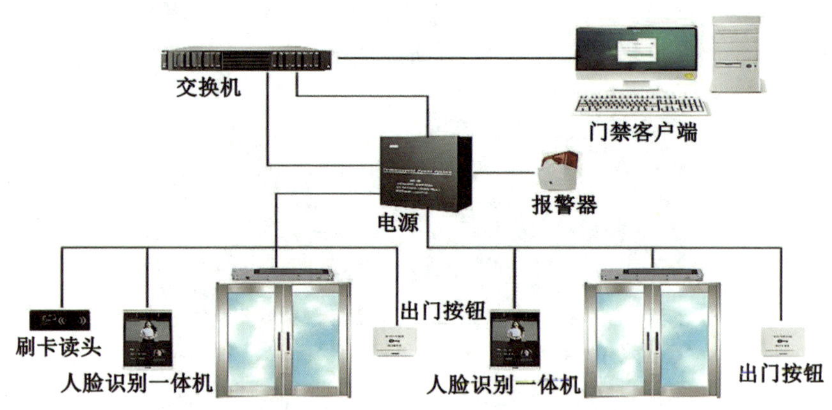

图 2-4 实验室的门禁系统框架示例

(1) 涉及剧毒品、放射源、病原微生物、核材料等重要危险源的使用和存放相关场所，应当安装门禁和监控系统。

(2) 存放重要数据、装置和存有保密文件的实验室，应当安装门禁和监控系统。

(3) 门禁和监控系统应具有完善的权限管理系统。实验室管理人员必须获取相应的权限，实验人员应按注册和审批流程进行申请，以确保只有经过授权的人员方能进入实验室。

(4) 门禁和监控系统应该安装在明显的位置，需要定期检查和维护，避免系统因出现故障或损坏而无法正常使用。

2.3.3.3　防爆装置

部分实验室涉及易燃易爆物品或开展具有燃爆风险的实验，须符合防爆设计要求，根据相关规定确定防护级别，合理配置防护设施。实验室常用防爆装置示例见图 2-5。

带防爆灯的防爆电气开关柜

防爆柜

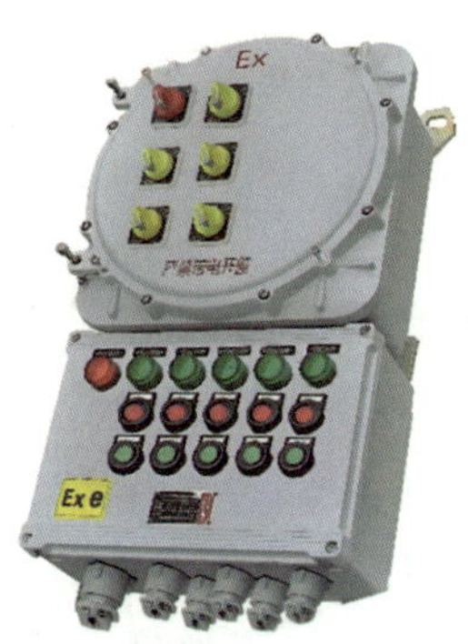

防爆开关

图 2-5　实验室常用防爆装置示例

(1) 根据相关要求选用符合规定的防爆装置，如必要的防爆电气装置、防爆开关和防爆灯，安装必要的气体报警系统、监控系统和应急系统。

(2) 防护要求较高的场所，应邀请具有专业技术资质和能力的单位进行防爆设计和施工。

(3) 输送可燃气体、可能燃爆的混合气体、可能分解致燃气体和与明火设备直接相连的管道，应根据介质类型科学选用阻火器，根据实际工况合理安装阻燃器。

(4) 实验室应采取有效措施，避免或减少出现危险爆炸性环境，避免出现潜在的有效点火源，也可通过防护措施消除爆炸风险，或将爆炸风险最小化，或控制在可允许程度。

(5) 实验室应妥善防护和使用具有爆炸危险性的仪器设备。仪器设备有爆炸危险性存在两种可能：一是设备本身具有物理性爆炸风险，如具有爆炸风险的储气罐、气瓶、蓄能装置等；二是仪器设备具有化学因素导致的爆炸风险，如反应过程具有爆炸风险的设备。对于这些仪器设备，首先考虑配置适当的安全防护装置，其次要求实验人员穿戴必要的个人防护用品，严格按照操作规程操作设备，并根据具体情况适当采用物理防护措施。

思考题

1. 在场所安全管理方面，应如何对实验室的空间布局进行合理规划，以确保人员活动和设备放置的安全性？

2. 对于实验室的特殊区域，如高压、高温、强辐射区域，应采取哪些有针对性的安全管理措施？

3. 卫生与日常管理中，怎样建立有效的实验室卫生清洁制度，保证实验室环境整洁？

4. 如何规范实验室日常物品的摆放和收纳，防止因物品杂乱引发安全隐患？

5. 消防安全上，实验室应配备哪些种类和数量的消防器材，以满足不同类型火灾的扑救需求？

6. 定期的消防演练对于强化实验人员消防处置技能、保障实验室安全运行等方面有什么促进作用？

7. 通风系统对于实验室空气质量至关重要，怎样判断通风系统是否正常运行，有哪些检测指标？

8. 当通风系统出现故障时，应采取哪些应急措施来保障实验人员的健康和安全？

9. 实验室信息牌的重要性体现在哪些方面？信息牌应该反映哪些方面的信息？

10. 门禁系统的权限设置应遵循什么原则，才能既保证实验室安全，又方便实验人员正常进出？

11. 如何根据仪器设备的使用情况，建立有效的运维管理制度？

12. 在综合管理方面，应如何建立实验室安全管理的长效机制，以持续改进管理水平？

13. 当多个实验室共用同一空间或区域时，应如何协调和管理，避免出现安全管理的空白或冲突？

14. 如何加强对实验室临时人员（如实习生、访客）的安全管理和培训，确保他们在实验室期间的安全？

15. 实验室的固废和废液等处置一般应根据哪些原则进行，如何避免交叉污染和错误处理？

第3章

实验室基础安全

本章简介

实验室基础安全至关重要，安全警示标志能直观提醒实验人员潜在危险，用水用电基础保障了正常运行并预防相关事故，个体防护基础是保护实验人员免受伤害的直接防线，这些要素共同为实验室安全保障和管理筑牢根基。本章介绍实验室安全在安全守则、教育培训、安全行为等方面的基本要求，实验室触电危害及用水用电基本要求，实验室个体防护装备选择、穿戴及使用方面的基本要求。

教学目标

知识目标 ① 了解实验室安全基本要求，熟知实验室内主要安全警示标志。② 掌握实验室用电要求，清楚实验室内触电方式、危害与主要防护措施。③ 熟知实验室内个体防护要求及眼部、面部、头部、手部、呼吸系统等具体防护措施。

能力目标 ① 能够精准识别实验室安全警示标志并领会其含义。② 正确辨别实验室用电是否存在隐患，熟练运用常用安全用电措施，在触电情境中能够采取正确防护行动。③ 能够依据实验需求正确选择并规范使用个体防护装备。

素养目标 ① 深刻认识实验室基础安全的重要性，养成主动遵循实验室安全规则的习惯。② 时刻保持对实验室潜在安全风险的警惕性，在日常实验操作中形成“先个人防护，再规范实验”的良好习惯。

3.1 安全基本要求

3.1.1 实验室安全基本要求

工作人员在实验室接触化学试剂，使用实验器械以及电、气、火等过程中，若操作不当，常引发各种危险（如中毒、割伤、触电、爆炸、着火、灼伤等）。一旦发生安全事故，会造成不同程度的人身伤害和财产损失。因此，全面系统地掌握实验室安全管理知识，有助于预防实验室安全事故发生。

3.1.1.1 实验室安全守则

实验室应根据工作内容制定科学的规章制度和操作规程，并要求所有进入实验室的人员必须严格遵守。实验室安全守则具有至关重要的意义，主要体现在以下几个方面。① 保障人员生命安全：安全守则明确规定了正确的操作方法和防护措施，能有效避免人员因疏忽或错误操作而遭受伤害，防止中毒、烧伤、触电、感染等事故的发生，切实保障实验人员的生命健康。② 降低财产损失风险：安全守则通过规范实验流程和行为，减少意外事件的发生，从而降低经济损失，确保实验室的正常运转和教学科研工作的顺利进行。③ 维护实验室的正常秩序：安全守则为实验室的日常运行提供了清晰的行为准则，使所有进入实验室的人员知晓自己的责任和义务，营造一个安全、有序、高效的工作环境，有利于提高实验效率和质量。

实验室安全守则通常应包含以下几项内容。① 人员管理方面：明确进入实验室的人员资质要求、行为规范和个人防护。② 仪器设备管理方面：明确仪器设备的操作规程、维护保养要求、安全标志与警示等。③ 消防安全方面：明确实验室应配备的消防设施和器材，对消防和疏散有相关要求。④ 应急处置方面：明确实验室的应急处置要求及相关应急预案，确保在事故发生时能够迅速、有序、有效地进行应急处置，最大限度地减少事故损失。⑤ 涉化类、生物类、辐射类、特种设备类实验室，其安全守则中还应有对应的管理措施。

3.1.1.2 实验室安全教育培训

实验室安全教育培训是进入实验室开展活动的前提，是平安开展实验活动的重要保障，应遵循以下几个方面的要求。① 培训对象覆盖全面。所有进入实验室的人员都应接受安全教育培训，包括但不限于科研人员、教师、学生、实验室管理人员、技术人员、外聘人员和临时工作人员等。② 教育培训内容系统完整。教育培训内容应包括安全方面的法律法规与规章制度、通识安全基本知识、专业安全知识、仪器设备使用操作安全、个人防护技能、风险辨识与应急处置技能等。③ 教育培训方式灵活多样。可利用网络平台和在线课程开展线上培训，方便学生随时随地进行学习，也可通过线下教育培训讲解实验室安全知识和技能；同时开展实操培训，让学员亲自动手操作仪器设备、使用安全防护设施、进行应急演练等，以提高学员的实际操作能力。④ 教育培训时间安排合理。一般说来，在入学阶段、进入实验室活动前应安排相关安全教育，涉化类学科专业等安全风险高、隐患突出的实验室应开展具有学分的安全教育培训。⑤ 教育培训考核严格规范。考核内容应涵盖培训的全部内容，明确考核合格的标准，只有合格的人员才能进入实验室开展相关活动。

3.1.1.3　实验室安全行为

实验人员的安全行为是安全态度、安全知识、安全技能和安全品格的具象化，进入实验室的人员都要保持良好的行为习惯。① 一般行为规范。例如，保持良好的秩序，不得大声喧哗、打闹或进行与实验无关的活动；遵守制度，包括实验室准入制度、安全操作规程、设备使用制度、化学品管理制度；听从实验室管理人员、教师或导师的指导，按照要求进行实验操作，不得擅自更改实验内容或操作流程；规范着装，进入实验室应穿着实验服等必要的防护装备，不得穿拖鞋、短裤、短裙等暴露性服装。② 规范操作使用仪器设备。使用前检查仪器设备是否正常，使用中严格按照操作规程操作仪器设备，不违规操作或超范围使用，使用后规范整理设备并进行定期维护和保养，保持设备良好状态。③ 电气使用规范。首先，保持线路规范，有金属外壳的电气设备必须接地良好，不得乱接乱拉电线，严禁使用破损、老化的电线和插头插座。其次，安全操作电气设备，严禁用湿手或湿物接触电源和电气设备，如遇电气设备起火，应立即切断电源，并用二氧化碳或干粉灭火器灭火，严禁用水灭火。最后，对电气设备和线路定期检查，发现问题及时维修或更换。④ 消防安全规范。进入实验室首先要了解室内消防设施，熟悉消防通道和应急疏散路线。实验室应加强明火管理，使用明火（如酒精灯等）时，要远离易燃、易爆物品，使用完毕及时熄灭。严禁在实验室内私自使用不符合规定的大功率设备和明火，减少或消除消防隐患。

3.1.1.4　常用玻璃器皿的安全使用

实验室中经常使用各种玻璃器皿，玻璃质地脆弱、导热和导电性能差，在使用过程中容易破碎，造成割伤、试剂泄漏等，从而引发感染、中毒、起火、爆炸等事故。使用玻璃器皿应该注意以下几点：① 在容易引起玻璃器皿破裂的操作中，如减压处理、加热容器等，要佩戴安全眼镜；② 不要使用有缺口或裂缝的玻璃器皿；③ 持取大的试剂瓶时，应一只手握住瓶颈，另一只手托住瓶底；④ 若实验需在高温高压的条件下进行，应选择耐高温高压的玻璃器皿。

3.1.2 安全标志

为使进入实验室的人员避免受到实验室的污染与伤害，实验室对生物危害、化学危害、火灾危害、放射危害等均有专门的警示标志，对消防的疏散通道、紧急出口也有相应的标志。实验室的安全警示标志有三大功能：一是预防事故发生功能，通过安全警示标志实现行为规范引导和风险提示，明确地告诉实验人员哪些行为是不允许的，提醒实验人员注意周围环境中存在的潜在危险，从源头上避免危险行为。二是应急响应辅助功能："紧急出口、安全通道、避险处"等标志在紧急情况下发挥着紧急疏散引导的关键作用，"灭火器、急救站、急救箱"等应急设施定位标志可以帮助实验人员快速找到应急设施，提高应急救援的效率。三是安全意识强化功能：安全警示标志以直观的图形和鲜明的色彩，在实验室内形成一种持续的视觉提醒。同时，这些标志的存在也是实验室安全文化的重要体现，向所有进入实验室的人员传达了一个重要信息，即安全是实验室工作的首要原则，有助于促进整个实验室安全文化氛围的形成。安全警示标志有以下五大类。

(1) 禁止类标志。禁止类标志的目的是禁止实验人员不安全行为，以避免可能发生的危险，为红色标志，如"禁止吸烟""禁止明火""禁止触摸"等。

(2) 警告类标志。警告类标志的目的是提醒实验人员对周围环境引起注意，以避免可能发生危险，为黄色标志，如"当心触电""当心腐蚀""当心高温表面"等。

(3) 指令类标志。指令类标志的目的是强制实验人员必须采取某种防范措施，为蓝色标志，如"必须戴安全帽""必须戴防护眼镜""必须戴防护手套""必须穿防护鞋"等。

(4) 提示类标志。提示类标志的目的是向实验人员提供某种信息(如标明安全设施或场所等)，一般为绿色标志，如"安全紧急出口""消防通道""紧急喷淋"等。

(5) 专用标志。生物、化学、辐射等学科实验室有专用标志，用以提醒和警示实验人员。① 生物危害标志，使用的颜色是鲜艳的橙色，三条边可任意缠绕贴在装有生物危害材料盒子的不同部位，容易在物品上打印，易于识别与记忆。该标志张贴在实验室门口处，在标志上明确说明生物防护级别、实验室负责人姓名和紧急联络方式。② 感染性物品标志，通常在保存、运输、操作含有感染性物质的物品外包装上贴有感染性物品标志。③ 其他通用的安全标志。

实验室常用的安全标志(部分)见表 3-1。其余相关标志及应用在后续相关章节将单独介绍,此处不再罗列。

表 3-1　实验室常用的安全标志(部分)

标志					
含义	禁止吸烟	禁止烟火	禁止通行	禁止触摸	禁止放易燃物
标志				119	
含义	禁止饮用	禁止饮食	禁止入内	火警电话	遇火灾勿乘电梯
标志	消防通道 严禁堵塞 消防通道 严禁占用				紧急出口 EXIT
含义	消防通道	消防按钮	手提式灭火器	地上消防栓	安全/紧急出口
标志					
含义	当心高温表面	当心夹手	当心中毒	当心机械伤人	当心触电
标志					
含义	当心腐蚀	当心易燃物	当心高压容器	当心烫手	当心低温

表 3-1（续）

标志					
含义	必须戴安全帽	必须穿工作服	必须穿防护服	必须戴防护眼镜	必须戴防护手套
标志					
含义	必须戴防护帽	必须穿防护鞋	必须戴口罩	必须戴面罩	必须洗手

3.2 用水用电基础安全

3.2.1 触电方式及危害

3.2.1.1 触电及触电危害

（1）触电

触电是指人体接触或接近带电体时，电流通过人体造成的伤害。电流对人体的伤害主要是破坏人体的心脏、肺部以及神经系统的正常工作，从而导致人体机能障碍乃至危及生命。

触电的类型有三类。① 单相触电。当人体直接接触带电设备或线路中的一相导体时，电流通过人体流入大地，形成回路。这是最常见的触电方式。例如，在实验室中，当人站在地面上时，不小心触摸到漏电的电气设备外壳（如果设备没有保护接地）或者破损的带电电线时，就会发生单相触电。② 两相触电。人体同时接触带电设备或线路中的两相导体，这时加在人体上的电压为线电压，这种触电方式比单相触电更危险。在实验室环境下，两相触电相对较少发生，除非是在操作高压电气设备且严重违反操作规程的情况下。③ 跨步电压触电。当电气设备发生接地故障时，接地电流通过接地体向大地流散，在地面上形成电位分布。人在接地故障点周围行走，两脚之间就会出现电位差，这个电位差称为跨步电压。实验室内部这种情况相对少见，跨步电压触电主要发生在高压电网中。

(2) 触电危害

根据触电对人体危害的不同，触电伤害可分为电击和电伤。电击是指电流通过人体内部，破坏人体心脏、肺部以及神经系统的正常功能，是一种极为危险的触电伤害类型。触电致死的事故主要由电击造成，所以电击是一种危险的触电事故。电击致死的原因有两种：一是大电流引起心室颤动、收缩紊乱、失去泵血功能，造成血液循环障碍致死；二是电流破坏神经系统使人呼吸停止而导致死亡。当人体触及带电体、漏电设备或是遭受雷击、静电放电、电容器放电等时，都可能导致电击。

电伤是指电流的热效应、化学效应、机械效应等对人体造成的局部伤害，主要包括电弧烧伤、电烙印、皮肤金属化等多种伤害形式。① 电弧烧伤是最常见的电伤类型，当强大的电流通过空气产生电弧时，电弧的高温会瞬间烧伤人体皮肤和组织。这种烧伤不仅面积较大，而且伤口较深且愈合困难，容易引发感染等并发症。② 电烙印是由于电流的化学效应和热效应，使人体皮肤表面形成与带电体接触部分形状相似的肿块痕迹。电烙印的皮肤表面会呈现出明显的硬痂，颜色一般为灰黄色或褐色。③ 皮肤金属化是指在电弧的高温作用下，金属电极材料会熔化、蒸发，然后渗入皮肤表层，形成皮肤金属化，使皮肤呈现出相应金属的颜色。

3.2.1.2　影响触电伤害的因素

触电对人体组织的破坏过程十分复杂。根据对动物和人体试验所得的大量数据和分析结果，影响触电伤害程度的因素主要有以下几个方面。

(1) 触电电流的大小

人体反应与电流强度的关系：通过人体的电流越大，对人体的伤害越严重。一般来说，当通过人体的电流强度为 1 mA 左右时，人会有轻微的麻刺感。当电流达到 10～15 mA 时，人体肌肉会发生痉挛，难以自主摆脱带电体；当电流超过 100 mA 时，则可能导致心室纤维性颤动，此时极其危险，可能会在短时间内致人死亡。

(2) 触电电压的高低

电压与伤害的关系：电压越高，对人体的危害性越大。根据欧姆定律，在人体电阻一定的情况下，电压越高，通过人体的电流就越大。例如，低电压在人体电阻正常时，通过人体的电流较小，不足以对人体造成严重伤害；高电压，即使人体电阻较高，也能产生致命的电流。

(3) 触电电流的类型

交流电和直流电对人体有不同影响，人们日常生活中使用的交流电，其频率一般为 50 Hz，这种频率的交流电对人体的危害较大，因为它会引起人体肌肉发生强直收缩。例如，当人手触电时，肌肉痉挛会使手紧紧握住带电体，导致触电时间延长，从而加重触电伤害。直流电通常情况下对人体的伤害相对交流电要小一些，这是因为直流电引起的肌肉收缩程度没有交流电那么强烈，人体在触电时相对较容易摆脱电源。不过，高电压的直流电同样会对人体造成严重伤害，如导致烧伤、心脏骤停等。

(4) 触电电流通过人体的路径

触电电流通过人体的路径不同，伤害程度存在差异。电流通过心脏、大脑、肺部等重要器官时，对人体的危害最大。例如，如果电流从左手流经心脏到达右脚，这样的路径是非常危险的，因为心脏处于电流通路之中，很容易引发心律失常等严重后果；如果电流只是通过四肢的局部，如从手指的一侧流到另一侧，对人体的危害相对较小。

(5) 触电时间的长短

触电时间与伤害程度有关联，触电时间越长，人体受到的伤害越严重。这是因为长时间触电会使电流持续对人体产生损害，如持续破坏人体组织、干扰生理功能等。例如，短时间的低电流触电可能只会引起轻微的麻痛，但如果同样的电流长时间通过人体，则可能导致组织烧伤、神经损伤甚至危及生命。

3.2.1.3 触电防护措施

(1) 绝缘防护

一方面，加强绝缘材料的使用，常见的绝缘材料有橡胶、塑料、陶瓷、玻璃等。对于一些电气设备，如电机、变压器等，会使用绝缘漆对内部的导电部分进行涂覆，增强其绝缘性能。另一方面，加强绝缘性能的维护和检查，确保其符合安全标准。同时，应注意潮湿、高温、化学腐蚀等环境因素对绝缘材料的影响。

(2) 屏护防护

屏护是采用遮拦物、护罩、护盖、箱匣等把带电体同外界隔绝开来，防止人员靠近触电。屏护装置应与带电体保持足够的安全距离，大小根据电压等级等因素来确定。

(3) 间距防护

间距是指在带电体与地面之间、带电体与其他设备和设施之间、带电体与带电体之间必须保持的一定安全距离。不同电压等级的电气设备之间有间距要求，电压等级是决定安全间距的重要因素。电压越高，要求的安全间距越大。这是因为电压高时，电场强度大，空气更容易被击穿而发生放电。例如，在架空线路下方，规定了一定的安全距离，以防止人员、车辆等在下方活动时接触到电线。

(4) 保护接地与保护接零

① 保护接地是指将电气设备的正常不带电、故障情况下可能带电的外露可导电部分通过接地装置与大地进行电气连接。对于一些电气设备，如电机、变压器等的金属外壳，如果绝缘损坏使外壳带电，可通过接地装置将电流引入大地，避免人员接触外壳时触电。接地电阻必须符合要求。一般来说，接地电阻越小越好。对于一些重要的电气设备，接地电阻要求在几欧姆到几十欧姆之间。② 保护接零是指采用 TN 型的三相四线制的低压配电系统，将电气设备的金属外壳与系统的 PE 线(保护接地线)连接，PE 线必须可靠连接，并且不能断线、不得安装熔断器或开关。

(5) 漏电保护器

漏电保护器是一种能够检测漏电电流，并在漏电达到一定程度时自动切断电源的装置。漏电保护器主要是通过检测流入和流出电气设备的电流矢量判断是否存在漏电情况。家庭、工厂、实验室等场所都应该安装漏电保护器，并定期对漏电保护器进行测试，检查其是否能够正常工作。

3.2.2 用电要求与安全措施

(1) 实验室供电容量、插头插座与用电设备功率应匹配，不得私自改接、改装，墙面的所有电源插座均须固定良好。

为保障用电安全，实验室供电容量应满足最大用电需求，并留有一定余量。用电设备使用的插头和插座应与其额定功率相匹配，不得将用电设备的大容量插头私自更换为小容量插头且使用小容量插座。实验室内配电装置的维修维护、改接改造须经相关部门核准，并由有资质的电工来实施，不得私自更改、扩充配电总箱、配电分箱和多联插座等。墙面的电源插座须固定在符合规范的位置，发现松动、破损等应及时报修。

常见错误或隐患：实验室供电容量不能满足实际用电仪器设备的最大需求，特别是在实验室建设过程中，新增大功率设备最大用电容量大于供电容量，存在安全隐患。此外，私自改装插头插座、改接改造线路、墙面有插座出现松动或破损现象仍继续使用等现象均存在安全隐患。

(2) 实验室和电气设备应配备空气开关和漏电保护器，且应满足负荷和分断要求。实验室的配电总箱和配电分箱均应配备空气开关和漏电保护器，个别电气设备需单独安装漏电保护器和空气开关，选型要匹配实验室用电设备的用电负荷及分断要求。

常见错误或隐患：实验室未配置符合要求的空气开关与漏电保护器，或者设备自带漏电保护插头损坏后，用一般插头替换使用。此外，已安装的空气开关不能有效分断其安装处的预期短路电流也是典型的安全隐患。

(3) 电路合理布线，不私拉乱接电线电缆，不使用老化的线缆、花线和木质配电板。规范强弱电线系统的合理布线，相线、零线和保护接地线应选用不同颜色，暗线应穿阻燃管。实验室布线、新接电线电缆和安装插座等要符合相关安全规定，并请专业人员完成。

常见错误或隐患：私自乱拉乱接电线、电线年久失修、电线老化、使用花线和木质配电板等；改建、扩建的实验室，原废弃的旧线路、旧装置未及时拆除。

(4) 插线板使用中，禁止多个插线板串接供电，插线板不宜直接置于地面，插线板应为国家质量认证的合格产品，无烧焦、变形、老化、破损等现象，禁止使用旧国标插线板。

常见错误或隐患：多个插线板串接时，存在供电容易发生过载、插头接触不良引起过热、短路起火等安全隐患。当有大功率用电设备用电时，使用多个插线板串接供电容易引起过载，应采用专线供电。此外，不少实验室的插线板直接置于地面，容易发生因进水、导电碎屑落入、人员踩踏等引起的短路，同时也易绊倒实验人员导致意外伤害等。

(5) 大功率设备用电应使用专用开关或专用插座（不可使用插线板），开关或插座额定功率应满足要求，长期不用时应断开开关或拔下插头。

实验室应加强大功率仪器设备的用电管理，安装应充分考虑电容量和线路安全，使用专用开关或专用插座并加装保护装置，禁止用插线板供电。人员离开用电现场或电气设备不使用时，须关闭总电源。

常见错误或隐患：仪器设备长期未使用且未切断电源；大功率设备使用一般插线板供电，未使用专线及保护装置。

(6) 充电设备在无人看管状态下，应切断充电器(宝)的充电电源。

充电完成后长时间不拔充电器易造成安全事故隐患，甚至发生意外触电、火灾、爆炸等安全事故。在给手机、充电宝等电器充电时，人员不应远离充电设备，以便发生异常情况时能及时发现处理。此外，无人看管状态下，应切断充电电源或拔下充电器。

常见错误或隐患：充电完毕，充电器未及时拔出，长期处于接通状态；无人看管状态下，给充电设备进行长时间充电。

(7) 水槽附近不宜设置电源插座，若确有需要，应增设防护挡板或防护罩。

很多实验室的水槽边装设插座容易发生因潮湿、溅水导致漏电、短路及人身触电等安全事故，因此原则上不应在水槽边设置电源插座。若确有需要，应增设防护板或防护罩，并经常检查墙面是否潮湿，张贴安全警示标志。

常见错误或隐患：在水槽边安装电源插座，未设防护挡板或防护罩，未张贴警示标志；临时接通插线板在水槽周边使用，使用后未及时断电收回，长期放置水槽边，留下安全隐患。

(8) 电线电缆满足绝缘要求，所有电线电缆绝缘外护套无破损老化，电线电缆接头处应可靠绝缘，无裸露连接线，地面上的线缆应有盖板或护套。

实验室应避免任何带电体裸露，以防人体触及；对不可避免的裸露部分应用绝缘材料(如绝缘胶布等)进行妥善绝缘处理。尽量不将电缆直接置于地面或墙面，在地面或墙面的电缆应通过安装线槽、盖板等方式进行保护。此外，在可能受到机械损坏的场所布置电缆时，应采用有足够机械强度的钢管或钢护板保护。

常见错误或隐患：电线接头使用普通胶带(如透明塑料胶带)进行绝缘处理，电线接头绝缘处理不佳引起短路；有电源接线的部位未做任何绝缘保护，通过地面、墙面或振动区域的电缆未做任何保护措施。

(9) 配电柜(箱)附近无物品遮挡并便于操作，配电箱、开关、插座等周围无易燃易爆物品堆放。

实验室的配电柜(箱)附近堆放杂物及实验设备会影响开关操作,特别是影响在紧急状态下切断电源。电气设备及供电线路周围不应堆放易燃、易爆和腐蚀性物品,也不宜放置加热设备,避免引起用电安全隐患。此外,配电柜(箱)应张贴警示标志,提醒相关人员注意。

常见错误或隐患:实验设备遮挡住配电柜(箱),紧急情况下无法及时操作配电柜(箱);为节省空间,将实验台或置物架放置在配电箱前方,虽未直接遮挡配电柜(箱),但取用实验物品或者配电箱正常操作时相互影响,有安全隐患;配电柜(箱)周围或内部大量多余电缆堆积;易燃试剂和废弃物(如纸箱)、气瓶、加热装置等放置在配电柜(箱)周围。

(10) 易燃易爆气体等有防爆要求的实验室电气线路和用电装置应按相关规定使用防爆电气线路和装置。

存在易燃、易爆气体或粉尘的实验室应符合相对应的防爆要求,所用电气线路和用电装置应遵循相关规定,使用防爆电气线路和装置。防爆电气装置应张贴防爆警示标志。

常见错误或隐患:在有防爆要求的场合使用非防爆的设备或电缆;防爆电气线路的管路敷设、线管接口和线路连接不符合防爆要求;防爆设施损坏(如外壳破损、密封失效)导致无法防爆;防爆标志存在缺失、损坏或无法辨识等现象。

3.2.3 用水安全

许多实验室有用水需求,水既具有清洗维护、冷却散热的作用,又是实验人员人身安全的坚实护盾,当遭遇强酸、强碱等腐蚀性试剂的意外伤害时,及时可用的安全用水能迅速冲洗、抢险,最大限度减轻伤害。

(1) 用水设施状态完好。水槽、地漏及下水管道畅通,水龙头、水阀、上下水管完好,做到不滴、不漏、不冒、不放任自流。用水设施出现问题应及时维修。

(2) 用水连接管完好,各类连接管无老化破损。实验室内各类连接管(特别是冷却冷凝系统的橡胶管接口处)应定期检查、维护和疏通并做好登记。对于橡胶管类的连接处,宜用金属卡扣加固;对于老化、破损的连接管宜及时进行更换或弃用。

(3) 连续用水应有人值守,无自来水龙头开着时人离开的现象。要做到水开人在、人走水关,离开实验室前须确保各水龙头处于关闭状态。对于水冷凝系统等须连续工作情况，应做好安全防范措施，保障不发生漏水事件。

(4) 总阀管理。实验室管理人员应清楚所在楼层及实验室的各级水管总阀位置，一旦发生水管破裂等溢水情况，能及时关闭总阀。此外，实验室管理人员应定期检查总阀完好情况。

3.3 个体防护安全

3.3.1 个体防护基本要求

实验室内环境较为复杂，化学实验室内经常使用各种危险化学品，生物实验室中存在各种病原体(如细菌、病毒和寄生虫等)，且实验室中存在多种物理危害因素(如高温、低温、辐射、噪声和机械伤害等)，因此做好个体防护有助于保护实验人员的生命安全。另外，个体防护也有助于确保实验结果的准确性。如果没做好个体防护，实验人员自身的毛发、皮屑、微生物等可能对生物实验样本造成污染，人员活动也可能会引入灰尘、纤维等杂质，影响实验环境和结果。因此，实验室的个体防护具有非常重要的作用，同时也有严格的要求。

3.3.1.1 穿戴个体防护用品的必要性

为了最大限度地降低实验室中的危险因素对人体造成的伤害，进入实验室的人员必须采取防护措施，而穿戴个体防护用品是最直接有效的方式。不同的实验活动会产生不同类型的危害，所以防护用品的质地要与可能面临的危害具有匹配性。穿戴个体防护用品的必要性体现在以下几个方面。一是物理危害防护的要求，如机械操作或玻璃仪器使用较多的实验中，可能会发生挤压、碰撞、切割、划伤等情况，个体防护用品可以有效防止这些伤害。二是化学危害防护的要求，如接触有腐蚀性或毒性的化学品，穿戴合适的防护用品，能够防止化学试剂或有毒介质与人体皮肤、眼睛等直接接触，从而避免化学危害。三是生物危害防护的要求，尤其是涉及病原微生物的实验，实验人员面临着生物感染的风险，良好的个体防护用品能够阻止病原体进入人体，为实验人员提供有效的防护。四是火灾和爆炸危害防护的要求，在有易燃易爆物质的实验室中，个体防护用品对人员安全的保护作用更加突出。

3.3.1.2 防护装备的选择

首先，防护装备的选择遵循适用性和质量合格的原则，应根据实验室的具体工作内容和潜在危害来选择合适的防护装备。例如，在化学实验室，若经常接触强酸强碱，就需要选择耐酸碱的手套、防护服和护目镜。其次，防护装备必须符合相关质量标准。比如，防毒面具的滤毒罐（盒）要能够有效过滤特定的有毒气体，其过滤效率应达到规定的标准；防护手套的材质要能够抵抗相应化学物质的渗透，有合格的抗穿刺和耐磨性能。

3.3.1.3 穿戴的规范性

穿戴要求有两方面，一是按正确顺序穿戴。一般先穿上防护服，然后戴上手套，接着佩戴护目镜或面罩，最后穿上安全鞋。二是应符合合身要求。防护装备要合身，不能过于宽松或紧绷。宽松的防护服可能会被卷入仪器设备中，紧绷的防护服则会影响行动和操作的灵活性。手套的大小要合适，过大容易脱落，过小会影响手部血液循环并且可能破裂。

3.3.1.4 防护装备的检查培训、维护与更换

实验室有新进人员或防护装备更换时，应根据实际情况进行防护装备使用及检查培训。防护装备需要定期检查和维护，对有破损、老化、失效、过期的防护装备应及时更换。

3.3.1.5 保持个人卫生习惯

首先，实验前后要认真洗手。使用合适的洗手液，按照正确的洗手步骤，彻底清洗双手，包括手心、手背、手指间和指甲缝等部位，可以有效去除手上沾染的有害物质。其次，实验结束后应尽快更换工作服，清洗身体暴露在外的部分，如脸部、颈部等。如果身体被化学物质喷溅要立即用大量清水冲洗，并按照相应的急救程序进行处理。同时，要注意保持头发清洁，避免头发沾染化学物质或微生物后成为污染源。

3.3.2 个体防护

3.3.2.1 眼部防护

基本要求：护目镜或安全眼镜是眼部防护的基本装备。它们需要具备良好的光学性能，不能使视线扭曲，并且应能够有效防止化学飞溅物、灰尘、烟雾和高速飞行的颗粒（如研磨实验中的碎屑）进入眼睛。例如，在化学实验中，当进行酸碱滴定操作时，可能会发生溶液飞溅的情况，这时护目镜就能起到很好的保护作用。

特殊要求：对于一些涉及激光、紫外线或其他强光源的实验，眼部防护装备还需要有特殊的滤光功能。比如，在激光实验室，护目镜的镜片要能够吸收或反射特定波长的激光，以防止激光对眼睛造成永久性损伤。

3.3.2.2 面部防护

基本要求：当有大面积化学飞溅、喷溅的危险，或者存在辐射等风险时，需要使用全面罩进行防护。全面罩应能覆盖整个面部，包括眼睛、鼻子和嘴巴，并且密封良好，可防止有害物质从缝隙进入。例如，在处理挥发性强酸或强腐蚀性液体时，全面罩可以提供比单独护目镜和口罩更全面的保护。

特殊要求：在有生物气溶胶风险的实验室（如病毒培养、动物解剖等），面部防护装备应具有防雾功能，因为呼吸产生的水汽可能会影响视线。同时，全面罩还应保证能够有效过滤微生物，防止其进入呼吸道和眼睛。

3.3.2.3 头部防护

基本要求：在实验室环境中，当存在物体坠落风险（如高处的设备部件、试剂瓶可能掉落）或者化学液体飞溅可能接触头部的情况时，需要佩戴安全帽或防护帽。防护帽要能有效覆盖头部，且具有一定的抗冲击性和耐化学腐蚀性。比如，在一些建筑材料检测实验室，当进行材料抗压实验时，仪器上方的一些零件有可能因振动而掉落，工作人员需要佩戴安全帽以避免头部受伤。

特殊要求：如果实验室涉及微生物实验，特别是处理高致病性微生物时，防护帽应能防止微生物附着，且易于清洁和消毒。通常会采用一次性的医用防护帽，以减少微生物通过头发传播的风险。

3.3.2.4 手部防护

基本要求：根据实验中接触的物质不同，选择合适的手套。对于一般的化学操作，如处理无机酸、碱等，可以使用耐酸碱手套；对于有机溶剂，需要使用耐有机溶剂手套。手套应具有足够的柔韧性，不妨碍实验操作，并且在接触相应物质时不会被轻易穿透。例如，在使用乙醇、丙酮等有机溶剂时，要选择能够耐受这些溶剂的丁基橡胶手套。

特殊要求：在生物实验室，特别是涉及高致病性微生物的操作时，手套除了应防止微生物渗透外，还应便于消毒和更换。而且，在进行一些精细操作（如细胞显微注射）时，手套的厚度不能影响操作的精准性。

3.3.2.5　呼吸系统防护

基本要求：在实验室存在有毒有害气体、粉尘或生物气溶胶的情况下，必须进行呼吸防护。对于一般的粉尘环境，可以使用一次性的防尘口罩，其过滤效率应符合相应标准；对于有毒有害气体，如有机溶剂挥发产生的蒸气，则需要佩戴防毒面具，防毒面具的滤毒罐要根据所防护的气体种类进行选择。例如，在使用甲醛等挥发性有机化合物的实验室，要选择能够有效过滤甲醛的滤毒罐。

特殊要求：在高浓度有毒气体环境或紧急情况下（如毒气泄漏），则需要使用自给式空气呼吸器，这种呼吸器可以为使用者提供独立的清洁空气源，保证呼吸安全。同时，呼吸防护装备要保证良好的密合性，使用者需要经过专业的密合性测试，以确保没有泄漏。

3.3.2.6　身体防护

基本要求：实验防护服是身体防护的主要装备，应能够覆盖身体大部分区域，包括躯干、手臂和腿部。防护服应具有一定的抗化学渗透性、耐磨损性和防静电性能。例如，在化学合成实验室，防护服可以防止化学试剂溅到衣服上，进而接触皮肤。进入实验室人员的个体防护示意见图 3-1。

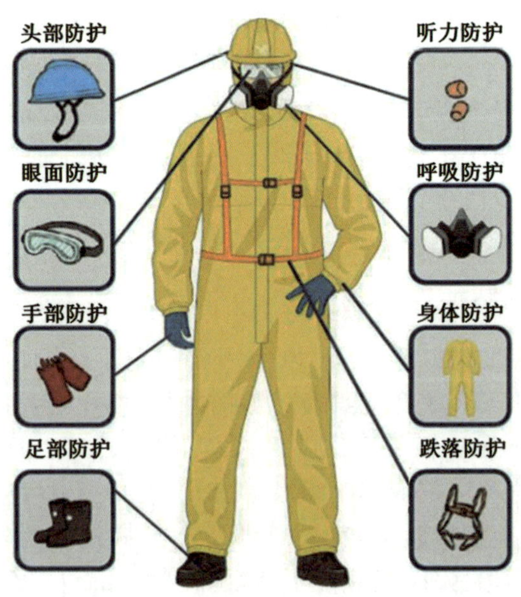

图 3-1　个体防护示意图

特殊要求：对于有静电敏感的实验（如某些电子材料实验），防护服的防静电性能要符合要求，防止静电放电对实验样品或仪器造成损坏。在洁净实验室或无菌实验室，防护服还需要有良好的防尘、防菌性能，如采用无菌的一次性防护服，防止外部微生物进入实验室环境等。

思考题

1. 请列举至少五种常见的实验室安全警示标志，并说明其代表的含义。

2. 当实验室中同时出现“易燃液体”和“禁止明火”警示标志时，应采取哪些具体的安全措施？

3. 如果实验室没有安全守则，会有哪些影响？

4. 举例说明在实验室中不遵守安全行为规范可能引发的连锁反应和后果。

5. 列举常见的玻璃器皿损坏原因，并说明如何避免。

6. 请简述至少三种常见的实验室触电防护方式。

7. 在潮湿的实验室环境中，应如何加强触电防护？

8. 实验室用水有哪些基本要求？

9. 实验室用水和用电线路的布局应遵循哪些原则，以确保安全？

10. 如果防护手套被化学试剂污染，应如何进行处理和更换？

11. 根据不同的实验类型，应如何选择合适的个体防护装备？

12. 佩戴防护眼镜时，需要注意哪些事项以确保其防护效果？

13. 在长时间的实验过程中，如何确保个体防护装备的舒适性和有效性之间的平衡？

14. 如果以前接受过实验室安全教育培训，进入新的实验室或新的学习阶段，还有必要再接受安全教育培训吗？为什么？

15. 如何培养和强化实验室人员的安全行为习惯？

▶ 第 4 章

实验室消防安全

本章简介

消防安全是一切安全保障的基础。做好消防安全,可以消除燃烧或者爆炸事故,保障实验人员生命安全,防止实验仪器和设备受损,避免存放在实验室的实验数据丢失或研究成果毁坏。本章介绍燃烧的类型、条件和产物,爆炸的类型、极限、影响因素和阻止,粉尘爆炸的条件、过程和极限,火灾的危害、防灭火原理、常用灭火器使用以及实验室安全疏散、自救逃生及火场救人等知识。

教学目标

知识目标 ① 了解高校实验室常见的火灾隐患类型,熟知国家以及学校制定的实验室消防安全相关法规、制度与标准。② 熟知燃烧、爆炸的基本原理、影响因素和主要危害。③ 掌握各类消防设施和器材的工作原理及其使用方法。

能力目标 ① 能够正确使用实验室灭火器及消火栓等消防器材。② 能够制定应对实验室火灾的应急预案,具备火灾事故中快速疏散逃生的能力。

素养目标 ① 深刻认识实验室消防安全的重要性,树立强烈的消防安全责任意识。② 在日常学习与科研中,自觉养成时刻关注消防安全的良好习惯。

4.1 燃烧的基础知识

4.1.1 燃烧的定义和条件

4.1.1.1 燃烧的定义

燃烧是可燃物与助燃物彼此相互作用所引发的放热反应,这一过程往往伴随着火焰的跃动、光芒的闪耀以及(或)烟雾的升腾,并且通常会催生出全新的物质。燃烧具备两大鲜明特征:一是有新物质产生,二是燃烧过程中伴有发光发热现象。一旦燃烧逾越了时间的边界或突破了空间的限制,进而失去有效的管控,便会演变成火灾。因此,为了能够有效管控燃烧过程,并在火灾发生时能够成功扑灭大火，应深入且全面地洞悉燃烧的条件、类型、产物及其危害等基本情况。借助对燃烧所需条件实施精准控制并予以破坏，可实现对火灾的有效掌控与扑灭。

4.1.1.2 燃烧的必要条件

物质发生燃烧，都有一个由未燃烧状态转向燃烧状态的过程。发生燃烧必须同时具备三个必要条件：可燃物、助燃物（氧化剂）和引火源（温度）。没有可燃物质，燃烧就失去了基础；没有助燃物，就不能形成燃烧反应；有了可燃物、助燃物，没有引火源把可燃物加热到燃点以上，燃烧也不能开始。燃烧的三要素（必要条件）见图 4-1。

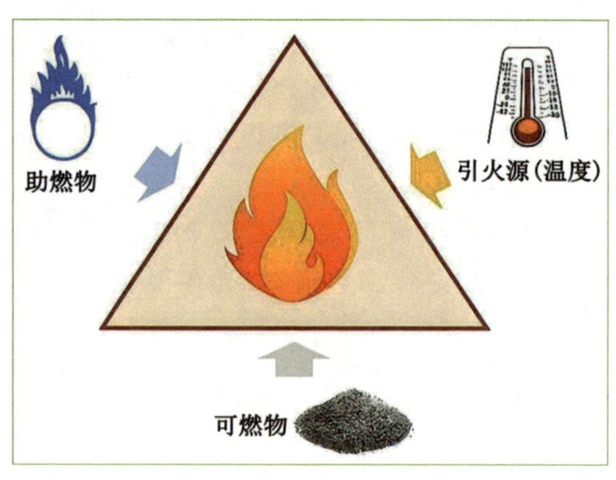

图 4-1 燃烧的三要素（必要条件）

可燃物是指能与空气中的氧气或其他氧化剂发生燃烧化学反应的物质。按其物理状态，可燃物分为气体可燃物、液体可燃物和固体可燃物三类。可燃烧物质大多是含碳和氢的化合物，部分金属如镁、硫、铝、钙等在一定条件下也能够燃烧。助燃物也称氧化剂，是指能与可燃物产生氧化反应的物质，其作用是帮助和支持可燃物燃烧。燃烧进程中的氧化剂主要是空气中游离的氧，另外如氟、氯等也能够作为燃烧反应的氧化剂。引火源（温度）是指供可燃物与氧或其他助燃物发生燃烧反应的能源，引火源种类繁多，如明火、电火花、高热物及高温表面、静电和雷电、摩擦与撞击、易燃物自行发热、化学反应热及光线和射线等。

4.1.1.3 燃烧的其他条件

上述可燃物、助燃物和引火源条件只是发生燃烧的必要条件，有时即使燃烧的三个必要条件都具备，燃烧也不一定发生。这是因为可燃物、助燃物、引火源都存在极限值，达不到相应的极限值，燃烧也不能发生。燃烧的其他条件如下所述。

(1) 可燃物应具备一定的数量或浓度。达不到可燃物燃烧所需的数量或浓度，燃烧不会发生。例如，甲烷在空气中的浓度达到 5%～15%时达到爆炸极限，在 9.5%时爆炸威力最强。

(2) 必须提供足够的助燃物。可燃物质在空气中燃烧必须要有充足的氧，当空气中的含氧量降低时，燃烧会逐渐减弱，甚至停止。不同的可燃物引起燃烧所需要的最低含氧量是不同的。例如，乙醚在空气中需要的最低含氧量为 12%，低于最低含氧量时，燃烧不会发生。

(3) 引火源应具备一定的温度和足够的能量。各种不同的可燃物发生燃烧，均有固定的点火能量要求，达到这一能量要求才能发生燃烧反应。

4.1.2 燃烧的类型与相关参数

燃烧按其形成的条件和瞬间发生的特点以及燃烧的现象，可分为闪燃、阴燃、自燃和着火等四种类型。

4.1.2.1 闪燃

当可燃物表面所挥发出的可燃气体与空气相互混合后，遇火产生一闪即灭的现象，称为闪燃，发生闪燃时的最低温度称为闪点。闪点存在开杯(OC)与闭杯(CC)两种类型，通常在未做特别标注的情况下，所提及的均为闭杯闪点。其中，开杯闪点是指蒸气在与空气能够自由接触的情形下遇火燃烧的最低温度，闭杯闪点是指在封闭环境之中"饱和蒸气"与空气的混合物遇火燃烧的最低温度。闪燃虽是短暂的闪火并非持续性的燃烧过程，但却是引发火灾事故的重要危险因素之一。物质的闪点越低，其燃爆的危险性越大。表 4-1 是部分常见物质的闪点。

表 4-1　部分常见物质的闪点(参考值)

物质名称	闪点/℃	物质名称	闪点/℃	物质名称	闪点/℃
二硫化碳	−30(CC)	对硝基苯酚	192(CC)	甲醇	12(CC)
丙酸	54(CC)	苯酚	79(CC)	甲乙醚	−37(CC)
甲苯	4(CC)	环氧乙烷	−20(CC)	乙醇	13(CC)

表 4-1（续）

物质名称	闪点/℃	物质名称	闪点/℃	物质名称	闪点/℃
甲醚	−41(CC)	异丙醇	12(CC)	乙醛	−39(CC)
乙醚	−45(CC)	丙酮	−18(CC)	乙胺	−17(CC)
乙苯	15(CC)	乙酸乙酯	−4(CC)	乙酸酐	49(CC)

4.1.2.2 阴燃

阴燃是一种特殊的燃烧现象，燃烧过程中并没有明火产生，呈现出较为缓慢燃烧的状态，通常是可燃固体在供氧不充足时发生的一种缓慢氧化反应。

阴燃往往出现在火灾的初起阶段，因其仅仅是冒烟，并无明火出现，所以很容易被人们忽略。一旦周遭环境具备了适宜的条件，阴燃便会在短时间内快速转变为明火燃烧，进而引发更大的危害。

4.1.2.3 自燃

在没有外界火花、明火等火源施加影响的情况下，可燃物仅仅因为自身受热，或者其内部不断产生热量且热量积聚后无法散发出去，进而引发的燃烧现象，称为自燃。

在特定且明确规定的条件之下，物质处于空气中时，能够发生自燃现象所对应的最低温度，便是该物质的自燃点。当物质所处的温度升高达到其自燃点时，即便它只是与空气相接触，在无须明火作用的前提下，也会自行燃烧起来。通常而言，一种物质的自燃点越低，引发火灾的危险性越大。表 4-2 是部分常见物质的自燃点。

表 4-2　部分常见物质的自燃点(参考值)

物质名称	自燃点/℃	物质名称	自燃点/℃	物质名称	自燃点/℃
二硫化碳	90	苯	560	甲醇	464
丙酸	485	硝基苯	482	甲乙醚	190
丙烷	450	苯酚	715	乙醇	363
丙烯	460	异丙醇	456	乙醛	175
甲苯	535	氨气	651	乙胺	290

表 4-2（续）

物质名称	自燃点/℃	物质名称	自燃点/℃	物质名称	自燃点/℃
甲醚	350	环氧乙烷	429	环己烷	245
乙醚	160	甲烷	537	白磷	30
乙苯	432	丙酮	465	硫化氢	232

4.1.2.4　着火

可燃物在空气中与火源接触引起燃烧，移去火源后仍能持续燃烧的现象称为着火。可燃物发生持续燃烧的最低温度叫作燃点。物质的燃点越低，越容易着火，火灾危险性也越大。表 4-3 是部分常见物质的燃点。

表 4-3　部分常见物质的燃点（参考值）

物质名称	燃点/℃	物质名称	燃点/℃	物质名称	燃点/℃
二硫化碳	100	乙醇	390～430	乙酸	550
乙二醇	118	苯	562	乙酸乙酯	426
环己烷	259	丙酮	561	环氧树脂	530
乙醚	350	乙苯	432	氰化氢	53
甲醇	470	甲苯	552	尼龙	500
二甲亚砜	300	苯乙烯	490	聚四氟乙烯	670
橡胶	120	涤纶纤维	390	赛璐珞	100

4.1.3　燃烧的产物及危害

燃烧产物主要是指可燃物质在燃烧过程中生成的气体、烟雾等各类物质，其具体产生情况取决于可燃物自身成分以及所处的燃烧条件。大部分可燃物是由碳、氢、氧、硫、磷以及氮等元素所构成，当这些物质发生燃烧时，便会生成二氧化碳、一氧化碳、氰化氢、水蒸气、二氧化硫、二氧化氮等产物。部分有机物质在氧气供应不足或者温度相对较低的燃烧条件下，还会生成醇类、酮类、醛类、醚类以及其他较为复杂的化合物。部分高聚物的燃烧产物（见图 4-2）。

燃烧过程的主要产物为烟气，对人体存在多方面危害，表现为烧伤、室息以及吸入气体中毒等。一氧化碳中毒的典型症状见图 4-3。在火灾现场，高温的烟气能够致使人体循环系统出现衰竭现象，还会让气管、支气管内的黏膜充血并产生水泡，进而造成组织坏死，甚至引发肺水肿，最终导致人体因窒息而死亡。此外，烟气具有减光性，这种特性会对人员的安全疏散以及火灾的施救工作产生不利影响，其带来的紧张氛围还会在心理层面给人们造成恐慌。燃烧所产生的有毒气体能够使人体出现麻醉、窒息等状况，严重时可直接导致人员死亡。大量案例表明，在因火灾造成的死亡人数当中，大约 80%是因为吸入了毒性气体而失去生命。而且，部分不完全燃烧产物能够与空气混合形成具有爆炸性的混合物，一旦遇到火源，便会发生爆炸，进而致使火灾进一步蔓延扩大。

图 4-2　部分高聚物的燃烧产物

图 4-3　一氧化碳中毒的典型症状

以下是部分燃烧产物给人体带来的具体危害。

(1) 氰化氢。它属于一种毒性极强、可迅速致人死亡的窒息性毒物。人体轻度中毒时，会出现头昏、恶心等症状；重度中毒时，则可能引发呼吸障碍，甚至导致死亡。

(2) 一氧化碳。它对血液中的血红蛋白有着很强的亲和性，其与血红蛋白的亲和能力相较于氧气而言，要高出 250 倍之多，阻碍人体血液中氧气的正常输送。一氧化碳中毒是燃烧后最常见危害，易引发头痛、虚脱、神志不清等一系列症状，同时还会造成肌肉调节方面出现障碍。

(3) 二氧化碳。它是一种无色且略带酸味的气体，正常状态下在大气中的含量一般在 0.049 0%左右，当含量达到 10%时便会致使人体在短时间内死亡。含碳物质在燃烧的时候，通常会产生大量的二氧化碳。

(4) 氯化氢。它是一种无色且带有刺激性气味的气体，对眼睛以及呼吸道黏膜有着强烈刺激作用。人体若发生急性中毒，会出现头痛、恶心、呼吸困难、胸闷等症状，严重时还可能引发肺炎、肺水肿等病症。

(5) 二氧化氮和其他氮氧化物。当人体吸入二氧化氮和其他氮氧化物后，二氧化氮和其他氮氧化物会与呼吸道黏膜上的水分子发生作用，进而形成硝酸和亚硝酸盐，这些物质会对肺组织产生刺激以及腐蚀作用，可能引起即刻死亡，也可能造成滞后性的伤害。

(6) 二氧化硫。它对呼吸道黏膜和眼睛有着极为强烈的刺激作用。人体少量吸入二氧化硫时，会出现咽喉干痛、流涕、流泪等症状；一旦大量吸入二氧化硫，便会引发呼吸困难、支气管炎、肺水肿等情况，严重时甚至会导致死亡。

4.2 爆炸的基础知识

4.2.1 爆炸的类型和极限

4.2.1.1 爆炸的定义

爆炸是物质在外界因素激发下发生物理和化学变化，瞬间释放出巨大的能量和大量气体，发生剧烈的体积变化的一种现象，即物质迅速地发生反应，在瞬间以热扩散的形式放出巨大能量，或气体在瞬间发生剧烈膨胀的现象。

爆炸过程分为两个阶段：第一个阶段，物质的潜在能量以一定方式转化为强烈的压缩能；第二个阶段，压缩能急剧向外膨胀，并对外做功，引起被作用物体变形、移动或破坏。爆炸的主要征象是爆炸点周围介质中的压力急剧上升，这也是产生破坏作用的直接原因。爆炸的对外征象是由于介质振动产生的声响效用。

4.2.1.2 爆炸的分类

依据爆炸原因以及性质的差异，爆炸可分为物理爆炸、化学爆炸和核爆炸三类。① 物理爆炸：物质的状态或者压力突然发生急剧变化，进而形成爆炸的现象。爆炸发生过程中物质本身所具有的性质及化学成分不会发生改变。② 化学爆炸：物质在极为短暂的瞬间便完成了化学反应，并且在此过程中产生了大量气体以及能量的现象。化学爆炸过程中物质的性质与化学成分会发生根本性变化。③ 核爆炸:物质在原子核发生“裂变”或者“聚变”这种链式反应的瞬间,释放出极为巨大的能量,从而产生爆炸的现象。

此外,依据爆炸瞬间燃烧速度的不同,爆炸可分类为轻爆、爆燃和爆轰。① 物质爆炸时燃烧以 0.1～10 m/s 的速度传播,称作轻爆(大多归为燃烧)。这类爆炸所产生的破坏力相对较小,发出的声响也不大。② 物质爆炸时的燃烧以 10～1 000 m/s 的速度传播,称之为爆燃。爆燃具有较大的破坏力,同时会发出震耳欲聋的声响。③ 物质爆炸时的燃烧以 1 000～3 500 m/s 的速度传播,称为爆轰。爆轰时,燃烧产物可在短时间内出现急剧膨胀,并产生强大的冲击波,破坏力巨大。

4.2.1.3 爆炸极限

可燃气体或蒸气与空气混合形成爆炸性混合物,浓度达到一定范围时,遇火源立即发生爆炸。爆炸性混合物发生爆炸的浓度范围称为爆炸极限,发生爆炸的最低浓度称为爆炸下限,最高浓度称为爆炸上限。评定气体火灾危险性的大小可用爆炸极限来表示,爆炸极限越低、范围越大,火灾危险性就越大。部分常见物质的爆炸极限见表 4-4。

表 4-4 部分常见物质的爆炸极限(参考值)

物质名称	爆炸极限/%	物质名称	爆炸极限/%	物质名称	爆炸极限/%
戊烷	1.5～7.8	乙醇	3.3～19.0	一氧化碳	12.5～74.2
己烷	1.1～7.5	甲醇	6.0～36.5	乙苯	1.0～6.7
庚烷	1.1～6.7	甲醚	3.4～27.0	乙烷	3.0～12.5
异丙醚	1.4～21.0	二甲胺	2.8～14.4	乙炔	2.5～82.0
乙醚	1.7～48.0	氢气	4.0～75.6	乙烯	2.7～36.0
丙烷	2.1～9.5	氨气	15.7～27.4	苯甲醚	1.3～9.0
苯	1.2～8.0	二硫化碳	1.3～50.0	甲乙醚	2.0～10.1
甲苯	1.1～7.1	甲烷	5.0～15.0	乙胺	3.5～14.0

4.2.2 爆炸的影响因素和阻止

4.2.2.1 爆炸的影响因素

爆炸极限并非固定不变,而是在一定条件下测得的,随着外界条件如初始温度、含氧量、压力、惰性气体含量、火源强度、容器等因素变化而变化。影响爆炸的因素如下所述。

(1) 初始温度。混合气体的初始温度升高，会使分子的反应活性增加，爆炸下限降低、上限提高，爆炸危险性增加。

(2) 含氧量。混合气体中含氧量增加可使爆炸上限增高，爆炸极限范围扩大，爆炸危险性增加。如甲烷在空气中的爆炸极限是5.0%～15.0%，在纯氧中的爆炸极限则是5.0%～61.0%。若减少空气中的含氧量，则低于甲烷的极限含氧量，甲烷就不会燃烧爆炸。

(3) 压力。混合物的压力升高，会使爆炸上限显著增高，爆炸极限范围扩大，爆炸危险性增加。

(4) 惰性气体含量。混合物中加入惰性气体，如氮气、二氧化碳、氩气等，可使爆炸上限显著降低，爆炸极限范围缩小。惰性气体增加到一定浓度时，可使混合物不能爆炸。增加惰性气体的浓度对爆炸上限的影响更为明显，这是因为增加惰性气体浓度，相对降低了含氧量，导致爆炸上限显著降低。

(5) 火源强度。火源的强度高、受热面积大、火源与混合物接触时间延长，均使爆炸极限范围扩大，增加燃烧爆炸的危险性。

(6) 容器。容器管道的直径越小，爆炸极限范围越小，发生爆炸的危险性越小。当容器管道的直径小到一定程度时，火焰因不能通过而熄灭。

4.2.2.2　爆炸的阻止

引起爆炸的原因很多，防止或抑制爆炸可从控制爆炸物的形成、清除或控制助燃物、控制点火源和抑制爆炸传播等方面着手。

(1) 控制爆炸物的形成。一是对可爆炸粉尘控制，对于产生粉尘的工序或环节，如面粉加工、金属打磨等，有效通风、定期清洁维护是关键。二是对可燃气体控制，要防止气体泄漏，对于使用可燃气体的设备和管道，要定期进行检查和维护；可以安装可燃气体报警器，一旦检测到可燃气体浓度超标，通过报警提醒人们及时采取措施。

(2) 清除或控制助燃物。一是在有火灾或爆炸危险的场所，要控制氧气的浓度，防止氧气过量积聚。二是对可能产生可燃粉尘或可燃气体的环境，采用通风系统来稀释氧气浓度，使其保持在不会引发爆炸的安全范围内。三是避免强氧化剂泄漏和混合，防止其泄漏并与可燃物质接触。

(3) 控制点火源。一是消除明火源。在有爆炸危险的区域,如加油站、油库、化工仓库等,要严禁吸烟和使用明火。二是防止静电产生和积累。输送可燃液体或气体的管道、设备等,要接地良好以导除静电,防止静电积累产生电火花引发爆炸。三是避免电气火花。在有爆炸危险的场所,要使用防爆型的电气设备。这些设备的外壳应能够承受内部爆炸压力,并且能够阻止火花传播到周围的可燃环境中。四是控制摩擦和撞击产生火花。在易燃易爆场所,要尽量避免金属之间的摩擦和撞击。

(4) 抑制爆炸传播。一是采用隔爆装置。在一些管道系统和设备中安装隔爆装置,如隔爆阀、隔爆墙等。当爆炸发生时,隔爆装置能够阻止爆炸火焰和压力波传播到相邻的区域。二是设置泄压装置。在压力容器、反应釜等设备上设置泄压装置,如安全阀、爆破片等。当设备内部压力超过安全极限时,泄压装置能够自动开启,释放部分压力,避免设备因超压而爆炸。

4.2.3 粉尘爆炸

4.2.3.1 粉尘基础知识

粉尘是粉碎到一定细度的固体粒子的集合体,按状态可分为粉尘层和粉尘云两类。粉尘层(或层状粉尘)是指堆积在物体表面上的静止状态的粉尘。粉尘云(或云状粉尘)是指悬浮在空间的运动状态的粉尘。粉尘中的"尘"字带有"尘埃""废弃物"的含义,因此对一些有用粉尘,如面粉等,用"粉体"一词比较确切。

依据是否可燃,粉尘分为可燃粉尘和不可燃粉尘(或惰性粉尘)两类。可燃粉尘指与空气中氧气反应能放热的粉尘,与氧气不发生反应或不发生放热反应的粉尘统称为不可燃粉尘(惰性粉尘)。一般有机物都含有碳、氢元素,与空气中的氧气反应都能燃烧,生成二氧化碳、一氧化碳和水。另外,许多金属粉尘属可燃粉尘,如镁、钠等,可与空气中氧反应生成氧化物,并放出大量的热。

粉尘粒度是粉尘爆炸中一个很重要的参数。粉尘的表面积比同质量的整块固体的表面积大好几个数量级。例如,把直径 100 mm 的球形材料分散成等效直径为 0.1 mm 的粉尘时,表面积可能增加 10 000 倍。表面积的增加,意味着材料与空气的接触面积增大,这就加速了材料与氧的反应,增加了粉尘的化学活性,使粉尘被引燃后燃烧更快。例如,整块聚乙烯是很稳定的，而聚乙烯粉尘却可以发生激烈的爆炸，就是这个原因。

4.2.3.2 爆炸性粉尘的分类及爆炸条件

粉尘爆炸已成为工业生产、加工领域的重要灾害之一，容易造成巨大的财产损失和人员伤亡。悬浮在空气中的某些粉尘达到一定浓度时，若在高温、明火、电火花、静电、撞击等条件下能引起爆炸，则称这类粉尘为爆炸性粉尘。

(1) 爆炸性粉尘的分类

爆炸性粉尘按其种类可分为以下几类。① 火炸药类，如火药、炸药、起爆药和其他爆炸物质的粉尘。② 金属粉尘类，如镁、铝及其合金，钛、钨、铁、硅铁等粉尘。③ 农林产品类，如谷物、糖、巧克力粉、木粉、亚麻、面粉等。④ 树脂类及其原料，如乙基纤维素、环氧树脂、橡胶、人造丝的纤维尘等。⑤ 矿物及其他，如煤尘、硫黄粉尘等。

(2) 爆炸条件

爆炸性粉尘要发生爆炸，还必须满足一定的外部条件。

① 充足的氧气或氧化剂。粉尘爆炸是一种剧烈的氧化反应，氧气是支持燃烧和爆炸反应的关键要素。大多数情况下，空气中的氧气含量就可以为粉尘爆炸提供足够的氧化剂。当粉尘云与空气中的氧气充分混合，且达到一定浓度范围时，在能量激发下则可能发生爆炸。

② 初始能量源(点火源)。一是明火，这是比较常见的点火源。二是电气火花，电气设备在运行过程中可能产生火花，成为引起爆炸的火源。三是静电放电，粉尘在流动、搅拌、倾倒等过程中会因摩擦而产生静电，当静电积累到一定程度，就会产生静电放电现象。如果此时粉尘浓度处于爆炸范围内，静电放电产生的能量就可能引发爆炸。四是高温表面，当粉尘接触到足够高温度的表面时也可能被点燃。

③ 适当的粉尘浓度。每种爆炸性粉尘都有其特定的爆炸浓度范围，又称爆炸极限。只有当粉尘在空气中的浓度处于这个范围时，才有可能发生爆炸。例如，对于煤尘，其爆炸下限浓度一般在 30～45 g/m^3。当煤尘在空气中的浓度低于此下限时，粉尘颗粒之间的距离相对较大，燃烧反应产生的热量不足以传播并引发爆炸。而当浓度高于此上限时，又会因为氧气不足而无法维持剧烈的氧化反应，同样不会发生爆炸。因此，只有在适当的浓度范围内，粉尘云才能在点火源的作用下发生爆炸。

4.2.3.3 粉尘爆炸的过程及其特点

(1) 粉尘爆炸过程

粉尘爆炸过程见图 4-4。

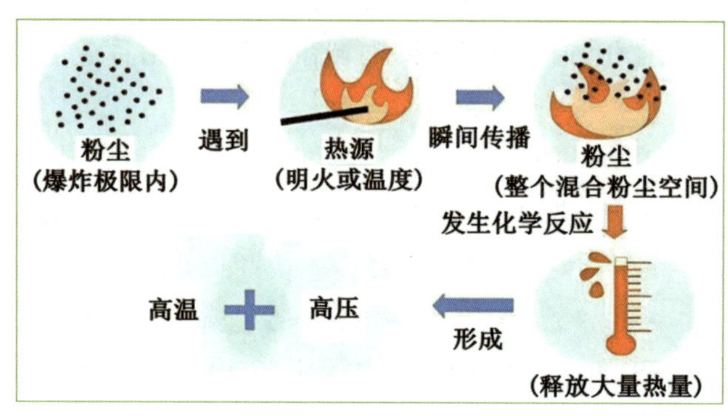

图 4-4 粉尘爆炸过程

① 粉尘悬浮与扩散。这些悬浮的粉尘会随着空气流动而扩散,逐渐在一定空间范围内形成均匀分布的粉尘云,为后续的爆炸反应提供了物质基础。

② 点火源引发反应。当存在合适的点火源,如明火、电气火花、静电放电或者高温表面时,就会引发粉尘颗粒表面的快速氧化反应。以铝粉为例,一旦遇到火花,铝粉颗粒表面的铝原子就会与空气中的氧气发生剧烈的氧化反应。对于其他粉尘,如煤粉、有机粉尘等,其燃烧反应的机制也是基于粉尘颗粒与氧气的化学反应,只是具体的反应方程式和反应速率因粉尘成分的不同而有所差异。

③ 火焰传播与能量释放。一旦粉尘颗粒被点燃,产生的火焰会在粉尘云中迅速传播。粉尘云是由众多细小的粉尘颗粒组成的,颗粒之间距离较近,火焰前沿的热量能够快速传递给相邻的粉尘颗粒,使其发生燃烧反应。这种连锁反应会导致火焰以极快的速度在整个粉尘云中蔓延。在火焰传播过程中,会伴随着大量的能量释放。粉尘燃烧是一种剧烈的氧化反应,反应过程中会释放出热能、光能等多种形式的能量。

④ 压力波形成与传播。随着燃烧反应的进行和能量的大量释放,在有限的空间内会形成高压区。高压区与周围的低压区会形成明显的压力差,从而产生压力波。压力波会以超音速的速度向周围传播,对周围的环境造

成巨大的冲击。

(2) 粉尘爆炸特点

① 连锁反应特性。粉尘爆炸是一种典型的连锁反应过程。点火源一旦引发了少量粉尘颗粒的燃烧，燃烧产生的热量就会使周围的粉尘颗粒迅速升温并达到着火点，这些被点燃的颗粒又会继续加热它们周围的粉尘。

② 能量释放剧烈性。粉尘爆炸释放的能量巨大。由于粉尘在空间中分布相对均匀，当发生爆炸时，大量的粉尘几乎是在瞬间同时燃烧。与气体爆炸相比，粉尘爆炸的能量释放更为剧烈。有的剧烈能量释放会导致爆炸现场的温度急剧升高，最高可以达到数千摄氏度，同时还会产生强大的冲击波，对周围的建筑物、设备和人员造成严重的破坏。

③ 压力上升快速性。在粉尘爆炸过程中，压力上升的速度非常快。当粉尘燃烧产生大量的热时，会使封闭空间内的气体迅速膨胀。因为燃烧反应几乎是同时发生在整个粉尘云区域，所以气体膨胀的速度极快，导致压力在短时间内急剧上升。

④ 爆炸范围局限性和扩展性。粉尘爆炸通常有一定的范围限制。它需要粉尘在一定的空间内形成合适浓度的粉尘云。一般上述空间范围是相对有限的，然而，一旦粉尘爆炸发生，其产生的破坏效果很容易扩展。

⑤ 二次爆炸可能性。二次爆炸是粉尘爆炸过程中一个非常危险的特点。第一次粉尘爆炸发生后，会产生强大的冲击波，这个冲击波会将沉积在地面、设备表面或者其他角落的粉尘再次扬起，形成新的粉尘云。如果此时还有点火源存在，或者爆炸产生的高温和火焰尚未熄灭，就很容易引发第二次粉尘爆炸。

4.2.3.4　粉尘爆炸极限

粉尘和空气的混合物只有在一定的浓度范围内才会发生爆炸，在一定的测试条件下能引燃，且能维持火焰传播的最低粉尘浓度，称为爆炸下限；若粉尘浓度超过某一值失去爆炸性，则这一粉尘浓度值称为爆炸上限。粉尘的爆炸极限受到粉尘本身物理化学性质的影响，包括粉尘粒径、湿度、形状以及化学成分等。一般可燃粉尘爆炸下限为 15～60 g/m^3，上限为 2～6 kg/m^3。常见的粉尘自燃点及爆炸下限见表 4-5。

表 4-5 常见的粉尘自燃点及爆炸下限(参考值)

粉尘名称	自燃点/℃	爆炸下限/(g/m^3)	粉尘名称	自燃点/℃	爆炸下限/(g/m^3)
蒽	472	5.04	对硝基苯酸	850	10.40
萘	565	2.50	二苯基	530	12.60
甲基苯酚	559	1.10	染料	430	270.00
聚苯乙烯	490	15.00	面粉	380	30.20
合成硬橡胶	320	30.00	棉花	420	25.20
有机玻璃	440	20.00	铝粉	600	37.00
醋酸纤维	320	25.00	铁	315	125.00
酚醛树脂	460	25.00	镁	520	20.00
木纤维	300	25.00	锰	450	140.00
松香	380	15.60	硅	775	160.00
硫	232	35.00	锡	630	190.00
钛	480	45.00	烟煤	610	35.00
钒	500	60.00	煤末	140	30.00
锌	680	500.00	木屑	400	50.00
镁-铝	535	50.00	硫矿粉	220	2.30
棉纤维	400	50.00	麦粉	400	50.00

4.3 火灾危害与防灭火处置

4.3.1 火灾的特点与分类

4.3.1.1 火灾的特点

火是一把双刃剑,一方面,在人类历史长河中发挥了巨大作用,极大地推动了人类物质文明不断向前发展。另一方面,利用不好火则可发生火灾,给人类带来灾难,夺走人的健康乃至宝贵的生命。要利用好火,防止火灾,了解火灾的特点。

(1) 严重性

相较于其他各类事故而言,火灾事故所造成的后果往往更为严峻,极易引发重大的人员伤亡情况,同时也会致使巨大的经济损失。

(2) 突发性

火灾事故总是在人们毫无防备、意想不到之时骤然发生,并且发展速度非常快。这种突发性使得人们很难提前做好充分的准备,一旦火灾发生,留给人们的反应时间非常有限。

(3) 复杂性

一是引发火灾事故的原因复杂,多种多样。能够引发火灾的火源包含了明火、化学反应热、高温、摩擦、电火花等不同类型。二是火灾现场的情况复杂,火灾燃烧产生的烟雾是一个复杂的混合体,包含各种有毒有害气体,威胁人员生命安全,也极易引起如爆炸等二次灾害。

(4) 蔓延性

火灾具有很强的蔓延性,火焰会随着可燃物质的分布和风向等因素迅速传播。在室内,火焰会沿着可燃装饰材料、电线管道、家具、实验台等蔓延,还可能通过楼梯间、电梯井等竖向通道迅速向上蔓延。

(5) 破坏性

火灾会对建筑物造成巨大的破坏。高温火焰会使建筑结构中的金属部件变形,如钢梁、铁柱等会在高温下失去原有的强度,导致建筑物坍塌。同时,火灾也会对室内的各种设施、设备和物品造成严重的损坏。此外,火灾还会对周围的环境产生破坏,燃烧产生的烟雾、有害气体和颗粒物会污染空气,影响居民的健康。

4.3.1.2 火灾的分类

《火灾分类》(GB/T 4968—2008)根据可燃物的类型和燃烧特性,将火灾分为六类,见表 4-6。

表 4-6 我国火灾分类标准

火灾类型	简要描述
A 类火灾	固体物质火灾:通常是由具有有机物质性质的固体(如木材、棉、毛、麻、纸张)等燃烧引发的火灾

Chapter 4

表 4-6（续）

火灾类型	简要描述
B类火灾	液体或可熔化的固体物质火灾：例如汽油、煤油、原油、甲醇、乙醇、沥青、石蜡等燃烧引发的火灾
C类火灾	气体火灾：常见的有煤气、天然气、甲烷、乙烷、丙烷、氢气等气体燃烧引发的火灾
D类火灾	金属火灾：如钾、钠、镁、钛、锆、锂、铝镁合金等金属燃烧引发的火灾
E类火灾	带电火灾：物体带电燃烧引发的火灾，如发电机、变压器、配电室、通电的电气设备等电气火灾
F类火灾	烹饪器具内的烹饪物火灾：如动植物油脂燃烧引发的火灾

4.3.2 防灭火原理和措施

4.3.2.1 防灭原理及方法

(1) 冷却灭火

原理：根据可燃物质发生燃烧时必须达到一定温度这个条件，将灭火剂直接喷洒在燃烧物表面，使可燃物质的表面温度降低到燃点以下，从而使燃烧停止。

方法：将灭火剂直接喷射到燃烧物上，以降低燃烧物的温度。当燃烧物的温度降低到该物质的燃点以下时，燃烧就会停止。最常见的冷却灭火剂是水。

(2) 窒息灭火

原理：燃烧反应本质上是一种氧化反应，氧气是燃烧过程中必不可少的条件。当燃烧区的氧气含量降低到一定程度时，燃烧反应就会因为缺乏足够的氧化剂而无法继续进行。

方法：阻止空气进入燃烧区，或者用不燃或难燃的物质冲淡空气，使燃烧物因得不到足够的氧气而熄灭。例如，用不燃或难燃的灭火毯、湿棉被等捂盖燃烧物；用沙土埋没燃烧物；向燃烧物上喷射氮气、二氧化碳等气体；封闭已着火的建筑物或设备的空间等。

(3) 隔离灭火

原理：燃烧需要可燃物、助燃物（一般是氧气）和引火源三个条件同时存在。通过隔离灭火法，切断了燃烧物与其他可燃物的联系，使火焰失去了可以继续燃烧的物质基础。这样,即使引火源和助燃物仍然存在,燃烧也会因为没有足够的可燃物而停止。

方法:把燃烧物与附近的可燃物隔离开来,阻止燃烧蔓延。例如,将燃烧区域附近的可燃、易燃、易爆物搬走;关闭可燃气体、液体的管路阀门,减少和阻止可燃物进入燃烧区;堵截流散的燃烧液体;拆除与火源毗连的易燃建筑和设备。

(4) 抑制法

原理:在燃烧反应过程中,会产生一些游离基,如氢自由基、羟基自由基等,它们能够引发和维持燃烧反应。化学抑制灭火剂能够与这些游离基发生反应,生成相对稳定的化合物,从而使燃烧反应的链式反应中断。

方法:使用灭火剂与燃烧反应中的游离基(一种高活性的化学基团)进行反应,从而抑制燃烧反应的进行。例如,干粉灭火剂通过释放活性成分(如 Na_2CO_3、K_2CO_3 等),与燃烧反应中的关键自由基发生反应,生成稳定的化合物,从而消耗这些自由基,中断燃烧的链式反应,达到灭火的目的。

4.3.2.2 防灭火措施

(1) 控制可燃物

在选材时,尽量用难燃或不燃的材料代替可燃材料。对于具有火灾危险性的实验室,采用排风或通风方法可以降低可燃气体、蒸气和粉尘在空气中的浓度。应控制危险化学品的存量,并进行分类存放等。

(2) 隔绝空气

使用易燃易爆试剂的实验可在密封的设备中进行。对某些异常危险的实验,可充装惰性气体保护。可隔绝空气储存某些危险化学品,如金属钠存于煤油中,黄磷存于水中等。

(3) 清除火源

可采取隔离或远离火源、大型仪器接地、高层建筑避雷等措施,防止可燃物遇明火或温度升高而引起火灾。

(4) 阻止火势或爆炸蔓延

为阻止火势、爆炸蔓延,须防止新的燃烧条件形成。常用的措施有:在可燃气体管路上安装阻火器、水封;在压力容器、设备上安装防爆膜、安全阀;在建筑物之间留有防火间距,筑防火墙;在建筑物内安装防火门,设防火分区等。

4.3.3 常见灭火器种类及使用

灭火器是一种轻便的灭火器材，具有结构简单、使用面广、轻便灵活、灭火速度快等优点，主要用于扑灭初期火灾，在实验室等场所灭火中广泛使用。灭火器的种类很多，按其移动方式可分为手提式和推车式；按驱动灭火剂动力来源可分为储气瓶式、储压式、化学反应式；按所充装的灭火剂可分为泡沫、二氧化碳、干粉、酸碱、清水灭火器等。实验室防灭火比较常用的有干粉灭火器、二氧化碳灭火器等。扑救火灾时，应根据不同的火灾类型选用适合的灭火器进行扑救。

正规灭火器有两个贴纸标志，其中一张为红黑色覆膜，一张为黑白色纸质，前者直接粘贴在瓶身上，后者则挂在瓶嘴或是其他部位。红黑色覆膜的标志是“身份证”的正本，由灭火器终身携带；黑白色纸质的标志是副本，是“身份证”的备份（见图 4-5）。

图 4-5　灭火器的“身份证”（防伪标签）

4.3.3.1　灭火器的种类

（1）干粉灭火器

① 灭火原理

干粉灭火器按其内部充装的灭火剂的成分分为 ABC 干粉灭火器（灭火剂的主要成分是磷酸二氢铵）和 BC 干粉灭火器（灭火剂的主要成分是碳酸

氢盐)。灭火时借助充装于容器中的加压气体的驱动将干粉喷出,形成一股粉雾流射向火焰,与火焰接触、混合时发生一系列的物理和化学作用,迅速把火焰扑灭。干粉的灭火作用主要表现在它参与燃烧反应,借助粉粒的作用消耗燃烧反应中的活性基团,从而抑制燃烧反应的进行。此外,干粉颗粒受高温分解增加了粉末的表面积,提高了灭火的效率。同时,干粉还可以降低燃烧区上方的含氧量,使火焰熄灭。

② 适用范围

BC 干粉灭火器可扑灭 B 类火灾(液体或可熔化固体物质火灾)、C 类火灾(气体火灾),E 类火灾(带电火灾)、F 类火灾(烹饪器具内的烹饪物火灾)。ABC 干粉灭火器可用于扑救 A 类火灾(固体物质火灾)、B 类火灾(液体或可熔化固体物质火灾)、C 类火灾(气体火灾)、E 类火灾(带电火灾)、F 类火灾(烹饪器具内的烹饪物火灾)。

干粉灭火器灭火效率高、速度快,一般在数秒至十几秒之内可将初起小火扑灭。干粉灭火器中的灭火剂对人畜低毒,对环境造成的危害小,但对自身能够释放或提供氧源的化合物火灾,钠、钾、镁、锌等金属火灾(D 类火灾),一般固体的深层火或潜伏火及大面积火灾现场达不到满意的灭火效果。

③ 手提式干粉灭火器使用方法

使用手提式干粉灭火器时,人离火的距离应在 2~5 m,且应在距燃烧物 3 m 左右展开灭火,如在室外,应选择上风口进行灭火。面对火情时,提起灭火器,用手握住灭火器顶部;拔出保险销,筒体与地面垂直手握胶管喷嘴;选择上风位置接近火点;将胶管对准火苗根部,用力按下压把,横扫喷射,将干粉射入火焰根部;火熄灭后以水冷却除烟。手提式干粉灭火器结构见图 4-6,手提式干粉灭火器使用方法及适用范围见图 4-7。

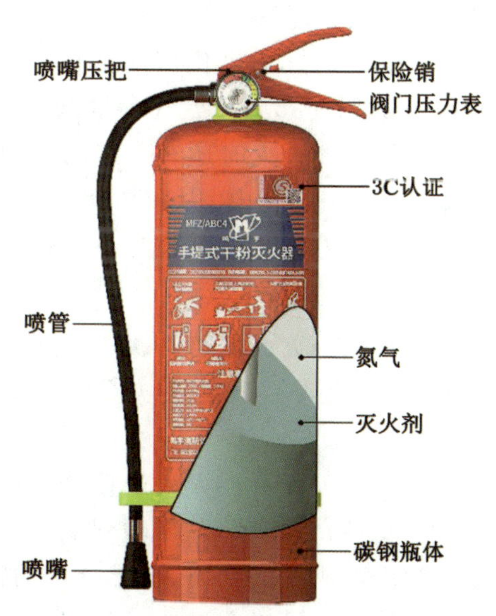

图 4-6　手提式干粉灭火器结构

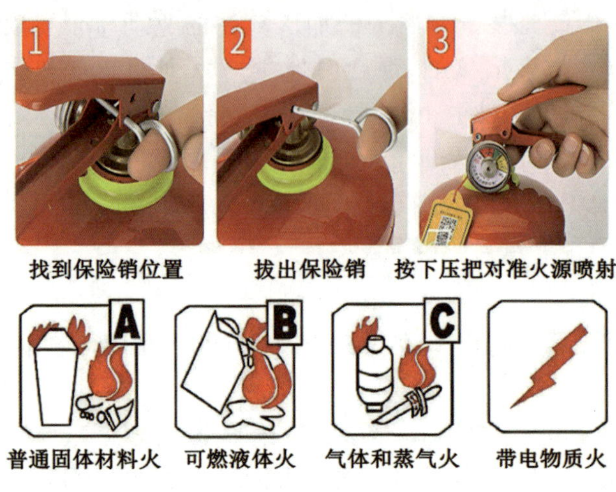

图 4-7　手提式干粉灭火器使用方法及适用范围

(2) 二氧化碳灭火器

① 灭火原理

二氧化碳是一种不燃烧、不助燃的惰性气体，具有较高的密度，约为空气的 1.5 倍。在常压下，1 kg 的液态二氧化碳可产生约 0.5 m^3 的气体。二氧化碳的灭火原理主要是窒息灭火，灭火时将二氧化碳释放到起火空间，增加了燃烧区上方二氧化碳的浓度（氧气含量降低），当空气中二氧化碳的浓度达到 30%～35%或氧气含量低于 12%时，大多数燃烧会停止。

二氧化碳灭火时还有一定的冷却作用，二氧化碳从储存容器中喷出时，液体迅速汽化成气体，从周围吸收部分热量，起到冷却的作用。二氧化碳灭火器按开启方式不同可分为手轮式灭火器和鸭嘴式灭火器。

② 适用范围

二氧化碳灭火器可扑灭 B 类火灾（液体或可熔化固体物质火灾）、C 类火灾（气体火灾）、E 类火灾（带电火灾）、F 类火灾（烹饪器具内的烹饪物火灾）。

二氧化碳灭火器灭火速度快，无腐蚀性，灭火不留痕迹，特别适用于扑救重要文件、贵重仪器、带电设备（600 V 以下）的火灾。二氧化碳灭火器不能扑救内部阴燃的物质、自燃分解的物质火灾及 D 类火灾（金属火灾），因为有些活泼金属可以夺取二氧化碳中的氧使燃烧继续进行。

③ 使用方法和注意事项

使用时，拉掉手柄上的拉环，一只手握住喷管，另一只手压下手柄，对准火焰根部位置，横扫燃烧区。如在室外，有风时灭火效果不佳。二氧化碳灭火器在喷射过程中应保持直立状态，不可平放或颠倒使用。二氧化碳灭火器有效喷射距离较小，灭火时一般不超过 2 m。使用时不要接触喷管的金属部分，以防冻伤。在室内窄小空间使用时，灭火后操作者应迅速离开，以防窒息。火灾扑灭后，现场人员应先打开门窗通风，然后再进入。二氧化碳灭火器结构及其使用方法见图 4-8。

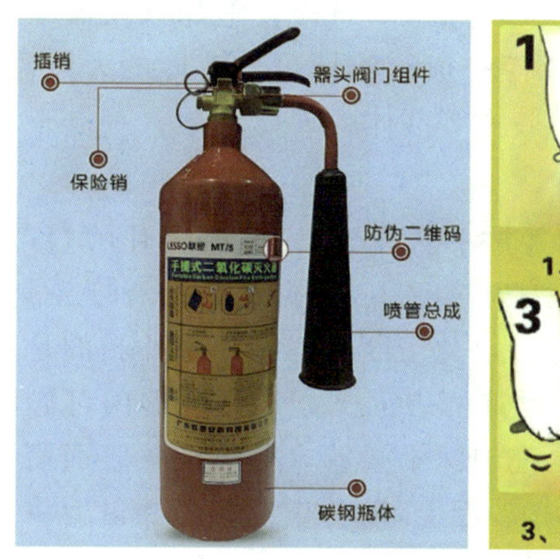

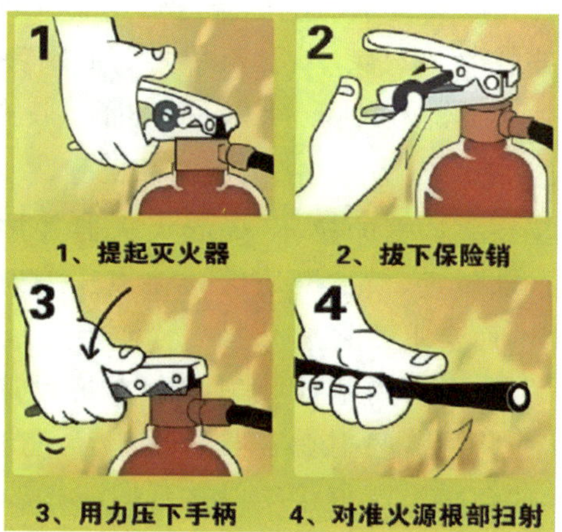

图 4-8　二氧化碳灭火器结构及其使用方法

(3) 空气泡沫灭火器

凡是能与水混溶，并可通过化学反应或机械方法产生泡沫的灭火剂均称为泡沫灭火剂。按泡沫产生的机理可分为化学泡沫灭火剂和空气泡沫灭火剂。化学泡沫灭火剂是通过两种药剂的水溶液发生化学反应产生灭火泡沫。空气泡沫灭火剂是通过泡沫灭火剂的水溶液与空气在泡沫产生器中进行机械混合搅拌而生成，泡沫中所含的气体一般为空气。空气泡沫灭火器可分为蛋白泡沫灭火器、氟蛋白泡沫灭火器、水成膜泡沫灭火器和抗溶性泡沫灭火器等。

① 灭火原理

泡沫灭火剂喷出后在燃烧物表面形成泡沫覆盖层，可使燃烧物表面与空气隔离，达到窒息灭火的目的。泡沫封闭了燃烧物表面后，可以遮断火焰对燃烧物的热辐射，阻止燃烧物的蒸发或热解挥发，使可燃气体难以进入燃烧区。泡沫析出的液体汽化过程是吸热过程，对燃烧表面有冷却作用，此外泡沫受热蒸发产生的水蒸气还有稀释燃烧区氧气浓度的作用。一些泡沫灭火剂中含有能够抑制燃烧链式反应的化学成分。这些成分可以干扰燃烧过程中的自由基反应，阻止燃烧反应的持续进行。

② 适用范围

蛋白泡沫灭火器、氟蛋白泡沫灭火器、水成膜泡沫灭火器适用于扑救 A 类火灾和 B 类火灾中的非水溶性可燃液体的火灾，不适用于扑救 D 类火灾、E 类火灾以及遇水发生燃烧爆炸的物质的火灾。抗溶性泡沫灭火器主要应用于扑救 B 类火灾中乙醇、甲醇、丙酮等一般水溶性可燃液体的火灾，不宜用于扑救低沸点的醛、醚以及有机酸、胺类等液体的火灾。

③ 使用方法和注意事项

拉掉手柄上的拉环，提起灭火器并按下压把，另一只手握住喷管，对准火焰根部位置，横扫燃烧区。在泡沫喷射过程中，应一直紧握开启压把，不能松开，而且不要将灭火器横置或倒置，以免中断喷射。如果扑救的是可燃液体的火灾，应将泡沫喷射覆盖在可燃液体表面。如果是容器内可燃液体着火，应将泡沫喷射在容器的内壁上，使泡沫沿壁淌入可燃液体表面而加以覆盖，避免将泡沫直接喷射在可燃液体表面上，以防止射流的冲击力将可燃液体冲出容器而扩大燃烧范围，增大灭火难度。

(4) 六氟丙烷灭火器

① 灭火原理

灭火剂的主要成分是六氟丙烷(1,1,1,3,3,3-六氟丙烷)。灭火兼具物理和化学灭火机理：一是通过冷却吸热降低燃烧物表面的温度和隔绝空气达到灭火的目的；二是通过灭火剂在高温的作用下产生活性游离基参与到燃烧反应过程中去，使燃烧过程中产生的活性游离基消失，形成稳定分子或低活性的游离基，从而切断氢自由基与氧自由基等自由基的链式反应，使燃烧反应停止。

② 适用范围

六氟丙烷灭火器可扑救 A 类火灾、B 类火灾、C 类火灾、E 类火灾和 F 类火灾。六氟丙烷是无色、无味的气体，清洁、低毒、电绝缘性能好，灭火效率高，其臭氧耗损潜能值为 0，对人体基本无害。六氟丙烷的沸点为

－1.4 ℃，喷放时不会引起设备表面温度急剧下降，对精密设备和其他珍贵财物无任何伤害。

③ 使用方法

拉掉手柄上的拉环，一只手握住喷管，另一只手按下压把，对准火焰根部位置，横扫燃烧区。六氟丙烷灭火器适用于各种控制调度中心、计算机房、档案馆等高价值的场所。

4.3.3.2　灭火器的选择

在进行灭火器配置时，要结合配置场所的危险等级以及可能发生火灾的类型，以此来明确灭火器的类型、保护距离与配置基准。选择灭火器灭火时，严格依据火灾类型来挑选合适的灭火器至关重要。一旦选择不当，可能导致灭火失败，甚至会引发爆炸伤人等重大安全事故。

针对不同类型的火灾，灭火器的选择有明确的要求。① 扑灭 A 类火灾，应选用水、泡沫、磷酸盐干粉灭火器。② 扑灭 B 类火灾，应选用泡沫、二氧化碳型灭火器。扑灭极性溶剂 B 类火灾不得选用化学泡沫灭火器，因为醇、醛、酮、醚、脂等极性溶剂与化学泡沫接触时，泡沫的水分会被迅速吸收，使泡沫很快消失，这样起不到灭火作用。③ 扑灭 C 类火灾，应选干粉、二氧化碳型灭火器。④ 扑灭 D 类火灾，应选用能扑灭金属火灾的专用干粉灭火器，也可用沙土灭火。⑤ 扑灭 E 类火灾，应选二氧化碳、干粉型灭火器。⑥ 扑灭 F 类火灾，应选用专用灭火器（如湿化学灭火器）或灭火毯。

另外，为了避免对贵重仪器设备以及特定场所造成不必要的污渍损害，灭火器的选择还需要兼顾其对被保护物品可能产生的污损程度，灭火后尽量不留下残迹，而且对贵重精密的设备也不应产生污损、腐蚀等不良影响。

4.3.3.3　灭火器的设置要求

(1) 灭火器设置位置要求

灭火器通常应设置在走廊、通道、门厅、房间出入口以及楼梯等位置较为明显、人员易于发现和取用的地点。其周边严禁堆放任何杂物及其他物品，务必确保周围环境畅通无阻。当灭火器放置在存在视线障碍的位置时，应当在醒目的地方设置能够指示灭火器具体位置的发光标志。

(2) 灭火器摆放要求

灭火器铭牌务必朝外摆放，使人能够直观清晰地观察到灭火器的主要性能指标，比如灭火剂类型、灭火级别、适用范围、操作使用说明以及有效期等关键信息，方便在需要时正确、迅速地使用灭火器进行灭火操作。

(3) 灭火器配置数量要求

一般说来，在一个计算单元内，所配置的灭火器数量不得少于 2 具，且通常不宜多于 5 具。已经安装了消火栓系统、固定灭火系统的场所，可以根据实际情况适当减少灭火器的配置数量。

需注意的是，各类消防设施的设置与灭火器配置等都应严格遵循现行有效的国家标准及行业规范要求，如《手提式灭火器》(GB 4351—2023)等相关规定，并根据场所的变化情况及时进行调整，确保消防安全始终处于可控状态。

4.3.3.4 灭火器的维修与报废

(1) 维修规定

灭火器自出厂之日起，使用期限满 3 年应进行首次维修。自维修出厂之日起，常用的干粉灭火器及二氧化碳灭火器最高使用年限为 2 年，水基灭火器为 1 年。

(2) 报废规定

符合下列情形之一的灭火器应报废。① 筒体锈蚀面积大于或等于筒体总表面积的 1/3，表面有凹坑。② 筒体明显变形，机械损伤严重。③ 器头存在裂纹、无泄压装置。④ 存在筒体为平底等结构不合理现象。⑤ 没有间歇喷射机构的手提式灭火器。⑥ 不能确认生产单位名称和出厂时间，包括铭牌脱落、铭牌模糊、不能分辨生产单位名称、出厂时间钢印无法识别等。⑦ 筒体有锡焊、铜焊或补缀等修补痕迹。⑧ 被火烧过。⑨ 出厂时间达到或超过以下规定的最大报废期限：水基型灭火器 6 年，干粉灭火器 10 年，洁净气体灭火器 10 年，二氧化碳灭火器 12 年。

4.4 消防安全疏散与自救逃生

4.4.1 实验室安全疏散

在应急情况下，实验室安全疏散至关重要。首先，安全疏散有助于保障人员生命安全。安全疏散可以让实验人员快速离开危险区域，避免受到安全事故引起的直接伤害，减少人员伤亡。其次，安全疏散有助于防止事故扩大。人员有序疏散后，可以为专业救援人员提供更好的救援条件，使其能够更高效地应对紧急情况，减少因人员干扰而导致事故恶化的可能性。实验室的安全出口数量，走道、楼梯和门的宽度以及到达疏散出口的距离等，都必须符合防火设计要求。此外，还应做好各种情况下的安全疏散准备工作，以适应火灾时的安全疏散要求。

4.4.1.1　安全疏散的应急准备

（1）制订疏散计划

实验室应制订完善的疏散计划，明确在不同紧急情况（如火灾、化学品泄漏、地震等）下的疏散路线和集合地点，并考虑不同楼层人员的汇合点和最终撤离到室外的安全区域。疏散路线应张贴在实验室显眼位置，并且所有人员都要熟悉这些路线。

（2）人员培训

定期组织（每年至少 1 次）实验室人员参加疏散演练，确保其知道在紧急情况下如何行动。培训内容包括如何识别警报信号、如何关闭实验设备（如果时间允许）、如何正确使用消防器材等。例如，培训人员在听到火灾警报后，要迅速停下手中工作，用湿布捂住口鼻（如果是火灾情况），弯腰低姿态撤离。因为烟雾一般会向上飘散，这样可以减少吸入有害烟雾的风险。

（3）物资准备

实验室应配备必要的应急物资，如灭火器、急救箱、应急照明设备等。这些设备要定期检查和维护，确保在紧急情况下能够正常使用。

4.4.1.2　紧急情况发生时的疏散行动

（1）发出警报

一旦发现紧急情况，如火灾的初期迹象或者化学品泄漏，第一时间触发警报装置。警报装置应能在整个实验室区域及相关附属区域清晰地发出警报声。一些实验室设有手动报警按钮和烟雾探测器联动报警系统。当烟雾浓度达到一定阈值或者手动按下报警按钮时，警报声会响起，同时向实验室安全管理部门发送报警信息。

（2）关闭设备、停止实验过程（如果可能）

在确保安全的前提下，尽量关闭正在运行的实验设备、通风系统等，以防止事故扩大。例如,如果是简单的电学实验,应迅速切断电源;如果是涉及化学反应的实验,若时间允许,应停止反应过程,如关闭加热装置、搅拌装置等,但不要因为关闭设备而延误疏散时间。

(3) 组织疏散

由实验室负责人或现场工作人员组织疏散,要遵循三条原则。一是人员有序撤离,要全力防范诸如拥挤、践踏、摔伤等意外事故的发生,按照预定的疏散路线撤离。二是科学疏散,疏散工作应当遵循先着火层,接着是着火层以上各层,最后为着火层以下各层的合理顺序进行,以确保人员能够安全疏散至地面作为首要目标,优先安排那些受到火势威胁最为严重以及处于最危险区域的人员迅速撤离。三是协同疏散,既要注重自身的安全防护与逃生技巧,同时也应大力弘扬团结互助的精神品质,竭尽全力帮助更多的人脱离火灾所带来的危险困境,提升整体的逃生成功率。在有能力的情况下,可利用楼内的消火栓、防火门、防火卷帘等各类消防设施来有效控制火势的蔓延。

(4) 疏散后续工作

对实验室应急疏散而言,一是做好人员清点,确保没有人员遗漏,如有人员未到,要及时向救援人员报告该人员的可能位置等信息。二是在力所能及的情况下提供信息和协助救援。可向相关救援人员(如消防队员、医护人员等)提供有关实验室内部情况的信息,如危险化学品的存放位置、实验设备的状态等,以便他们能够更好地选择合适的灭火方式并开展救援工作。

4.4.2 自救逃生与火场救人

4.4.2.1 火场自救逃生

如果深处火灾现场,面临生命威胁时能否成为幸存者,一方面与火势的大小、起火时间、楼层高度和建筑物内有无报警、排烟、灭火设施等因素有关,另一方面还与被困者的自救能力以及是否懂得逃生的步骤和方法等因素有密切关系。在实施逃生行动之前,一定要强制自己保持头脑冷静,根据周围环境和各种自然条件选择逃生方式。

(1) 火灾初期阶段

一是保持冷静。惊慌会导致人们无法清晰思考和正确行动,在火灾发生时,要尽量让自己镇定下来,明确自己的处境和逃生方向。二是快速判断火灾情况。迅速判断火源位置和火势大小。如果是小火，且周围有合适的灭火设备(如灭火器)，并且自己会使用灭火器，在确保安全的前提下可以尝试灭火。若火势较大，蔓延速度较快，则不要贸然灭火，应立即逃生。三是利用身边资源报警，立即拨打火警电话，尽可能清楚地告知火灾发生的地点、火势大小、燃烧物质等信息。同时，也可以启动建筑物内的火灾报警装置，如手动报警按钮，让更多的人知道发生了火灾。

(2) 逃生过程阶段

一是捂住口鼻，避免吸入有毒有害气体。火灾产生的烟雾含有大量有毒有害气体，用湿毛巾、湿布捂住口鼻，要尽量弯腰低姿态前进，因为烟雾会向上飘散，贴近地面的空气相对更清洁、含氧量更高。二是寻找安全通道，按照建筑物内的疏散指示标志和安全出口标志的方向逃生。如果通道被火封住，不要强行通过，应寻找其他逃生路线，如通过窗户、阳台等向外界求救，或者寻找避难房间等待救援。三是避免使用电梯，火灾时电梯可能会因断电而停止运行，被困在电梯里会陷入更加危险的境地。电梯井可能会成为烟囱，使里面的人受到烟雾和高温的威胁。所以一定要选择楼梯逃生。

(3) 被困等待救援阶段

一是寻找避难场所，如果无法及时逃生，可以寻找相对安全的避难场所，如靠近主干道的房间、有窗户且容易被发现的房间等。关闭房门，用湿布、湿毛巾等堵塞门缝，防止烟雾进入房间，为自己争取更多的生存时间。二是发出求救信号，可以通过窗户向外发出求救信号，如用闪烁的手电筒、挥舞鲜艳的衣物等方式，引起救援人员或者外面路人的注意。同时，尽量保持手机畅通，方便与外界联系。

根据实践经验，火场自救逃生牢记如下 10 条：

环境熟知心有数，出口通道要记清；
初起火势先判断，能灭则灭逃则灵；
沉着冷静不慌乱，明确方向快撤离；
湿布掩口防烟雾，做好防护再逃生；
安全通道是正道，电梯千万不能乘；
逃生器材利用好，增加机会把命保；
阳台窗户别忽视，借助自然好逃生；
避难场所可坚守，等待救援莫发愁；

缓晃轻抛引注意，外界帮助早盼来；
身上着火莫乱跑，高层跳楼不可行。

4.4.2.2 火场救人

（1）火场救人原则

火场救人时，根据被困人员所处位置、环境状况、受威胁程度，灵活结合建筑物特点、救生器具，运用各种可行方法，积极开展救助行动。救人应遵循三个原则。一是安全第一原则。救援人员自身安全是首要考虑因素，只有确保自身安全，才能有效开展救援工作。二是先易后难原则。优先营救那些容易接近、救援难度较小的被困人员，这样能够在最短时间内救出最多的人，提高救援效率。三是生命优先原则。以拯救生命为最高目标，在救援资源和时间有限的情况下，优先考虑解救那些生命受到直接威胁，如被火焰包围、因烟雾而呼吸困难的被困人员。

（2）火场救人程序

① 侦查评估。到达火灾现场后，立即与报警人或现场人员沟通，了解被困人员的大致位置、人数、年龄、身体状况等信息。同时观察火势和环境，尽可能查明火焰蔓延方向、烟雾浓度和颜色、建筑物结构受损情况等。

② 制订救援计划。首先，根据侦查情况确定救援路线，选择一条相对安全、能够最快到达被困人员位置的路线。如果主要通道被火封堵，可以考虑利用消防云梯、登高平台消防车从外部接近被困人员，或者寻找其他安全通道，如建筑内部的防火楼梯、紧急疏散通道等。随后，根据被困人员的数量和位置，合理安排消防员和救援设备。例如，对于多层建筑内的被困人员，可能需要调用登高平台消防车、空气呼吸器、担架等设备，同时安排足够的消防员负责搬运被困人员和操作设备。

③ 实施救援。首先，沿着选定的救援路线前进，接近被困人员。在通过浓烟区域时，要使用空气呼吸器等防护装备，确保呼吸安全。如果遇到障碍物，如倒塌的家具、墙体等，尽量小心清理或绕开，避免引起二次坍塌。实施解救被困人员，注意解救过程安全保障，避免对被困人员造成二次伤害。

④ 转移和救治被困人员。首先，将救出的被困人员迅速转移到安全区域，远离火源和烟雾。在转移过程中，要注意保护被困人员的头部、颈部及身体其他重要部位，避免碰撞和颠簸。然后，在安全区域对被困人员进行初步检查和救治，如心肺复苏、处理烧伤等。如果情况严重，及时呼叫救护车

将被困人员送往医院进行进一步的治疗。

(3) 火场救人注意事项

① 穿戴好防护装备。救援人员必须穿戴好完整的消防防护装备，包括消防头盔、防火服、空气呼吸器、防护手套和防护靴等。这些装备能够有效保护救援人员免受高温、火焰、浓烟和有毒气体的伤害。

② 加强团队协作。火场救人需要团队成员密切配合，消防员之间要保持良好的通信联系，及时通报救援进展和遇到的问题，当出现紧急情况，如建筑结构不稳定时，及时通知内部人员撤离。

③ 避免盲目行动。不要在没有充分了解火场情况和救援条件的情况下盲目进入火场。要根据火势、建筑结构等实际情况制订合理的救援计划，确保救援行动的安全性和有效性。

思考题

1. 什么是燃烧？燃烧的必要条件是什么？
2. 根据燃烧形成的条件和瞬间发生的特点，燃烧可分哪几种类型？
3. 燃烧产物对人的主要危害有哪些？
4. 什么是爆炸？爆炸可分为几类？
5. 什么是爆炸极限？影响爆炸极限的因素有哪些？
6. 什么是粉尘？粉尘爆炸的过程和特点是什么？
7. 依据国家标准，火灾可分为几类？举例说明。
8. 预防火灾的基本措施有哪些？
9. 灭火的基本方法有哪些？
10. ABC 干粉灭火器的灭火原理是什么？可用于扑救哪些类型的火灾？
11. 二氧化碳灭火器的灭火原理是什么？可用于扑救哪些类型的火灾？
12. 实验室发生紧急情况时，应如何疏散？
13. 如果发生火灾，如何逃生？
14. 在火灾现场要救人，有哪些注意事项？应采取哪些措施？

第5章

应急管理与处置

本章简介

实验室应急管理和处置是守护安全的关键防线。在危险来临或事故发生时，有效的应急管理和处置能提供及时的安全指引，帮助实验人员迅速撤离危险区域，保护生命安全，对受伤人员进行及时有效的应急救治，可增加生存概率。本章介绍应急处置的原则、流程和急救常识等基础知识，实验室应急预案编制和应急演练组织的相关要求，事故现场应急处置的主要装备、应急侦测、应急疏散和应急处置、典型实验室安全事故应急处置方法。

教学目标

知识目标　① 熟知实验室应急处置的基本原则和主要流程。② 熟知实验室应急预案的编制要求及应急演练的组织要求。③ 熟知事故现场应急处置的主要装备类型、用途及操作方法。④ 熟知事故现场应急疏散的原则与流程，掌握典型实验室安全事故的应急处置方法。

能力目标　① 能够依据实验室的实际情况和风险特点，初步编制具有针对性和可操作性的实验室应急预案和应急演练方案。② 能够正确操作应急处置装备、组织人员安全撤离、采取合理有效的应急处置措施。③ 遇到实验室安全事故时，能够运用所学的急救常识对受伤人员进行初步救治。

素养目标　① 具有面对实验室安全事故时临危不惧、冷静应对的心理素质和坚决果断的决策能力。② 具有安全责任意识，能够意识到自己在安全事故应急处置中承担的责任，主动参与应急处置。

5.1　应急处置基础知识

5.1.1　应急处置基本原则

5.1.1.1　以人为本，保障安全

突发事件存在多种威胁，会造成多种损失。因此，应对处置时，要坚持

以人为本的原则，先救人、后救物。同时，必须高度关注应急救援人员的人身安全，有效保护应急处置者，避免次生、衍生事件的发生，这是应急处置“以人为本”的当然表现。

5.1.1.2 统一领导，分级负责

应急处置工作通常需要跨部门、跨地域调动资源，因而必须具有高度集中、统一领导与指挥的应急管理指挥系统，实现资源整合，避免各自为战，确保政令畅通。对于应急指挥来说，统一领导的关键是要在党委的集中领导下，发挥政府的主导作用，调动全社会力量，形成应急合力。同时，应急处置要坚持分级负责的原则，即按照突发事件的具体分级，依据各级各类应急预案要求，由相应级别的应急指挥机构作出决策，具体进行处置。

5.1.1.3 广泛动员，协调联动

突发事件具有涉及范围广、社会影响大、破坏性强等特点，一般超出了某个政府部门甚至某级地方政府的控制能力，需要广泛开展社会动员、实现协调联动。一是整合政府、企业和第三部门力量，形成共同应对突发事件的网状化格局，发挥整体效能和作用。二是突发事件发生地政府同相邻地区政府建立应急协调联动关系，统筹调动人力、物力、财力资源。三是要充分发挥武装力量在应急救援中的突击队作用，体现军民结合、平战结合的精神。

5.1.1.4 按照属地，先期处置

突发事件发生后，事发地必须及时展开先期处置，以防止突发事件事态进一步扩大、升级，尽可能地减少突发事件造成的损失。这是因为属地是突发事件的事发地，熟悉当地的情况，属地政府及有关部门在第一时间内赶赴突发事件事发现场，有助于把突发事件消灭在萌芽状态。

5.1.1.5 依法管理，科学处置

在应急处置过程中，要严格依照国家法律、法规、规章等规定采取应急措施处置。要充分利用和借鉴各种高科技成果，发挥专家的决策智力支撑作用，避免蛮干苦干。同时，也要充分利用专业人员的专业装备、专业知识和专业能力，实现突发事件的专业处置，体现专业处置的原则，使突发事件处置能够依法、科学、有序地进行，进而减少不必要的生命和财产损失。

5.1.1.6 打破常规，迅速高效

由于突发事件的演化瞬息万变、不确定性强，应根据实际需要，打破常规，大胆创新，力求应急处置的迅速和高效。在应急处置过程中，既要维护公共秩序、保证公共安全，又要维护公民权利、保障基本人权，防止行政紧急权力的滥用。

5.1.2 应急处置基本流程

5.1.2.1 接警与研判

应急管理有关单位值班人员在接到突发事件的报告时，应询问、记录有关情况，包括事发时间、地点、性质、规模及人员伤亡、财产损失情况等。之后，接报人员应视突发事件的严重程度，及时向相关领导报告。有关领导在接报后，应尽快组织对突发事件的级别和管辖范围进行初步研判。突发事件超出自身管辖范围时，应迅速向上级机关报告。

5.1.2.2 先期处置

一般来说，为适应高效处置突发事件，明确各级政府应急职责的需要，各级政府在应对突发事件时，应当遵循“属地管理为主”的原则。不论是哪一级别的突发事件发生，事发地政府必须迅速上报，并派员立即赶往突发事件现场，核实、观察突发事件的情况和发展态势，并就近组织应急资源进行先期处置，防止突发事件扩大升级。与此同时，现场工作人员边处置、边汇报，不断将突发事件的最新信息传递给应急管理部门和有关领导。在先期处置过程中，应急管理人员应该先避险、再抢险，组织事发现场周围的公众进行有效的应急疏散，在确保不会对周围公众造成新的伤害后，积极开展抢险救援。

5.1.2.3 启动应急预案

当确定突发事件级别后，按照分级响应的原则，拥有相应管辖权的人民政府应迅速启动应急预案，调集应急救援队伍、应急救援物资，派出应急协调人员和专家赶赴突发事件现场，并成立现场应急指挥部。交通运输部门应全力保障救援队伍和救援物资到达事发现场。在突发事件继续扩大升级的情况下，所启动应急响应的级别应当作出相应调整。

5.1.2.4 现场处置

现场处置要成立现场应急指挥部，一般由属地领导、有关部门和专家学者联合组成，履行突发事件协调处置职能。现场应急指挥部应根据突发事件现状和趋势，科学、合理、果断地确定应急救援方案。现场应急指挥部一旦成立，应赋予其现场救援的完全管辖权，各级领导对现场指挥提出建议。应急管理实践要求，现场处置时“谁拍板、谁负责”。对于特殊性质的突发事件，专家应发挥辅助决策作用，向现场应急指挥部提出处置建议。

在应急救援过程中，各相关部门应各司其职、密切协作、协同应对，有关应急救援队伍应服从指挥、相互配合。如果事态恶化、难以遏制，现场应急指挥部应启动扩大应急机制，及时向上级人民政府请求支援，加大应急救援队伍、物资、装备、资金等的投入，防止事态进一步恶化。

5.1.2.5 信息管理

现场应急指挥部应将突发事件发展情况和处置信息及时报告有关政府部门和领导，建立有效的信息共享机制。同时，应当建立新闻发言人制度，将处置的最新信息及时准确地发布给公众，以避免谣言和流言，加强并做好社会舆论的引导工作。

5.1.2.6 处置结束

应急处置结束后，现场应急指挥部应撤销，应急响应终止。环保部门要对受突发事件影响的地区进行监测，卫生防疫部门要对疫病的流行进行监控，防止次生、衍生灾害发生。同时，有关部门要清理现场和废墟，进行人员清点和撤离，解除警戒，开展善后处理和事故调查等。

5.1.2.7 调查评估

对突发事件的有关情况和造成的损失等进行调查评估，是事后恢复与重建工作的基础和前提。应对处置突发事件的政府和相关单位应当对突发事件的起因、性质、影响、责任、经验教训等问题进行调查评估，并依法追究相关责任人的责任。

5.1.3 应急救援与急救常识

5.1.3.1 应急救援

应急救援是指突发事件责任主体采用预定的现场抢险和抢救方式，在突发事件应急响应行动中迅速、有效拯救人员的生命和财产，指导公众防护，组织公众撤离，减少人员伤亡。在各类突发事件中，自然灾害和事故灾难破坏力强，人员伤亡和财产损失巨大，需要迅速有效控制危害，其中道路交通事故、火灾、爆炸等事故灾难更为严重，发生地点又多为工矿企业、大中城镇等人员密集地，因而成为应急救援的主要对象。我国应急救援的组织体系、救援队伍、物资储备、应急机制建设等大多是针对这两类突发事件，特别是针对事故灾难进行的。

应急救援是突发事件应急响应行动中的重要一环，也是在突发事件应对处置中减少人员伤亡和财产损失，将突发事件危害降到最低的关键一步。建立应急救援体系，加强应急救援工作，是提高各级政府应对突发事件能力、加强应急管理工作的现实需要。

5.1.3.2 急救常识

在实验过程中不慎发生受伤事故，应立即采取适当的急救措施。

(1) 受玻璃割伤及其他机械损伤。首先，必须检查伤口内有无玻璃或金属等物碎片，然后用0.5%硼酸水洗净，再擦碘酒或紫药水，必要时用纱布包扎。若伤口较大或过深而大量出血，应迅速在伤口上部和下部扎紧血管止血，立即到医院诊治。

(2) 烫伤。一般用浓(90%～95%)酒精消毒后，涂上苦味酸软膏。如果伤处红痛或红肿(一级灼伤)，可用橄榄油或用棉花蘸酒精敷盖伤处；若皮肤起泡(二级灼伤)，不要弄破水泡，防止感染；若伤处皮肤呈棕色或黑色(三级灼伤)，应用干燥而无菌的消毒纱布轻轻包扎好，急送医院治疗。

(3) 强碱(如氢氧化钠、氢氧化钾)、钠、钾等触及皮肤引起的灼伤。先用大量自来水冲洗，再用5%硼酸溶液或2%乙酸溶液涂洗。

(4) 强酸、溴等触及皮肤引起的灼伤。应立即用大量自来水冲洗，再用5%碳酸氢钠溶液或5%氢氧化铵溶液洗涤。

(5) 酚触及皮肤引起的灼伤。用大量的清水清洗，并用肥皂和水洗涤，忌用乙醇。

(6) 煤气中毒。应到室外呼吸新鲜空气，严重时应立即到医院诊治。

(7) 水银中毒。水银容易由呼吸道进入人体，也可以经皮肤直接吸收而引起积累性中毒。严重中毒的征象是口中有金属气味，呼出气体也有气味；流唾液、牙床及嘴唇上有硫化汞的黑色；淋巴结及唾液腺肿大。若不慎中毒时，应送医院急救。急性中毒时，通常用呕吐剂彻底洗胃，或者食入蛋白（如1升牛奶加3个鸡蛋清）或蓖麻油解毒并使之呕吐。

（8）触电。关闭电源，用干木棍使导线与被害者分开。急救时，急救者必须做好防止触电的安全措施，手和脚必须绝缘。

5.2 实验室应急预案与演练

5.2.1 应急预案

5.2.1.1 应急预案的基本概念

应急预案是指针对可能发生的事故，为最大限度减少事故损害而预先制定的应急准备工作方案。实验室应急预案又称实验室应急计划，是针对实验室可能发生的重大事故（件）或灾害，为保证迅速、有序、有效地开展应急与救援行动、降低事故损失而预先制订的有关计划或方案。实验室应急预案（简称应急预案）是在辨识和评估实验室潜在的重大危险事故类型、发生的可能性及发生过程、事故后果及影响严重程度的基础上，对实验室应急机构职责、人员、技术、装备、设施（备）、物资救援行动及其指挥与协调等方面预先作出的具体安排。实验室应急预案明确了在突发事故发生之前、发生过程中以及刚刚结束之后，谁负责做什么、何时做以及相应的策略和资源准备等。

5.2.1.2 应急预案的目的和作用

编制应急预案是应急救援准备工作的核心内容，是及时、有序、有效地开展应急救援工作的重要保障。应急预案在应急救援中的重要作用和地位体现在以下几个方面。

（1）应急预案确定了应急救援的范围和体系，使应急准备和应急管理不再无据可依、无章可循。培训和演练依赖于应急预案。培训可以让应急响应人员熟悉自己的责任，具备完成指定任务所需的相应技能；演练可以检验预案和行动程序，评估应急人员的技能和整体协调性。

（2）应急预案有利于作出及时的应急响应，降低事故后果。应急行动对时间要求高，不允许有任何拖延。应急预案预先明确了应急各方的职责和响应程序，在应急力量和应急资源等方面做了大量准备，可以指导应急救援迅速、高效、有序地开展，将实验事故的人员伤亡、财产损失和环境破坏降到最低。此外，如果预先制定了应急预案，对重大事故发生后必须快速解决的一些应急恢复问题，相对容易解决。

(3) 应急预案是校园应对各种突发重大事故的响应基础。通过编制实验室综合应急预案，可保证应急预案具有足够的灵活性，对那些事先无法预料到的突发事件或事故，也可以起到基本的应急指导作用，成为保证校园应急救援的“底线”。

(4) 当发生超过校园应急能力的实验室重大事故时，应急预案便于有利于与区级、市级应急部门的快速协调。

(5) 应急预案有利于提高全校师生的风险防范意识。应急预案编制实际上是辨识实验室重大风险和防御决策的过程，强调师生各方的共同参与。因此，应急预案的编制、评审以及发布和宣传，有利于全校师生了解可能面临的重大风险及其相应的应急措施，有利于促进学生提高风险防范意识和能力。

5.2.1.3　应急预案的分级分类

依据《生产经营单位生产安全事故应急预案编制导则》(GB/T 29639—2020)，生产经营单位应根据本单位组织管理体系、生产规模、危险源的性质以及可能发生的事故类型确定应急预案体系。高校组织管理体系和规模较大，涉及安全生产的风险种类多，不同二级单位可能发生的实验室安全突发事件的种类有所不同。因此，高校的实验室安全突发事件应急预案体系一般分为三级：一是校级实验室安全突发事件综合应急预案和专项应急预案；二是院(部门)级实验室安全突发事件综合应急预案和专项应急预案；三是现场应急处置方案。

校级实验室安全突发事件综合应急预案和专项应急预案应具有规范性和纲要性。其中，综合应急预案是整个应急预案体系的总纲，主要从总体上阐述高校实验室安全突发事件的应急工作原则，包括应急预案体系的构成情况、应急组织机构及职责、事故风险描述、预警及信息报告、应急响应、保障措施和应急预案管理等内容。专项应急预案是高校为应对不同类型的实验室安全突发事件而制定的应急预案。它以综合应急预案为前提，内容结构更精炼，主要包括事故风险分析、应急指挥机构及职责、处置程序和措施等。

院(部门)级实验室安全突发事件综合应急预案和专项应急预案是高校二级单位以校级实验室安全突发事件综合应急预案和专项应急预案为指导,根据本单位组织管理体系、规模以及安全生产特点和危险性等实际情况而制定的应急预案,其内容结构与校级综合应急预案和专项应急预案一致。

现场应急处置预案是实验室具体负责人针对某一危险物品、装置或设施等制定的应急处置措施,其内容的针对性和可操作性强,主要包括事故风险分析、应急工作职责、应急处置和注意事项等。

依据高校实验室安全突发事件总体预案和专项预案,各二级单位结合实验室类型、以往经常发生的事故类型,综合考虑,分类编制现场应急处置预案。常见的实验室事故类型有:实验室消防事故;实验室危险化学品储存、运输、使用以及废弃处置等过程中发生的事故;实验室触电、创伤、烫伤事故;特种设备使用中造成的人员伤亡、财产损失、特种设备严重损坏或者中断运行、人员滞留、人员转移等事故;造成或可能造成人员身体健康损害的传染性生物样品丢失、溢出,潜在危害性气溶胶的释出,动物丢失、抓咬以及其他严重影响身体健康的实验室生物安全事故;除核设施事故以外的辐射事故,包括放射性物质(放射源、非密封放射性物质)丢失、被盗、失控或者放射性物质和射线装置造成人员受到意外的异常照射或环境放射性污染等事故。

应急预案制定过程中,高校要根据实际情况和专家的建议,针对不同类别的突发事故制订不同的应急响应计划。

5.2.1.4 应急预案的编制方法

应急预案编制一般可分为以下 5 个步骤:成立应急预案编制委员会、风险与应急能力分析与评估、应急预案编制、应急预案评审与发布、应急预案实施。

(1) 成立应急预案编制委员会

应急预案的编制、修改和实施涉及各行业的专业知识(如组织管理、安全、工程技术、医疗急救等专业知识)。因此,参与编制人员应包含各行业的专业人员,他们负责编制应急预案中涉及行业知识的内容,并且在编制过程中和编制完成后应相互咨询、相互交流,制定有效、可行、科学的应急预案。

(2) 风险与应急能力分析与评估

① 分析国家法律、地方政府法规与规章,如《国家突发公共事件总体应

急预案》《国家突发公共卫生事件应急预案》《危险化学品安全管理条例》等，研究现有应急预案内容，如危险化学品泄漏事故应急预案、消防预案和疏散预案等。

② 分析和评估实验室的潜在风险。分析实验室引发事故发生的各种因素，在一定条件下引发事故的可能性和后果。通过辨别和评价可能引发事故的因素，识别实验室风险，确定哪些因素会引发特重大事故、重大事故等，从而可以有效防止和控制事故的发生。

③ 分析和评估应急能力。分析和评估在各种突发事故发生时，各种应急设备设施能否满足救援与抢险所需，外部援助在需要时能否及时到位，还有没有其他资源可以优先利用。

(3) 应急预案编制

在对实验室内各种风险和应急能力进行分析后，编写应急预案要全面考虑到事故发生前、发生时和发生后人员的任务、相应的策略和资源准备。编写要认真细致，确保应急预案的科学性、合理性和可操作性。

(4) 应急预案评审与发布

应急预案编制完后，交由评审专家评审，依据有关规定和要求，对应急预案的层次结构、内容格式、语言文字和制定过程等内容，应急预案的适用性、针对性、完整性、科学性和可行性等方面进行评审。应急预案编制完成后，公开发布，广泛征求意见，并加以修改。

(5) 应急预案实施

应急预案批准发布后，高校各级实验室管理部门应组织落实预案中的各项工作，进一步明确各项职责和任务分工，并对实验员加强应急知识宣传、教育和培训，定期组织应急预案演练，实现应急预案持续改进。

5.2.1.5　应急预案的动态管理

随着法律法规的新增和不断完善，新危险源出现以及事故不断发生，高校应对突发事件应急预案进行动态管理，实现对应急预案从制定到实施，再返回到制定的管理过程，全面考量应急预案的编制质量和实施效果，使其符合事物发展的客观规律，逐步将实操性差的应急预案予以淘汰，减少不必要的重复损失。

应急预案制定后，高校要通过组织演练以验证应急预案的合理性、科学性和逻辑性，并及时进行完善，保证其实操性。

高校要充分重视应急预案的动态修改，将应急预案的修改与风险监控、评估紧密结合起来，评估结果可作为应急预案修改的依据，以保证应急预案既能够和实验室自身特点结合起来，又能做到科学专业。

高校应定期或者不定期地对应急预案进行检查，针对人员和法律法规变动等原因及时进行修订和更新。特别是社会新发事故时，应自检自纠，确保突发事件发生时，应急组织可以凭借应急预案迅速作出应对策略，科学合理地提供行动方案，最大限度地化解危机，保证师生的人身安全和财产安全。

5.2.2 应急演练

5.2.2.1 应急演练的基本概念

应急演练指针对可能发生的事故情景，依据应急预案模拟开展的应急活动。实验室应急演练是在事先虚拟的事件（事故）条件下，校园应急指挥体系中各个组成部门、单位或人员，针对假设的特定情况，执行实际突发事件发生时各自职责和任务的排练活动。具体地说，实验室应急演练是学校保卫部门、实验室管理部门或各学院模拟在面临突发事件时，启动突发事件反应机制和应对系统，组建突发事件应对工作机构并迅速投入运作，确认突发事件的状态，运用各种方法查明事件原因并制定应对突发事件的具体方案和组织实施，总结评估工作过程并调整和改进应对策略与方案的完整过程。

5.2.2.2 应急演练的目的和意义

实验室突发事件应急演练是实验室应急管理工作的核心环节之一。它能有效减少实验室应急管理中出现的不合理行为，提高实验室应急管理系统的科学性，最大限度提高实验室相关工作人员应对实验室事故的实战能力。应急演练作为一种主动行为，在一定程度上改变了人类长期以来面对突发事件时的被动处境。

(1) 提高应对实验室突发事件的风险意识

尽管师生可以通过一些渠道获得应对实验室突发事件的技能和知识，但突发事件所造成的巨大破坏力和震慑力往往很难通过描述直观感受到，尤其是无法获得经历真实实验事故的心理状态。开展实验室应急演练，通过模拟实验室突发事件及应急处置过程，使参与者从直观上、感性上真正认识突发事件，提高对实验室风险源的警惕性，促使师生在突发事件尚未发生时，增强风险意识，主动学习并掌握应急知识和处置技能，提高自救互救能力，保障生命财产安全。

(2) 检验实验室应急预案的可操作性

很多实验室应急预案的制定没有经过突发事件的实践检验，或者制定后没有根据形势变化及时更新，无法适应不断变化的新情况、新问题。通过应急演练，可以发现高校实验室应急预案存在的问题，在突发事件发生前暴露应急预案的不足，验证应急预案在应对可能出现的各种意外情况方面所具备的适应性，找出应急预案需要修改和完善的地方。

(3) 增强实验类突发事件应急反应能力

应急演练是保持、提高、检验和评价实验室应急能力的一个重要手段。通过接近真实、亲身体验的应急演练，可以提高实验室管理者应对突发事件的分析研判、决策指挥和组织协调能力。同时，应急演练还可以帮助实验室应急管理人员和各类援救人员熟悉突发事件情况，提高应急实战技能，改善应急组织机构、师生之间的交流沟通与协调合作。此外，应急演练还可以让参演人员学会在突发事件中保持良好的心理状态，减少恐慌，配合保卫处及其他部门共同应对突发事件，从而有助于提高整个学校的应急反应能力。

5.2.2.3　应急演练的类型

(1) 按组织形式划分

① 桌面演练

桌面演练又称模拟场景演练和室内演练，是指由应急指挥机构成员以及各应急组织负责人利用地图、沙盘、流程图、计算机模拟、视频会议等辅助手段，针对事先假定的应急情景，如火灾、中毒等，讨论和推演应急决策及现场处置的过程。桌面演练一般通过分组讨论的形式进行，其信息注入的方式包括灾害描述、事件描述等，整个过程只需展示有限的应急响应和内部协调活动。桌面演练一般针对校级或二级单位领导，在时间不充足的情况下，通过演练检查和解决应急预案中存在问题，获得一些建设性的讨论结果。桌面演练的主要目的是在压力较小的情况下，锻炼演习人员制定应急策略、解决实际问题的能力，提高应急反应能力和应急管理水平。桌面演练的优点是资金花费少，筹备时间短，调用资源少；缺点是现场感不强。

② 实战演练

实战演练是指参演人员利用应急处置涉及的设备和物资，针对事先设置的突发事件情景及其后续的发展情景，通过实际决策、行动，完成真实应急响应的过程，以检验和提高实验室管理人员的临阵组织指挥、队伍调动、应急处置和后勤保障等应急能力。按照事前是否先通知参演单位和人员，实战演练可分为预知型演练与非预知型演练。预知型演练是在演练正式开始前，演练策划组已将演练的具体安排告知参演组织和人员，演练人员事前有了心理准备，从而避免不必要的恐慌，有助于在演练中稳定发挥，展示应急技能水平。非预知型演练是演练开始后，应急指挥中心通知各应急组织赶到指定现场处置突发事件，各应急组织在不知道演练的情况下迅速组织人员采取相关应急响应行动，当应急组织人员到达现场后，才被告知这是一次演练并介绍演练的基本情况，随后再根据演练方案完成余下的演练内容。

实战演练的特点是要在特定场所完成。实验室火灾、中毒等灾害事故发生过程中的人员疏散演练一般采用实战演练。这类场所的人员疏散工作必须在实战演练过程中才能发现问题，提高疏散效率，最大限度地保障师生生命安全，减少仪器设备损失。实战演练的优点是操作性和现场感强，影响力大；缺点是资金花费大，筹备时间长，调用资源多。

(2) 按内容划分

① 单项演练

单项演练又称功能演练，是指针对某项应急响应功能或其中某些应急响应活动进行的演习活动。单项演练注重针对一个或少数几个参与单位（岗位）的特定环节和功能进行检验。单项演练可以像桌面演练一样在指挥中心内举行，也可以是小规模的现场演练。单项演练的主要目的是针对特定的应急响应功能，检验应急响应人员的某项保障能力或某种特定任务所需技能以及应急管理体系的策划和响应能力。常见的单项应急演练有：通信联络、信息报告程序演练，人员紧急集合、装备及物资器材到位演练，化学检测功能演练，防护行动演练，指导师生隐蔽与撤离、通道封锁演练等。

单项演练的特点是目的性强。演练活动主要围绕特定应急功能展开，无须启动整个应急救援系统，既控制了演练规模、降低了演练成本，又达到了“实战”的效果。

② 综合演练

综合演练是指针对某一类型突发事件应急响应全过程或应急预案内规

定的全部应急功能，检测、评估应急体系整体应急处置能力的演习活动，也被称为全面演练。综合演练一般采取交互式进行，演习过程要求尽量真实，调用较多的应急资源开展人员、设备及其他资源的实战性演习，并要求校内应急响应部门（单位）广泛参加，以检查各应急处置单位的任务执行能力和各单位之间的相互协调能力。综合演练涉及应急组织和人员多，准备时间长，需要有专人负责应急运行、协调和方案拟定，有时还需要上级应急组织和人员在演习方案设计、协调和评估等方面提供技术支持。

综合演练的特点是真实性和综合性。演练过程涉及整个应急救援系统的所有响应要素，能够较全面客观地反映当前应急系统应对重大突发事件所具备的应急能力，但演练成本较高，因而不适宜频繁开展。

（3）按目的和作用划分

① 检验性演练

检验性演练是指为检验应急预案的可行性、应急准备的充分性、应急机制的协调性及相关人员的应急处置能力而组织的演练。检验性演练注重对应急演练工作人员的语言表达、情绪控制、分析预测、调查研究、快速疏散、自我心理调适等基本技能的检验。此外，演练工作人员之间的协调合作能力也是检验的重点。

② 示范性演练

示范性演练是指为向观摩人员展示应急能力或提供示范教学而严格按照应急预案规定开展的表演性演练。高校保卫处和各学院可根据工作要求录制示范性演练视频用于师生安全教育，提高全校师生的防范意识和应急能力。

③ 研究性演练

研究性演练是指为研究和解决突发事件应急处置的重点、难点问题，试验新方案、新技术、新装备而组织的演练，如实验室预警系统研究性演练。

上述不同类型的应急演练是按不同的分类标准划分的，往往在各种演练活动中会综合运用多种演练类型。应急演练的形式多样，在高校应急管理实际操作过程中，可以根据需要灵活选择有效的演练形式，但要牢牢抓住演练的关键环节，以达到预期演练效果。

5.2.2.4　应急演练的实施

应急演练实施过程是指从宣布初始事件起到演练结束的整个过程，具体包括演练启动、演练执行、演练结束和演练终止 3 个环节。

(1) 演练启动

演练启动前一般要举行简短仪式，由演练总指挥宣布演练开始并启动演练活动。例如，某大学学生公寓消防疏散演习，以演练总指挥发言形式启动演练。

(2) 演练执行

演练执行是应急演练实施的核心环节，包括演练指挥与行动、演练过程控制、演练解说、演练记录、演练宣传报道等 5 个方面。

(3) 演练结束和终止

① 演练结束

演练完毕，由总策划发出结束信号，演练总指挥宣布演练结束。演练结束后，所有人员停止演练活动，按预定方案集合，进行现场总结讲评或者组织疏散。保障组负责组织人员对演练场地进行清理和恢复。

② 演练终止

当演练实施过程中出现真实突发事件，需要参演人员参与应急处置时，要终止演练。参演人员迅速回归其工作岗位，履行应急处置职责。出现特殊或意外情况，短时间内不能妥善处理或解决时，可提前终止演练。演练终止应经演练领导小组决定，由演练总指挥按照事先规定的程序和指令终止演练。

5.3 一般实验室安全事故应急处置

5.3.1 应急处置常用装备

5.3.1.1 侦检装备

实验室应急侦检装备作为现代科技的重要成果，为我国公共安全事业发挥了重要作用。实验室应急侦检装备主要用于在紧急情况下，快速、准确地检测出各种有害气体或液体蒸气的种类和浓度。实验室应急侦检装备采用了最先进的传感技术和化学试剂，确保在极端恶劣的环境下，也能提供精准的检测结果。

（1）便携式气体检测仪。这是一种典型的应急侦检装备，这种装备小巧轻便，非常适合在现场进行快速检测。便携式气体检测仪外壳坚固耐用，能够抵御各种恶劣的环境条件。便携式气体检测仪的优点在于可以迅速地检测出多种不同的气体，精度极高。此外，便携式气体检测仪具备自动校准功能，能够确保检测结果的准确性。几种典型的便携式气体检测仪见图5-1。

（2）气体检测管式侦检仪。这种侦检装备由高精度的检测管和专业的采样器组成，能够在极短的时间内提供准确的检测结果。每一个检测管都需要经过严格的校准，以确保检测结果的准确性。气体检测管式侦检仪能够在最短的时间内为救援人员提供必要的信息，适合在紧急情况下使用。

（3）便携式毒剂侦检仪。这是一种基于离子迁移谱（IMS）技术的探测少量化学毒剂及工业有毒气体的装备，可在线、快速、准确地探测少量化学试剂及工业有毒气体，具有性能稳定、易于使用、耗材成本低和维护方便等优势。几种典型的便携式毒剂侦检仪见图5-2。

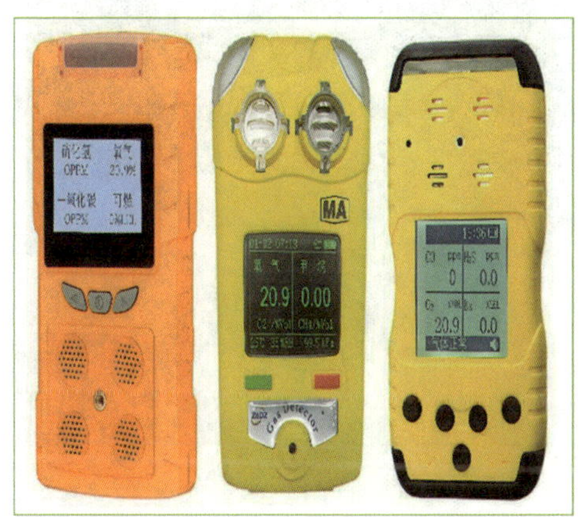

图5-1　几种典型的便携式气体检测仪

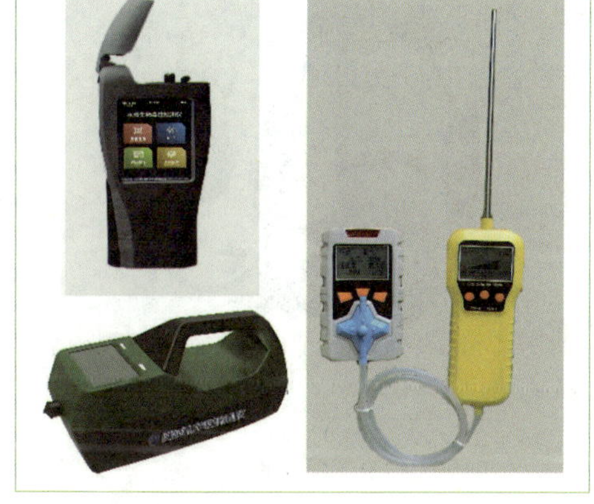

图5-2　几种典型的便携式毒剂侦检仪

（4）危化品专用型便携式六合一气体侦检仪。这是一种可同时连续检测 CH_4、O_2、CO、CO_2 等参数，并可超限报警，适用于专业技术人员、操作人员等的装备。

实验室应急侦检装备为我国公共安全领域提供了重要的技术支撑。它们的出现，不仅大大提高了救援人员的工作效率，也为受灾群众提供了更多的生命保障。

5.3.1.2 个体防护装备

实验室个体防护装备的重要性不言而喻，不仅可以防范潜在的危险，还能在紧急情况下提供至关重要的安全保障。

(1) 呼吸防护装备。在化学实验过程中，有毒气体和粉尘的释放是一种常见的风险。高品质的口罩和面罩可以有效地阻止有害物质的吸入，为实验员提供一个更加安全的呼吸环境。呼吸防护装备见图 5-3。

(2) 眼面部防护装备。实验过程中，飞溅的化学溶液、玻璃碎片等都有可能对实验员的眼睛造成伤害。护目镜和面罩的配备可以提供全面的眼部和面部保护，防止有害物质进入眼部和面部。这些防护装备采用高强度材料制成，能够有效抵御飞溅物的冲击，同时避免视线模糊或其他不适感。眼面部防护装备见图 5-4。

图 5-3 呼吸防护装备

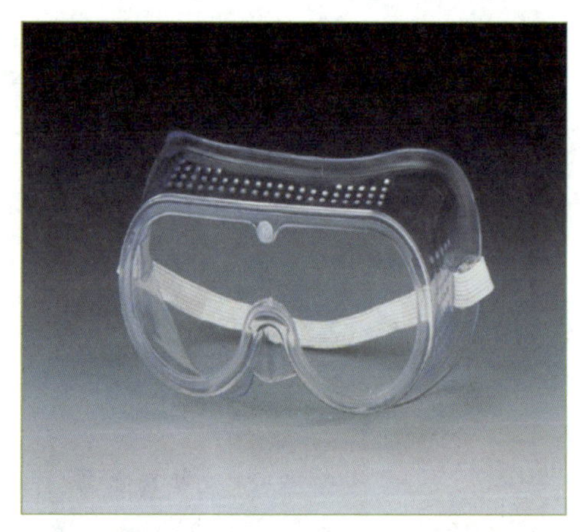

图 5-4 眼面部防护装备

(3) 躯干和四肢的防护装备。实验服和隔热服等装备可以有效地阻挡化学污染、高温和低温等环境因素对躯干和四肢的伤害。这类防护服采用特殊的耐化学腐蚀和耐高温材料制成，能够抵御各种化学物质的腐蚀和高温的灼烧，同时还具备良好的透气性，确保实验员在穿着时能够保持舒适。

(4) 手部和足部的防护装备。手套和靴套能够有效地保护手部和足部免受化学溶液、生物污染物等的伤害。这些防护装备采用抗化学腐蚀和防生物污染的材料制成，能够提供长时间的防护。根据不同的化学品，手套材料也不同。例如，使用硝酸时应该佩戴聚氯乙烯手套，使用氢氟酸时应该佩戴氟化橡胶手套。

实验室应急个体防护装备是保障实验员安全的重要措施之一。通过精心选择和配备相应装备,并配合定期的安全培训和演练,可以最大限度地减少实验室事故对人员的伤害,为实验人员提供更加安全的工作环境。

5.3.1.3　输转装备

实验室应急输转装备是至关重要的安全保障工具,它们在紧急情况下发挥着至关重要的作用。

(1) 防爆柜。防爆柜不仅坚固耐用,而且还具有出色的防爆性能。防爆柜的设计能够使其承受意外的爆炸或火灾,从而防止对周围环境和人员造成伤害。此外,防爆柜配备了安全锁,以确保只有授权人员才能使用柜内的物品。几种典型的防爆柜见图 5-5。

(2) 防化服。防化服是实验室工作人员在处理危险物质时的必备装备。这种服装采用特殊的材料制成,可以有效地阻挡有毒有害物质的渗透。防化服配备了全面的防护措施,如化学防护眼镜、化学防护靴等,以提供全面的身体保护。常见的防化服见图 5-6。

图 5-5　几种典型的防爆柜

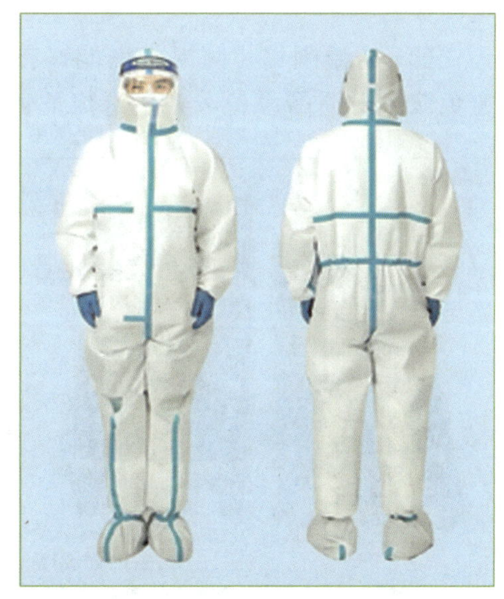

图 5-6　常见的防化服

(3) 防泄漏设备。防泄漏设备采用了高科技材料和技术,实现了出色的防泄漏性能。这种设备能够有效地吸附和收集泄漏的物质，防止其扩散到实验室的其他区域。

（4）真空吸液器。真空吸液器是处理危险液体的理想工具，它使用高效的真空技术来吸取和转移液体，避免了人工操作的风险。这种吸液器设计紧凑、易于操作，并且能够快速地处理大量液体。真空吸液器配备了防泄漏功能，以确保在操作过程中不会发生泄漏事故。

实验室应急输转装备是保障实验室安全的重要工具。配齐装备，可以让实验室工作人员，能够更加安心、高效地进行实验操作。

5.3.1.4　堵漏装备

实验室应急堵漏装备是专门为应对实验室各种紧急泄漏事故而设计的装备。这些装备不仅具备快速响应的能力，而且能够有效地控制各种化学物质的泄漏，从而保护实验室工作人员的安全，并防止对环境造成严重污染。

（1）防渗漏托盘。防渗漏托盘可以放置在实验仪器、试管架或其他容器下方，有效地捕捉和收集意外泄漏的液体，防止其进一步扩散。防渗漏托盘见图 5-7。

（2）防溢围堤。防溢围堤能够有效地防止实验室中的液体泄漏和扩散，避免液体对周围设备和人员造成危害。防溢围堤见图 5-8。

图 5-7　防渗漏托盘

图 5-8　防溢围堤

（3）阻止漏液扩散栏。阻止漏液扩散栏主要用于阻止液体扩散和泄漏，防止液体污染实验室环境。

(4) 堵漏条。堵漏条用于堵塞实验室中各种管道和容器的漏洞，以阻止液体泄漏。

实验室应急堵漏装备在保障实验室安全方面具有重要的作用，通过采用高适应性、可靠性强、简单易用的实验室应急堵漏装备，并对工作人员进行安全培训，可以有效地提高实验室的安全保障水平。

5.3.1.5　应急洗消装备

应急洗消装备是一种重要的安全设备，能够在实验过程中发生意外时，迅速有效地清除和消毒污染物，保护实验人员和实验室环境的安全。

(1) 洗眼器。洗眼器用于对眼部进行清洗和消毒，能够提供清水，迅速冲洗眼部，减轻眼部刺激和损伤。

(2) 喷淋器。喷淋器用于对皮肤进行清洗和消毒，能够提供强大的水流，对全身进行冲洗，清除皮肤上的污染物。喷淋器通常由冲淋头、冲淋拉杆、壁式支架、洗眼喷头、防腐盖、洗眼盆、手推板、脚踏板、入水管、上进水口、侧进水口、排水口、排水管、固定底座等部件组成，用于对眼部和面部进行清洗。喷淋器见图 5-9。

(3) 洗消器。洗消器用于对实验器具进行清洗和消毒，能够对实验器具进行彻底的清洗和消毒，避免污染物的残留。超声波清洗设备主要用于清洗实验室气体面罩等消防救援器材。洗消器见图 5-10。

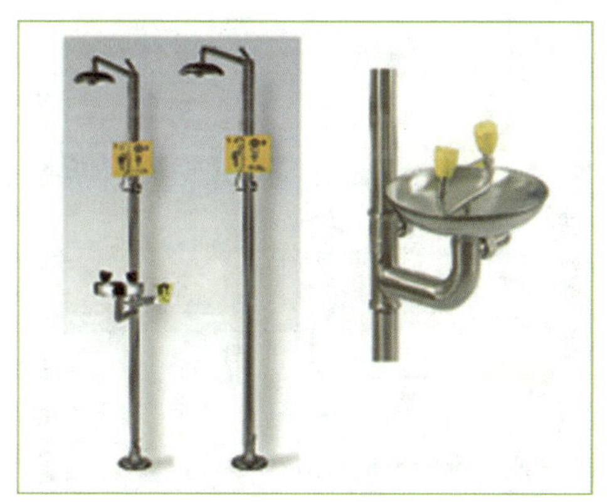

图 5-9　喷淋器

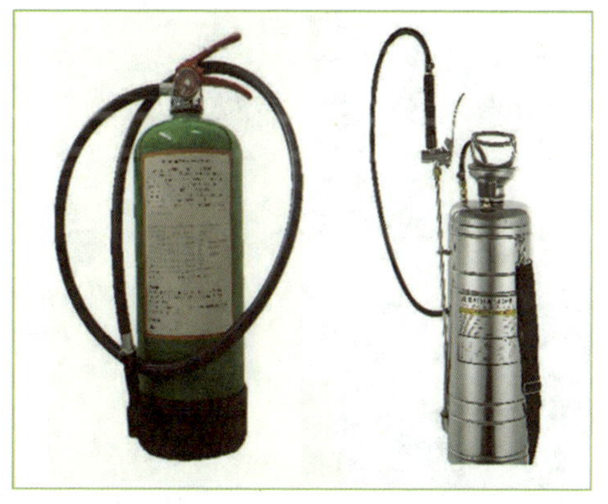

图 5-10　洗消器

除了选择合适的应急洗消装备外，还需要注意正确的使用方法和注意事项。例如,在使用洗眼器时,需要避免过度冲洗眼部,以免造成眼部不适;在使用喷淋器时,需要保持适当的水压和距离,以免造成皮肤损伤;在使用洗消器时,需要按照正确的操作步骤进行清洗和消毒,以免影响消毒效果。

5.3.1.6 排烟装备

应急排烟装备是一种高效、可靠、安全的设备,采用了先进的技术和优质的材料,具有多种功能和特点,能够有效排出各种烟雾和有害气体。

(1) 排烟罩。排烟罩通常采用耐高温、耐腐蚀的不锈钢材料制成,结构紧凑,易于清洁和维护。这种材料不仅具有出色的耐久性,还能够承受实验过程中产生的各种化学物质的侵蚀。此外,排烟管道采用了高效、低阻的材质,能够迅速将烟雾排出室外,同时防止室外空气倒灌。管道内部光滑,不易积聚烟尘,方便清洁和维护。排烟罩见图 5-11。

(2) 排烟风机。排烟风机通常采用大功率、低噪声的设计,确保在快速排烟的同时不会产生过大的噪声,影响实验室内正常的工作和交流。风机的叶片经过特殊设计,能够产生强劲的风力,迅速将烟雾排出室外。排烟阀采用智能控制,可以根据烟雾的情况自动调节排烟的量,确保实验室内的空气质量始终保持在良好的状态。

(3) 通风橱。通风橱是实验室中常见的通风设备,可将实验过程中产生的有害气体、烟雾和蒸气及时排出,保持实验室空气清新。通风橱见图 5-12。

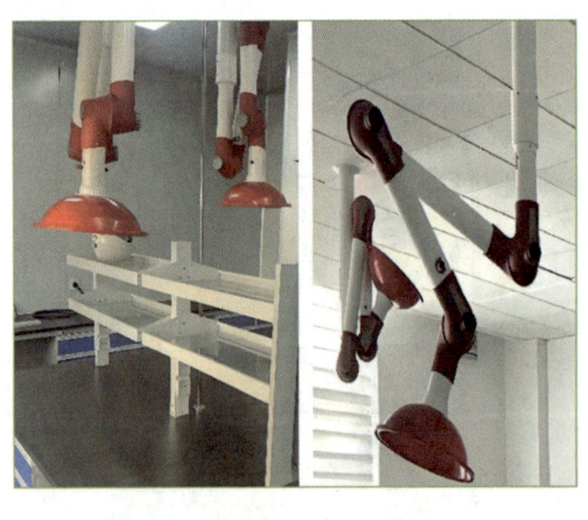

图 5-11 排烟罩

图 5-12 通风橱

(4) 排风扇。排风扇可以有效地排除实验室中的烟雾和有害气体,保持室内空气流通。

（5）排烟管道。排烟管道用于将烟雾和有害气体排放到室外或安全区域。

（6）空气净化器。空气净化器能够过滤和净化实验室空气中的有害物质，如颗粒物、挥发性有机物等。

实验室应急排烟装备不仅能够有效保障实验人员的人身安全，还能够确保实验设备的正常运行。在选择和使用此类装备时，需要综合考虑实验室的具体情况和实验设备的需求。

5.3.1.7　消防装备

实验室应急消防装备是确保实验室安全的重要组成部分。这类装备在火灾或其他紧急情况下发挥着至关重要的作用，可为实验室人员提供必要的保护和救援。

（1）灭火器。灭火器是实验室应急消防装备中的必备品，能够在火灾初起时迅速扑灭火源，防止火势蔓延。灭火器有多种类型，包括干粉灭火器、泡沫灭火器和气体灭火器等，可以根据不同类型的火灾类型选择使用。

（2）灭火毯。灭火毯能够迅速扑灭火源，尤其是在火势较小的情况下，使用灭火毯可以迅速控制火势。灭火毯可以用于覆盖火源，隔绝空气，使火势无法继续蔓延。灭火毯见图 5-13。

（3）消防栓。消防栓能够提供大量的水资源，用于扑灭火灾。消防栓一般安装在实验室的墙壁上，使用时需要连接水带，将水源引入火灾现场。消防栓见图 5-14。

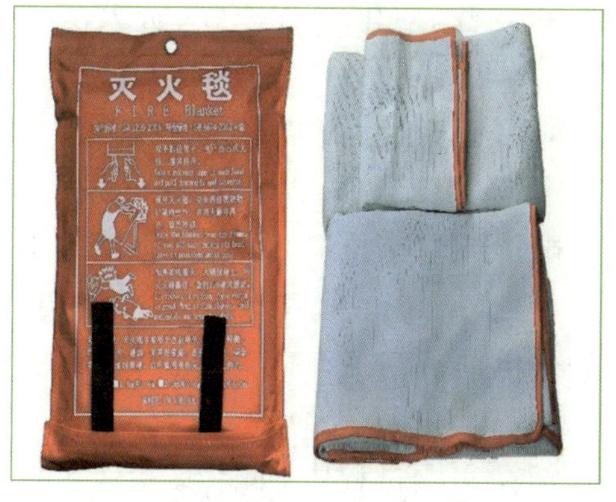

图 5-13　灭火毯

图 5-14　消防栓

(4) 消防水带。消防水带是连接消防栓和消防水枪的重要工具,能够将水源引入火灾现场。消防水带一般由耐压、耐腐蚀的材料制成,具有较高的耐用性和可靠性。

(5) 消防斧。消防斧主要用于破门、破窗等,以疏通消防通道。

(6) 消防手套。消防手套用于保护消防员的手部免受火灾和高温的伤害。

(7) 烟雾探测器。烟雾探测器能够在火灾初期探测到烟雾并发出警报,及时提醒实验室人员采取措施。

(8) 自动喷水灭火系统。自动喷水灭火系统能够在火灾发生时自动启动,通过喷水的方式扑灭火灾。

此类装备可以帮助实验室在火灾发生时进行初步的灭火和控制火势蔓延,保障人员的安全。在选择和使用应急消防装备时,应根据实验室的具体情况和需求进行评估,确保装备的适用性和有效性。

5.3.1.8　应急救生装备

应急救生装备是保障实验室内人员安全的重要工具。在实验室中,可能会存在各种危险情况,如化学品的泄漏、火灾、电气事故等,这些情况下都需要使用相应的救生装备来保护人员的生命安全。

(1) 防毒面具。防毒面具用于防止有毒气体或化学物质进入呼吸系统,保护实验室内人员的呼吸安全。防毒面具有多种类型,如过滤式防毒面具、化学式防毒面具等。防毒面具见图 5-15。

(2) 防护服。防护服用于保护实验室内人员的皮肤不受化学物质、高温、辐射等有害因素的侵害。防护服有多种类型,如化学防护服、防火防护服等。

(3) 急救药箱。急救药箱在意外发生时可用于提供紧急医疗救助,包括止血带、创可贴、消毒液等急救用品。急救药箱见图 5-16。

(4) 紧急通信装备。紧急通信装备指电话或对讲机等,可在紧急情况下及时和相关人员进行联系。

(5) 紧急照明设备。紧急照明设备如手电筒或应急灯等,可应对实验室突发停电或其他紧急情况。

(6) 氧气供应装备。氧气供应装备是指在实验过程中,如果实验人员发生突发情况导致呼吸困难,可以提供紧急氧气供应的装备。

图 5-15　防毒面具

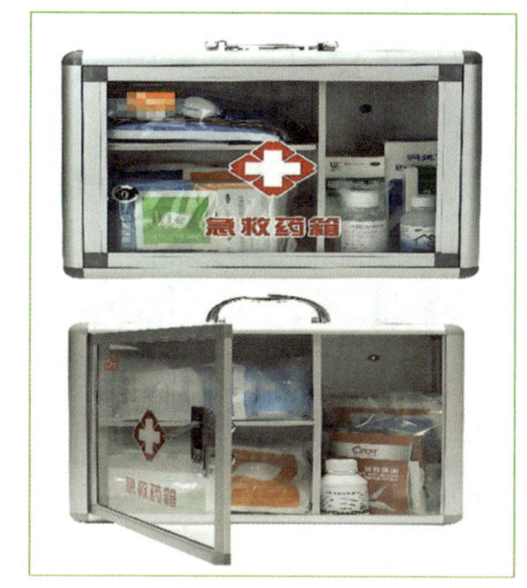

图 5-16　急救药箱

(7) 逃生装备。逃生装备包括防烟面罩、灭火器、安全出口指示牌等，用于在紧急情况下帮助人员逃生。

实验室应急救生装备应根据实验室的具体情况选择相应的型号和规格，并定期进行检查和维护，确保其正常工作。同时，实验室人员也应该了解如何正确使用这些装备，以便在紧急情况下能够迅速采取正确的应对措施。

5.3.1.9　应急救援所需的重型装备

(1) 救援车辆。救援车辆包括但不限于多功能消防车、消防坦克、工程救援车、后勤保障车等。

(2) 救援机械。救援机械包括挖掘机、吊车、装载机、推土机等大型工程机械装备，在救援工作中主要用于清理废墟、挖掘搜救、物资运输等任务。

(3) 应急通信装备。应急通信装备包括卫星电话、对讲机、广播设备等通信工具。在灾害发生后，通信设施往往会受到破坏，此时需要依靠应急通信装备来保持救援指挥部与现场救援队伍以及受灾群众之间的通信联络。

(4) 生命探测装备。生命探测装备包括生命探测仪、雷达生命探测仪等。这些装备可以通过感知生命活动所产生的微弱磁场或电磁波，来探测和定位被困人员的具体位置，为救援工作提供准确信息。

(5) 医疗救护装备。医疗救护装备包括便携式移动医院、手术台、急救箱等。

(6) 照明装备。照明装备包括移动式照明灯塔、手电筒等照明工具。在夜间或视线不佳的救援现场，照明装备可以提供必要的照明，保障救援工作顺利进行。

(7) 发电装备。发电装备包括便携式发电机、蓄电池等发电工具。在电力中断的情况下，发电装备可以为救援现场提供必要的电力供应，保障救援工作的正常进行。

以上是一些常见的应急救援所需的重型装备，不同的救援任务和现场情况可能需要不同的装备支持。在实际应用中，应根据实际情况进行选择和配置所需装备，以保障救援工作及时、高效和安全。

5.3.2 事故现场应急处置

5.3.2.1 应急侦测处置

实验室事故现场侦测处置是一个重要的步骤，涉及对事故现场的快速反应和准确判断。

(1) 快速响应。一旦实验室发生事故，相关人员应立即响应，迅速到达事故现场，并立即采取必要的措施来控制局势。

(2) 初步评估。在到达事故现场后，首先要对事故进行初步评估，了解事故的性质、规模和可能的影响范围，以确定后续应对策略。

(3) 侦测危险因素。使用适当的仪器和设备，对事故现场进行全面侦测，以确定是否存在危险因素，如有毒气体、易燃易爆物质等。

(4) 采集证据。在处置过程中，应注意收集相关证据，如残留物、照片等，以便后续的事故调查和分析。

(5) 隔离和保护。根据事故的性质和规模，对事故现场进行适当的隔离和保护，以防止事态扩大或影响周边环境。

(6) 制定处置方案。根据初步评估和侦测结果，制定针对性的处置方案。处置方案应考虑人员安全、环境保护和事故控制等方面。

(7) 实施处置。按照处置方案，采取适当的措施对事故进行处置，包括灭火、稀释、中和、收集等操作。在实施过程中，应保持与相关人员的沟通，确保行动的有效性。

(8) 持续监测。在处置过程中，应对事故现场进行持续监测，以确保安全。同时，要密切关注事态发展，及时调整处置方案。

(9) 记录与报告。在处置完毕,应将整个过程记录下来,并向上级部门提交详细的报告。报告应包括事故的性质、规模、处置措施和结果等信息。

总之,实验室事故现场应急侦测处置需要迅速、准确、有效地行动。通过遵循以上步骤,可以更好地应对实验室事故,保障人员安全和环境安全。

5.3.2.2　应急疏散处置

在实验室发生事故时,应急疏散处置不仅是一种必要的应对措施,更是一种责任和义务。应急疏散处置要求实验指导教师和实验室工作人员保持高度的警觉和冷静,采取果断、有效的行动,确保实验室人员的安全。

(1) 接到紧急疏散通知时,实验指导教师需迅速作出反应,下达明确的指令,要求学生立即停止实验,关闭水源和电源。

(2) 在疏散过程中,实验指导教师和实验室工作人员应承担起组织逃生的责任。他们需要确保通道畅通无阻,指示明确的疏散方向,并维持秩序,确保所有人员都能够安全、有序地撤离,同时还需要密切关注不同楼层的疏散顺序,避免出现踩踏等情况。

(3) 在安全撤离至室外或其他安全地带后,实验指导教师应立即清点人数,确保所有学生都已安全撤离,同时还需要及时向相关部门汇报情况,以便采取进一步的措施。这不仅是对事故的有效应对,也是对实验室安全制度的负责。

实验室事故现场应急疏散处置不仅需要迅速、果断行动,还需要具备高度的责任心和敬业精神。只有这样,才能确保实验室人员的生命安全和实验室的正常运行。

5.3.2.3　应急安全处置

在实验室中,事故的发生往往伴随着危险和紧急情况,因此采取正确的应急安全处置措施至关重要。

(1) 当发现事故时,应立即切断电源或气源,关闭危险源,以防止事故进一步扩大。

(2) 当发现有人受伤或中毒时,应立即进行急救。根据伤势的严重程度,可以选择适当的急救措施,如止血、心肺复苏等。同时,应立即拨打急救电话 120。

(3) 当实验室发生火灾、爆炸等事故时,应立即使用灭火器材进行灭火。

如果火势较大，无法控制，应立即拨打火警电话119，同时实验室人员应迅速疏散至安全区域，并尽量保持低姿，以减少吸入有害烟雾的可能性。为了防止事故进一步扩大，必须保护现场，禁止无关人员进入危险区域。

（4）在事故处理完毕，需要对现场进行清理和恢复，包括清理现场的残留物、修复损坏的设备和设施等。在恢复过程中，应确保安全和卫生，以保障实验室工作人员的安全和健康。

综上，实验室事故现场应急处置措施需要实验室工作人员具备一定的安全知识和实践经验。只有采取恰当的措施，才能确保实验室的安全和人员的健康。

5.4 典型实验室安全事故应急处置

实验室安全事故的应急处置应按照“以人为本、预防为主、快速反应、科学施救”的原则进行。典型安全事故应急处置流程如下所述，现场实施以实验室具体要求和规定为准，更为具体的应急处置在本书相关章节中详细阐述。

5.4.1 火灾爆炸事故的应急处置

① 局部起火时，立即使用灭火器、灭火毯、沙箱等灭火。② 发生大面积火灾时，通知所有人员沿消防通道紧急疏散。③ 立即向消防部门报警，向学院领导报告。④ 有人员受伤时，立即向医疗部门报告。⑤ 人员撤离到预定地点后，清点人数。

5.4.2 漏电触电事故的应急处置

① 切断电源，将触电者脱离电源。② 用干燥绝缘体将触电者脱离电源。③ 立即就近将触电者移至干燥与通风场所实施现场救护。④ 立即拨打急救120或调度车辆送医院抢救。⑤ 立即报告事故信息，疏散现场人员。⑥ 引导救援车辆及救援人员进入现场。

5.4.3 危化品泄漏事故的应急处置

① 在安全条件下关闭泄漏源。② 转移泄漏源周边的易燃易爆品。

③ 立即疏散人员。④ 现场人员用湿毛巾捂住口鼻，再抢救中毒人员。⑤ 将中毒人员移到通风良好的地方。⑥ 立即拨打火警电话 119、急救电话 120 或调度车辆送医抢救。⑦ 引导救援车辆及人员进入现场，配合做好抢救工作。⑧ 做好泄漏区周边的警戒工作，疏散事故现场人员。⑨ 配合相关部门控制泄漏源并进行清理。

5.4.4 污染事故的应急处置

① 立即启动应急预案。② 疏散可能受到危害的人员。③ 救助受伤人员。④ 通知实验中心主任或实验室负责人。⑤ 负责人接到通知后，指导现场人员实施紧急救援。⑥ 封闭、隔离或限制使用有关场所。⑦ 中止可能导致危害扩大的行为。⑧ 组织调集应急所需物资和设备。

5.4.5 割伤或刺伤事故的应急处置

① 先取出伤口处的玻璃碎屑等异物，用净水洗净伤口，挤出少量血液，涂上碘酊后，再用消毒纱布包扎；也可在洗净的伤口处贴上创可贴，立即止血，且易愈合。② 若伤口不大，可用 0.5% 硼酸水洗后涂碘酊，但需要注意的是两者不可同时使用。③ 若严重割伤大量出血，应先止血，让受伤者平卧，抬高出血部位，压住附近动脉或用绷带盖住伤口直接施压；若绷带被血浸透，不要换掉，另盖上一条绷带并施压，立即送医院治疗。④ 如不小心被带有化学药品的注射器针头或沾有化学品的碎玻璃刺伤，应立即将伤口处挤出部分血液，尽可能将化学品清除干净，降低造成人体中毒的可能性。用净水洗净伤口，涂上碘酊后，可在洗净的伤口处贴上创可贴。若注射器针头或沾有化学品的碎玻璃曾用于毒性大的化学品，在刺伤后应立即送医治疗。

5.4.6 烫伤事故的应急处置

① 保护受伤部位，迅速脱离热源。② 立即将伤处用大量清洁的水冲淋或浸浴，以迅速降低局部温度避免深度烧伤。③ 伤处衣物需剪开取下，切忌剥脱，以免造成二次损伤。④ 对轻微烧伤、轻微烫伤，可在伤处涂抹烧伤膏、植物油、万花油、鱼肝油、烫伤油膏或红花油后包扎。烧烫伤程度严重者，需立即送医院治疗。⑤ 烧烫伤处有水泡，尽量不要弄破。为防止创面继续污

染，可用干净的三角巾、纱布、衣服等物品简单包扎伤口。手（足）受伤处，应对手指（脚趾）分开包扎，防止粘连。

5.4.7 冻伤事故的应急处置

① 冻伤的基本治疗目标是迅速复温，防止进一步的冷暴露以及恢复血液循环。冻伤的早期治疗包括用衣物或用温热的手覆盖受冻的部位或其他身体表面使之保持适当温度，以维持足够的供血。② 需要快速水浴复温，水浴温度应为 37～43 ℃，此方法适用于各种冻伤。除非有禁忌，止痛剂应在快速解冻时服用以便止痛。当皮肤红润柔滑时，表明完全解冻。③ 禁忌用冰块擦拭冻僵的肢体、干热或缓慢复温，这可进一步损伤组织，禁止对受伤部位的任何摩擦。④ 若冻伤患处破溃感染，应在局部用 65%～75%酒精消毒，吸出水疱内液体，外涂冻疮膏等，保暖包扎。⑤ 对伴有冻伤的低体温患者，要先完成液体复苏和恢复核心体温，再进行肢体复温，以预防突然出现低血压和休克。建议使用抗凝剂以预防血栓形成和坏疽，应用抗菌药物以预防感染，并及时注射破伤风抗毒素。

思考题

1. 实验室应急管理的基本原则有哪些？
2. 举例说明实验室应急管理中的预防为主原则在日常工作中是如何落实的？
3. 若在实验室中有人触电，应先做什么？这体现了应急管理的哪项原则？
4. 简述实验室常见的急救用品及其用途，比如创可贴、碘酊、绷带分别适用于哪些伤口？
5. 有人在实验中被强酸溅到皮肤，现场没有中和试剂，应如何进行紧急处理？
6. 若发生误食有毒试剂，在等待急救人员到来前，可采取哪些急救措施？
7. 若在实验室中有人被玻璃器皿划伤导致大量出血，在进行止血包扎时，应注意哪些关键事项？
8. 针对实验室可能发生的危险化学品泄漏事故，如何制定应急预案？

9. 有人在实验室突发心脏不适，除了拨打急救电话，现场人员还应采取哪些急救措施？

10. 当实验室发生爆炸事故时，如何启动应急响应流程？

11. 结合实验室特点，谈谈如何在应急管理中做好与外部救援力量（如消防、医疗等）的协调配合？

第二篇

专业安全

第 6 章

实验室化学安全

本章简介

实验室危险化学品管理至关重要，做好危险化学品使用和管理工作，有助于预防因其引发的火灾、爆炸、中毒等安全事故，保障实验人员人身安全与实验室设备安全，防止环境污染，确保实验室活动安全开展。本章介绍实验室危险化学品的定义、分类和识别等知识，实验室常见的危险化学品及其潜在危险，危险化学品的采购及运输要求，危险化学品的存储及化学废弃物的安全处理要求，常见的化学安全事故及其危害，化学品的泄漏处置和事故应急处置等知识。

教学目标

知识目标　① 掌握实验室危险化学品的定义、分类标准以及识别方法，熟知实验室常见危险化学品的种类，清晰了解各自潜在的危险。② 了解危险化学品采购流程中的规范要求，运输过程中的安全要点。③ 掌握危险化学品存储要求、化学废弃物安全处理要求。④ 熟知常见化学安全事故的类型及其产生的危害。⑤ 掌握典型的危险化学品泄漏处置方法以及事故应急处置的要点。

能力目标　① 能够判断化学品是否属于危险范畴，准确识别和判断实验室中各类化学品的危险性，避免因误判导致安全事故。② 能够依据危险化学品管理要求，正确使用、存储各类危险化学品，妥善处理危险化学品废弃物。③ 遇到化学安全事故时，能够迅速、正确地采取应急处置措施。

素养目标　① 具有严谨、细致的工作态度，在危险化学品管理的各个环节都能严格遵守规定，杜绝因疏忽大意引发安全事故。② 具有强烈的安全意识和责任感，深刻认识到危险化学品使用和管理不当的严重后果，积极主动做好危险化学品使用和管理工作。

6.1 危险化学品的定义与分类

6.1.1 危险化学品的定义

危险化学品，是指具有毒害、腐蚀、爆炸、燃烧、助燃等性质，对人体、设施、环境具有危害的剧毒化学品和其他化学品。

《危险化学品目录》由化学品主管部门根据化学品危险特性的鉴别和分类标准确定、公布并适时更新。2002 版目录主要依据《危险货物分类和品名编号》(GB 6944—2012)来确定分类标准，按其主要危险特性把常用危险化学品分为以下几类：爆炸品、压缩气体和液化气体、易燃液体、易燃固体、自燃物品和遇湿易燃物品、氧化剂和有机过氧化物、有毒品、放射性物品、腐蚀品。

自 2002 年国际劳工组织、联合国经济及社会理事会等建立《全球化学品统一分类和标签制度》(*Globally Harmonized System of Classification and Labeling of Chemicals*，简称 GHS，又称“紫皮书”)(见图 6-1)以来，GHS 制度逐步在全球实施。第一部 GHS 制度发布于 2003 年，该制度将化学品的危害分为理化危害、健康危害和环境危害。采纳 GHS 分类标准，有利于识别危险化学品的健康危害和环境危害，从而保护个人健康和生态环境。

我国的《危险化学品目录(2015 版)》在与现行管理相衔接、平稳过渡的基础上，逐步与国际接轨。危险化学品的分类主要依据《危险货物分类和品名编号》(GB 6944—2012)、《化学品分类和危险性公示 通则》(GB 13690—2009)和《化学品分类和标签规范》(GB 30000—2024)等国家标准。《化学品分类和危险性公示 通则》(GB 13690—2009)将危险化学品分为物理危险、健康危害和环境危害三大类；《化学品分类和标签规范》(GB 30000—2024)依据 GHS 制度确定了化学品危险性 28 个大项的分类体系。相比 2002 版目录，2015 版目录增加了健康危害

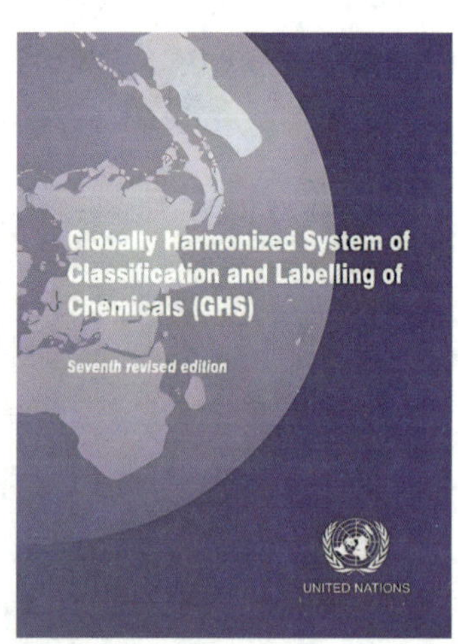

图 6-1 《全球化学品统一分类和标签制度》

和环境危害，进一步与国际接轨。《危险化学品目录》(2015 版)部分内容见表 6-1。

表 6-1 《危险化学品目录》(2015 版)部分内容

序号	品名	别名	CAS 号	备注
1	阿片	鸦片	8008-60-4	
2	氨	液氨；氨气	7664-41-7	
3	5-氨基-1，3，3-三甲环己甲胺	异佛尔酮二胺；3，3，5-三甲基-4，6-二氨基-2-烯环己酮；1-氨基-3-氨基甲基-3，5，5，-三甲基环己烷	2855-13-2	
4	5-氨基-3 苯基-1-[双(N，N-二甲基氨基氧膦基)]-1，2，4-三唑[含量>20%]	威菌磷	1031-47-6	剧毒
…	…	…	…	…

6.1.2 危险化学品的分类

《化学品分类和标签规范》(GB 30000—2024)采纳了联合国 GHS 第四版的大部分内容，将化学品的危险性分为以下 28 项，新标准中理化危险涵盖 16 项、健康危害涵盖 10 项、环境危害涵盖 2 项。

6.1.2.1 第 1 类 爆炸物

爆炸物(或混合物)是这样一种固态或液态物质(或物质的混合物)：其自身能通过化学反应产生气体，而产生气体的温度、压力和速度对周围环境造成破坏。

爆炸物包括：① 爆炸性物质和混合物；② 爆炸性物质，但不包括符合以下条件的装置，其中所含爆炸性物质或混合物由于其数量或属性在偶然点燃或引爆后，不会由于迸射、发火、冒烟或巨响而在装置之外产生任何效应；③ 未被①和②涵盖，但专门设计用于产生实际爆炸或烟火效应的物质、混合物和物品。

6.1.2.2 第 2 类 易燃气体

易燃气体是在 20 ℃、101.3 kPa 标准压力下，与空气有一定易燃浓度范围的气体。

6.1.2.3 第 3 类 气溶胶

气溶胶是指气溶胶喷雾罐(不可重新灌装),该容器由金属、玻璃或塑料制成,内装强制压缩、液化或溶解的气体,包含或不包含液体、膏剂或粉末,配有释放装置,可使所装物质喷射出来,形成在气体中悬浮的固态或液态微粒。

6.1.2.4 第 4 类 氧化性气体

氧化性气体一般是指通过提供氧气,比空气更能导致或促使其他物质燃烧的任何气体。

6.1.2.5 第 5 类 加压气体

加压气体是指高压气体在压力大于或等于 200 kPa(表压)下装入贮器的气体,如液化气体或冷冻液化气体。加压气体包括压缩气体、液化气体、溶解液体、冷冻液化气体。

6.1.2.6 第 6 类 易燃液体

易燃液体是指闪点不高于 93 ℃的液体。

6.1.2.7 第 7 类 易燃固体

易燃固体是指容易燃烧或通过摩擦可能引燃或助燃的固体。易燃固体为粉状、颗粒状或糊状物质,与燃烧着的火柴等火源短暂接触即可点燃,且火焰可迅速蔓延。

6.1.2.8 第 8 类 自反应物质和混合物

自反应物质和混合物是指即便没有氧(空气)也容易发生激烈放热分解的热不稳定液态或固态物质以及混合物。本定义不包括根据统一分类制度分类为爆炸物、有机过氧化物或氧化物质的物质及混合物。自反应物质或混合物如果在实验室试验中其组分容易起爆、迅速爆燃或在封闭条件下加热时产生剧烈效应,应视为具有爆炸性质。

6.1.2.9 第 9 类 自燃液体

自燃液体是指即使数量小也能在与空气接触后 5 min 之内引燃的液体。

6.1.2.10 第 10 类 自燃固体

自燃固体是指即使数量小也能在与空气接触后 5 min 之内引燃的固体。

6.1.2.11 第11类 自热物质或混合物

自热物质是指发火液体或固体以外，与空气反应不需要能源供应就能够自己发热的固体或液体物质或混合物；此类物质或混合物与发火液体或固体不同，其只有数量很大（千克级）并经过长时间（几小时或几天）才会燃烧。

6.1.2.12 第12类 遇水放出易燃气体的物质和混合物

遇水放出易燃气体的物质和混合物是指通过与水作用，容易具有自燃性或放出危险数量的易燃气体的固态或液态物质和混合物。

6.1.2.13 第13类 氧化性液体

氧化性液体是指本身未必燃烧，但通常因放出氧气可能引起或促使其他物质燃烧的液体。

6.1.2.14 第14类 氧化性固体

氧化性固体是指本身未必燃烧，但通常因放出氧气可能引起或促使其他物质燃烧的固体。

6.1.2.15 第15类 有机过氧化物

有机过氧化物可视为过氧化氢的一个或两个氢原子已被有机基替代的衍生物，也包括有机化合物配制物（混合物）。有机过氧化物是指可发生放热自加速分解、热不稳定的物质和混合物。如果有机过氧化物在实验室试验中，在封闭条件下加热时组分容易爆炸、迅速爆燃或表现出剧烈效应，则可认为它具有爆炸性质。

6.1.2.16 第16类 金属腐蚀物

金属腐蚀物是指通过化学作用显著损坏或毁坏金属的物质或混合物。

6.1.2.17 第17类 急性毒性

急性毒性是指在单剂量或在24 h内多剂量口服或皮肤接触一种物质，或吸入接触4 h之后出现的有害效应。

6.1.2.18 第18类 皮肤腐蚀/刺激

皮肤腐蚀是指对皮肤造成不可逆损伤：施用试验物质4 h后可观察到表皮和真皮坏死。腐蚀反应的特征是溃疡、出血、有血的结痂，而且在观察期

14 d 结束时，皮肤、完全脱发区域和结痂处由于漂白而褪色。皮肤腐蚀应考虑通过组织病理学来评估可疑的病变。皮肤刺激是指施用试验物质 4 h 后对皮肤造成可逆损伤。

6.1.2.19　第 19 类　严重眼损伤/眼刺激

严重眼损伤是指在眼前部表面施加试验物质之后，对眼部造成在施用 21 d 内并不完全可逆的组织损伤，或严重的视觉物质衰退。眼刺激是指在眼前部表面施加试验物质之后，在眼部产生在施用 21 d 内完全可逆的变化。

6.1.2.20　第 20 类　呼吸或皮肤致敏

呼吸致敏物是指吸入后会导致气管过敏反应的物质。皮肤致敏物是皮肤接触后会导致过敏反应的物质。过敏包括两个阶段：第一个阶段是某人因接触某种变应原而引起特定免疫记忆；第二阶段是引发，即某一致敏个人因接触某种变应原而产生细胞介导或抗体介导的过敏反应。

6.1.2.21　第 21 类　生殖细胞致突变性

生殖细胞致突变性是指化学品引起人类生殖细胞发生可遗传给后代的突变。在将物质和混合物划归这一危害类别时，还要注意体外致突变性/遗传毒性试验和哺乳动物体细胞体内致突变性和遗传毒性试验。

6.1.2.22　第 22 类　致癌性

致癌性中的致癌物是指可导致癌症或增加癌症发生概率的化学物质或化学物质混合物。在实施良好的动物实验性研究中诱发良性和恶性肿瘤的物质也被认为是假定的或可疑的人类致癌物，除非有确凿证据显示该肿瘤形成机制与人类无关。

6.1.2.23　第 23 类　生殖毒性

生殖毒性是指对成年雄性和雌性的性功能和生育能力的有害影响，以及对下一代的发育毒性。在本分类体系中，生殖毒性细分为以下两个主要方面：① 对性功能和生育能力的有害方面；② 对下一代发育的有害影响。

6.1.2.24　第 24 类　特异性靶器官毒性一次接触

特异性靶器官毒性一次接触是指接触物质和混合物引起的特异性、非致死性的靶器官毒性作用，包括所有明显的健康效应，可逆的和不可逆的、即时的和迟发的功能损害。

6.1.2.25 第25类 特异性靶器官毒性反复接触

特异性靶器官毒性反复接触是指反复接触物质和混合物引起的特异性、非致死性的靶器官毒性作用，包括所有明显的健康效应，可逆的和不可逆的、即时的和迟发的功能损害。

6.1.2.26 第26类 吸入危害

吸入危害是指对可能对人类造成吸入毒性危险的物质或混合物进行分类。“吸入”指液态或固态化学品通过口腔或鼻腔直接进入或者因呕吐间接进入气管和下呼吸系统。

6.1.2.27 第27类 对水生环境的危害

对水生环境的危害是指短期接触生物体会造成伤害的固有性质和与生物体生命周期相关的接触期间对水生物产生有害影响的潜在性质或实际性质，以及通过所有接触途径（空气、水、沉淀物/土壤和食物）在生物体内吸收、转化、排出的净结果和有机化学品降解为更小分子，最后分解为二氧化碳、水、盐的物质。

6.1.2.28 第28类 对臭氧层的危害

危害臭氧层的物质和混合物是指《关于消耗臭氧层物质的蒙特利尔决议书》附件中列出的受管制物质，至少含有一种浓度不低于0.1%的列入附件中组分的任何混合物。

6.2 危险化学品的识别

6.2.1 危险化学品安全标志

危险化学品安全标志鲜明简洁地表达了危险化学品的危险特性和类别，是接触者传递安全信息的警示性资料。

6.2.1.1 依据传统标准的危险化学品安全标志

依据《危险货物分类和品名编号》(GB 6944—2012)，化学品安全标志有20种。危险化学品安全标志由表示危险性的图案、文字说明、底色和危险类别组成（见表6-2）。安全标志的尺寸、颜色和印刷参考《危险货物包装标志》

（GB 190—2009）。

表 6-2　危险化学品安全标志

类别	项别	安全标志
第 1 类 爆炸品	1.1　具有整体爆炸危险的物质和物品	 符号：黑色；底色：橙红色
	1.2　具有抛射危险，但无整体爆炸危险的物质和物品	
	1.3　具有燃烧危险和较小爆炸危险或抛射危险，但无整体爆炸危险的物质和物品	
	1.4　不呈现重大危险爆炸物质和物品	 符号：黑色；底色：橙红色
	1.5　有整体爆炸危险的非常不敏感的物品	 符号：黑色；底色：橙红色
	1.6　无整体爆炸危险的极端不敏感物品	 符号：黑色；底色：橙红色
第 2 类 气体	2.1　易燃气体	 或  符号：黑色或白色；底色：正红色
	2.2　非易燃无毒气体	 或  符号：黑色；底色：绿色 符号：白色；底色：绿色
	2.3　有毒气体	 符号：黑色；底色：白色
第 3 类 易燃液体	3　易燃液体	 或  符号：黑色或白色；底色：正红色

表 6-2（续）

类别	项别	安全标志
第 4 类 易燃固体、自燃物品和遇湿易燃物品	4.1　易燃固体	符号：黑色；底色：白色红条
	4.2　自燃物品	符号：黑色；底色：上白下红
	4.3　遇湿易燃物品	或 符号：黑色或白色；底色：蓝色
第 5 类 氧化性物质和有机过氧化物	5.1　氧化性物质	5.1 符号：黑色；底色：柠檬黄色
	5.2　有机过氧化物	5.2 或 5.2 符号：黑色或白色； 底色：红色和柠檬黄色
第 6 类 毒害品和感染性物品	6.1　有毒物质	6 符号：黑色；底色：白色
	6.2　感染性物品	6 符号：黑色；底色：白色

表 6-2（续）

类别	项别	安全标志
第 7 类 放射性 物品	7.1　一级放射性物品	符号：黑色； 底色：白色，附一条红竖条
	7.2　二级放射性物品	符号：黑色； 底色：上黄下白，附二条红竖条
	7.3　三级放射性物品	符号：黑色； 底色：上黄下白，附三条红竖条
第 8 类 腐蚀品	8.1　酸性腐蚀品	符号：黑色；底色：白色
	8.2　碱性腐蚀品	
	8.3　其他腐蚀品	
第 9 类 杂类	9　杂类	符号：黑色；底色：白色

部分危险化学品的危险特性不止一种。依据安全标志使用标准，应以主安全标志标识其主要危险性类别，副安全标志标识其他重要危险性类别。副安全标志的图案是由对应的主要安全标志去除正下方数字得到的。依据《危险货物包装标志》(GB 190—2009)，副安全标志有 11 种(见图 6-2)。

6.2.1.2　依据 GHS 制度的危险化学品象形图

依据 GHS 制度，化学品的危险特性分为理化危害、人体健康和环境危害。GHS 制度对三类危险特性统一规定了 9 种象形图(见表 6-3)作为安全标志。所有象形图都设定为红色边框的菱形图案，使用黑色符号和白色背景。

图 6-2　副安全标志

表 6-3　危险化学品象形图

名称	象形图	危险类别
火焰		可燃性气体，易燃性压力下气体，易燃液体，易燃固体，自反应化学品，自然液体和固体，自热化学品，遇水放出可燃气体化学品，有机过氧化物
圆圈上的火焰		助燃性、氧化性气体类，氧化性液体、固体
炸弹爆炸		火药类，自反应化学品，有机过氧化物
腐蚀性		金属腐蚀物，对皮肤有腐蚀性、刺激性，对眼睛有严重损伤、刺激性

表 6-3（续）

名称	象形图	危险类别
气体罐		压力下气体
骷髅		急性毒性、剧毒
感叹号		急性毒性、剧毒，对皮肤有腐蚀性、刺激性，对眼睛有严重损伤、刺激性，对靶器官、全身有毒害性
环境		对水生环境有害性
健康有害性		引起呼吸器官过敏，引起生殖细胞突变，致癌性，生殖毒性，对靶器官、全身有毒害性，对吸入者呼吸器官有害

6.2.2 危险化学品安全标签

化学品安全标签与化学品安全标志虽只有一字之差，却包含比安全标志更多的安全信息。化学品安全标签是由生产企业在货物出厂时粘贴拴挂或印刷在产品包装上的一种标签，是一种传递安全信息的载体。化学品安全标签用简单明了、易理解的文字和图形表达有关化学品的部分特性及其安全处置的注意事项，提醒接触人员进行安全操作和处置。

化学品安全标签的编写内容在《化学品分类和标签规范》(GB 30000—2024)系列标准中有具体的规定，即规定安全标签用文字、图形符号和编码组合形式表示，须给出化学品所具有的危险特性和安全注意事项，提示化学品安全信息，以预防和减少其危害，达到保障安全和健康的目的。

6.2.2.1 安全标签内容

安全标签包括化学品标识、信号词、象形图、危险性说明、防范说明、供应商标识、参考资料提示语等内容。

(1) 化学品标识

安全标签的上方给出的是化学品标识，分别用中文和英文标明化学品的化学名称和通用名称，名称要醒目清晰、与化学品安全技术说明书中的名称一致。名称下方可给出该物质的分子式，但不做强制要求。

对于混合物、应标注其危险性分类、主要成分的化学名称和通用名称、浓度和浓度范围、当需要标注的成分较多时，不宜超过 5 个。属于商业机密的成分可以不标明、但应列出其危险性分类。对于混合物或合金，在急性毒性、皮肤腐蚀或严重眼损伤、生殖细胞致突变性、致癌性、生殖毒性、呼吸或经皮致敏特定目标器官毒性出现在安全标签上时，安全标签上应包括可能引起这些危险的所有成分或合金元素的化学名称。

(2) 信号词

信号词是警示化学品危险程度的规定词。GHS 使用的信号词是“危险”和“警告”。“危险”用于较为严重的危险类别，“警告”用于较轻的危险类别。信号词位于化学品名称下方，要求醒目清晰。在《化学品分类和标签规范》(GB 30000—2024)系列标准中均有图表详细列出已经分配给每个危险类别的信号词。当化学品具有两种及两种以上的危险特性时，则按照不同危险项分别给出“危险”信号词，安全标签上则不必出现其他项别给出的“警告”信号词。

(3) 象形图化学品安全标志

依据《化学品分类和标签规范》(GB 30000—2024)系列标准、采用相应的象形图进行化学品危险特性信息提示。当化学品具有两种及两种以上的危险特性时，安全标签的象形图先后排序参照国家标准《危险货物品名表》(GB 12268—2012)中的主要和次要危险特性确定。

(4) 危险性说明

危险性说明用来简要概述化学品的危险特性、位于信号词和象形图下方。《化学品分类和标签规范》(GB 30000—2024)系列标准中的标签要素分配表详细列出了已分配给每个危险类别的危险性说明。当化学品具有两种及两种以上的危险特性时、所有的危险性说明都应当出现在安全标签上，按照物理危害、健康危害、环境危害顺序排列。

(5) 防范说明

防范说明用于说明为最大限度减少或防止因接触危险化学品或因对其储存及搬运不当产生的不利效应而建议采取的措施。《化学品分类和标签规范》(GB 30000—2024)系列标准中列出了各危险种类可以使用的防范说明。化学品安全标签应当包括适当的防护信息,但不做强制要求。防护象形图可以依据国家标准《安全标志及其使用导则》(GB 2894—2008)给出的指令标志进行选择。

(6) 供应商标识

安全标签上应提供物质或混合物的生产商或供应商的名称、地址及电话号码。电话号码应是 24 h 化学事故应急咨询电话。

(7) 参考资料提示语

参考资料提示语提示向生产单位索取化学品安全技术说明书。

6.2.2.2 化学品安全标签样例

(1) GHS 标签样例

GHS 标签样例见图 6-3。依据《化学品分类和标签规范》(GB 30000—2024)系列标准,氯乙烯标签样例中的信号词“危险”,提醒该化学品为较严重的危险类别,象形图和危险性说明提醒该化学品危险类别为气体,易燃和有健康危害。防范说明简要给出必要的预防措施、事故响应、安全储存和废弃处置建议。

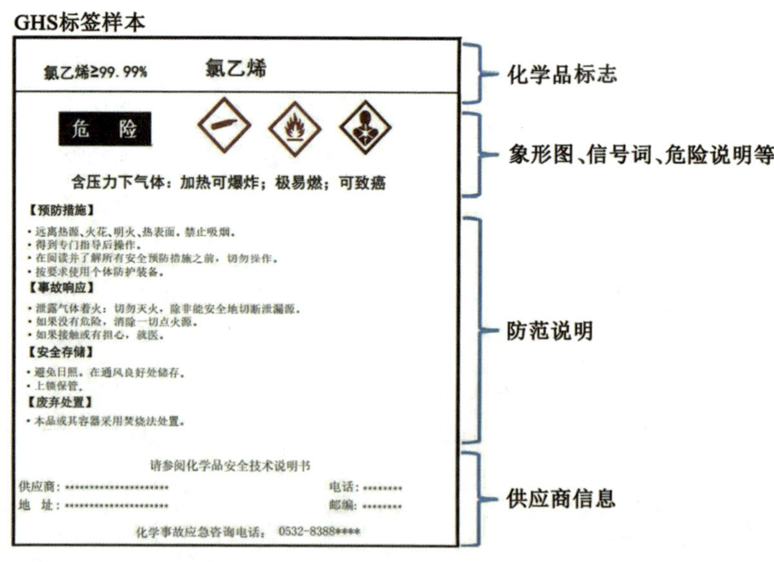

图 6-3 GHS 标签样例

(2) 传统标签样例

由于我国危险化学品的分类和标签制度还处于向 CHS 制度过渡阶段，在实验室中还有大部分的化学品安全标签采用的是传统的标签制度。这种标签和 GHS 标签在内容上有一定的区别，缺乏对人体健康危害和环境危害方面的安全标志和标识。传统标签内容依据《危险货物分类和品名编号》(GB 6944—2012)和《危险货物品名表》(GB 12268—2012)制定。

图 6-4 为传统标签样例。传统标签样例主要包括以下内容：① 名称，包括中文、英文名称；② 分子式，可以看出其化学成分及组成；③ 警示词，根据化学品的危险程度，分别用“危险”“警告”“注意”三个词进行警示；④ 危险性说明；⑤ 安全措施，主要包括安全使用、储存、事故应急和灭火方法；⑥ 提示向生产单位索取安全技术说明书；⑦ 生产企业名称、地址、邮编、电话。

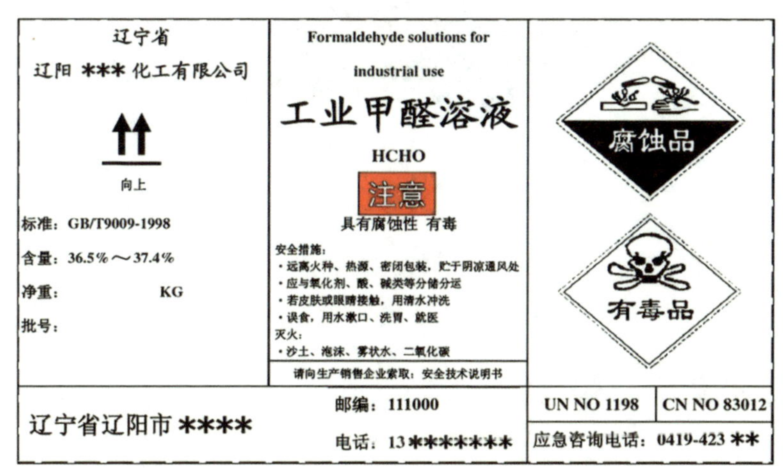

图 6-4 传统标签样例

图 6-4 中，安全标志提醒工业甲醛溶液属于“有毒品”“腐蚀品”两个危险项别。安全标志下面是编号：包括联合国危险货物运输编号和中国危险货物运输编号，分别用“UN No 1198”和“CN No 83012”表示。

通过对比两种安全标签样例，可以发现根据新的标准和分类，在化学品安全标签上，还可以看到与健康危害、环境危害相关的象形图，另外在防范说明上也更注重人体健康和环境危害方面的安全信息。

(3) NFPA 704 四色危害标志

化学实验中会经常接触贴有 NFPA704 四色危害标志的试剂瓶。

NFPA是美国消防协会(National Fire Protection Association)的简称。NFPA704是美国消防协会制定的一套简单判断化学品危害程度的识别系统,用警示菱形表示。

警示菱形按颜色分为四部分:蓝色表示健康危害性;红色表示可燃性;黄色表示反应性;白色用于标记化学品的特殊危害性。前三部分根据危害程度被分为0、1、2、3、4五个等级,用相应数字标识在颜色区域内。

图6-5为磷化氢的NFPA704四色危害标志。其中蓝、红、黄菱形里面的数字4、4、2表示磷化氢是对人体健康有致命毒害、极易燃烧、可发生剧烈化学反应的毒害品。

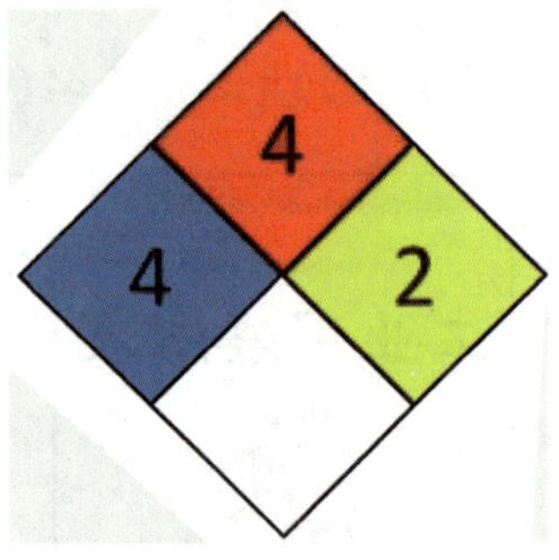

图6-5 磷化氢 NFPA 704 四色危害标志

6.3 常见危险化学品

6.3.1 氧化性物质和有机过氧化物

6.3.1.1 氧化性物质

氧化性物质主要指无机氧化剂,其绝大多数不燃,但释放出氧,是可引起或促使其他物质燃烧的一种化学性质比较活泼的物质。在无机化合物中常指含有高价态原子的物质和含有双氧结构的物质。氧化性物质处于高氧化态,遇到酸、碱或受到潮湿、强热,或与其他还原性物质、易燃物质接触,即能发生氧化分解反应,释放出大量的热量和氧气,引起可燃物燃烧,有时还能形成爆炸性混合物。

氧化性物质具有以下五个特性。① 受热分解性。有些氧化剂，当受热、摩擦、撞击等作用时，极易发生反应放出大量热，此时如遇可燃物，则发生剧烈的化学反应而引起燃烧、爆炸。② 强氧化性。有些氧化剂与易燃液体接触后可发生不同程度的化学反应，从而引起燃烧和爆炸。③ 遇酸爆炸性。大多数氧化剂遇酸能发生剧烈反应，甚至发生爆炸。④ 遇湿分解性。有些氧化剂遇水或吸收空气中的水蒸气能分解释放出氧化性气体，遇火源易使可燃物燃烧。⑤ 毒性与腐蚀性。由于其具有高氧化性，接触人体器官或皮肤时，可造成毒害，腐蚀烧伤皮肤。

6.3.1.2 有机过氧化物

有机过氧化物是指分子结构中含有过氧基(—O—O—)的有机物，可以看作一个或两个氢原子被有机基替代的过氧化氢衍生物。这一类化合物具有下列一种或几种性质：① 易爆炸分解；② 容易燃烧且燃烧迅速；③ 对撞击或摩擦敏感；④ 与其他物质发生危险反应。

有机过氧化物按照其氧化强弱和结构也可分为两级。一级有机氧化物主要包括有机过氧化物类，这一类化合物的结构特征是含有过氧基团，如常见的过氧化苯甲酰等。二级有机氧化物主要是指有机硝酸盐类，如硝酸胍、硝酸脲、四硝基甲烷等。有机过氧化物由于其自身是有机物，无须接触其他可燃物也可发生燃烧，这也是其与无机氧化物的不同与危险之处。氧化性物质和有机过氧化物的分类、特性和典型化合物见表6-4。

Chapter 6

表6-4 氧化性物质和有机过氧化物的分类、特性和典型化合物

名称	分类	特性	典型化合物
氧化性物质	一级无机氧化物	含有过氧基、高价态元素的物质。化学性质活泼，具有很强获得电子能力。自身不可燃	过氧化物类：过氧化钠、过氧化钾 某些高氧酸及其盐类：高氯酸、高氯酸盐、高锰酸钾等
	二级无机氧化物	化学性质较活泼，具有较强的获得电子能力	除一级以外的无机氧化剂：亚硝酸钾、亚硝酸银，重铬酸钠，二氧化铅，五氧化二碘
有机过氧化物	一级有机氧化物	强氧化性，自身易燃易爆，极易分解，对热、振动或摩擦极为敏感	有机过氧化物类：过氧化苯甲酰，过氧化二丁醇 有机硝酸盐类：硝酸胍，硝酸脲，四硝基甲烷
	二级有机氧化物	较一级有机氧化剂稳定，也易分解	过氧乙酸，过氧化环己酮

6.3.1.3 强氧化性物质

氯酸盐：MClO，M＝Na、K、NH_4、Ag、Hg(Ⅱ)、Pb、Zn、Ba)。高氯酸盐：$MClO_4$(M＝Na、K、NH、Sr)。

无机过氧化物：Na_2O_2、K_2O_2、MgO_2、CaO_2、BaO_2、H_2O_2。

有机过氧化物：烷基氢过氧化物 R-O-O-H(特丁基-、异丙苯基-)、二烷基过氧化物 R-O-O-R'(二特丁基-、二异丙苯基-)、二酰基过氧化物 R-O-O-O-COR'(二乙酰基-、二丙酰基-、二月桂酰基-、苯甲酰基-)、酯的过氧化物 R-CO-O-O-R(醋酸或苯甲酸特丁基-)、酮的过氧化物(甲基乙基酮-、甲基异丁基酮-，环己酮-)。

硝酸盐：MNO_3(M＝Na、K、NH_4、Mg、Ca、Pb、Ba、Ni、Co、Fe)。高锰酸盐：MnO_4(M＝K、NH_4)。

有关强氧化性物质的使用注意事项如下所述。① 此类物质因加热、撞击而发生爆炸，故须远离烟火和热源。须保存于阴凉的地方，避免阳光直射，并严格避免撞击。② 无机氧化物若与还原性物质或有机物混合，会氧化发热而着火。③ 氯酸盐类物质与强酸作用，产生 ClO_2(二氧化氯)，而高锰酸盐与强酸作用，则产生 O_3(臭氧)，一定条件下会发生爆炸。④ 某些氧化剂与可燃液体接触能引起自燃。如高锰酸钾与甘油或乙二醇接触，过氧化钠与甲醇或醋酸接触，铬酸与丙酮接触等，都能自燃着火。⑤ 在氧化剂中，强氧化剂与弱氧化剂相互之间接触能发生复分解反应，产生高热而引起着火或爆炸。此时，弱氧化剂呈现还原性。如次氯酸盐、亚硝酸盐遇到氯酸盐、硝酸盐时，发生剧烈反应，引起着火或爆炸。氧化性弱的氧化剂不可与比它们氧化性强的氧化剂一起储运。⑥ 过氧化物与水反应产生 O_2，与稀酸反应，则产生 H_2O_2，并发热，有时会着火。⑦ 碱金属过氧化物能与水起反应，因此，必须注意此类物质的防潮。⑧ 有机过氧化物在某些化学反应中能作为副产物生成，并且在某些有机物储存的过程中也会生成。

6.3.2 毒性物质

人们对毒性物质往往具有恐惧心理，但对于化学科研人员来说，毒性物质也是一种化学试剂，可用来造福人类，如某些药物的合成。毒性物质属于一类特殊试剂，所以对于毒性物质，不应“谈毒色变”，而应熟悉这一类物质的特性，隔断中毒途径，严格做好防范措施，防止中毒事故的发生。

6.3.2.1　毒性物质的判定

毒性物质包括人工合成的化学品及其混合物和天然毒素，也包括具有急性毒性易造成公共安全危害的化学品。

毒性物质是指经吸食、接触后人身健康受到或造成严重伤害甚至造成死亡的物质。毒性物质的毒性是指毒物导致机体损害的能力，毒性越大，危害越大。毒性物质的毒性常用半致死剂量（LD_{50}）和半致死浓度（LC_{50}）表示。

半致死剂量（LD_{50}）：在一定时间内经口或经皮给予受试样品后，使受试动物发生死亡概率为 50%的剂量。以单位体重接受试样品的质量（mg/kg 体重或 g/kg 体重）表示。

半致死浓度（LC_{50}）：指在一定时间内经呼吸道吸入受试样品后引起受试动物发生死亡概率为 50%的浓度。以单位体积空气中受试样品的质量（mg/L）表示。

不同毒性的毒物对机体的危害不尽相同，根据毒物对人每千克体重的致死量依次将毒物分为剧毒（≤0.05 g/kg）、高毒（0.05～0.5（含）g/kg）、中毒（0.5～5（含）g/kg）、低毒（5～15（含）g/kg）、微毒（>15 g/kg）。

6.3.2.2　毒性物质判定的有关文件

（1）《危险货物分类和品名编号》（GB 6944—2012）：毒性物质是经吞食、吸入或皮肤接触后可能造成死亡或严重受伤或健康损害的物质。

（2）《化学品分类和标签规范 第 18 部分：急性毒性》（GB 30000.18—2013）：对毒性物质的急性毒性进行了详细划分，具体从类别 1 到类别 5 分为 5 个类别。其中，类别 1 为最强，界定为经口 LD_{50}≤5 mg/kg，经皮肤 LD_{50}≤50 mg/kg，或吸入（气体）LC_{50}≤0.1 mg/L，或吸入（蒸气）LC_{50}≤0.5 mg/L，或吸入（粉尘和烟雾）LC_{50}≤0.05 mg/L。

（3）《危险化学品目录》（2015 版）：包括危险化学品条目 2 828 个，剧毒化学品条目 148 种。对剧烈急性毒性判定界限为经口 LD_{50}≤5 mg/kg，经皮 LD_{50}≤50 mg/kg，吸入（4 h）LC_{50}≤100 mL/m^3（气体）或 0.5 mg/L（蒸气）或 0.05 mg/L（粉尘或烟雾）。

为保证人身安全，对有毒品特别强调以下几点。① 有毒品在水中的溶解度越大，其危险性越大。因为人体内含有大量水分，所以越易溶解于水的有毒品越易被人体吸收。② 有些有毒品虽不溶于水，但能溶于脂肪，同样能通过溶解于皮肤表面的脂肪层侵入毛孔或渗入皮肤而引起中毒。③ 有毒品经过皮肤破裂的地方侵入人体，会随血液蔓延至全身，加快中毒速度。因此，在皮肤破裂时，应停止或避免对有毒品的作业。④ 通过消化道侵入人体的危险性比通过皮肤更大，因此进行有毒品作业时应严禁饮食、吸烟等。⑤ 固体有毒品的颗粒越小越易引起中毒，因为颗粒小容易飞扬，容易经呼吸道吸入肺泡，被人体吸收而引起中毒。⑥ 毒品的挥发性越大，空气中的浓度越高，越容易从呼吸道侵入人体引起中毒。其中，无色无味者比色浓味烈者难以察觉，隐蔽性更强，更易引起中毒。

6.3.3 易燃易爆物质

6.3.3.1 易燃物质

(1) 易燃液体

易燃和可燃的气体、液体蒸气、固体粉尘与空气混合后，遇火源能够引起燃烧爆炸的浓度范围称为爆炸极限，一般用该气体或蒸气在混合气体中的体积分数(%)表示，粉尘的爆炸极限表示能引起燃烧爆炸的最低浓度称为爆炸下限，能引起燃烧爆炸的最高浓度称为爆炸上限。当可燃气体或易燃液体的蒸气在空气中的浓度小于爆炸下限时，由于可燃物量不足，并因含有较多的空气燃烧不会发生，便不会爆炸；当浓度大于爆炸上限时，则因空气不足，燃烧不能发生，而不会爆炸。只有在上限与下限浓度范围内，遇到火种才会爆炸。因此，凡是爆炸极限范围越大、爆炸下限越低的物质，其危险性就越大。易燃液体具有以下 4 个特性。

① 高度流动扩散性。易燃液体的分子多为非极性分子，黏度一般都很小。不仅本身极易流动，还因渗透、浸润及毛细现象等作用而流动并源源不断挥发，增加燃烧爆炸的危险性。

② 受热膨胀性。易燃液体的膨胀系数比较大，受热后体积容易膨胀同时其蒸气压也随之升高，从而使密封容器内部压力增大，造成“鼓桶”甚至爆裂。因此易燃液体应避热存放，灌装时容器内应留有 5%以上的空隙，不可灌满。

③ 忌氧化剂和酸性物质。易燃液体与氧化剂或有氧化性的酸类，特别是硝酸接触能发生剧烈反应而引起燃烧爆炸。这是因为易燃液体是有机化合物，能与氧化剂发生氧化反应并产生大量的热量使温度升高到燃点引起

燃烧爆炸。因此，易燃液体不得与氧化剂及有氧化性的酸类接触。

④ 毒性。大多数易燃液体及其蒸气均有不同程度的毒性，例如，甲醇、苯、二硫化碳等。不但吸入其蒸气会中毒，有的经皮肤吸收也会造成中毒事故。

(2) 易燃固体、自燃物品和遇湿易燃物品

① 易燃固体的主要特性是容易被氧化，受热易分解或升华，遇明火常会引起强烈的连续燃烧。

② 易燃固体与氧化剂接触，反应剧烈而发生燃烧爆炸。例如：赤磷与氯酸钾接触，硫黄粉与氯酸钾或过氧化钠接触，均易立即发生燃烧爆炸。

③ 易燃固体对摩擦、撞击、震动也很敏感。例如，赤磷、闪光粉等也能起火燃烧甚至爆炸。

④ 有些易燃固体与酸类(特别是氧化性酸)反应剧烈，会发生燃烧爆炸。例如：发泡剂与酸或酸雾接触会迅速着火燃烧，萘遇浓硝酸(特别是发烟硝酸)反应剧烈会发生爆炸。

⑤ 许多易燃固体有毒，或燃烧产物有毒或有腐蚀性。例如，二硝基苯、二硝基苯酚、硫黄、五硫化二磷等。

6.3.3.2 易爆物质

(1) 爆炸品的特点

爆炸品的特点之一是爆炸性强。爆炸品具有化学不稳定性，在一定外因的作用下，能以极快的速度发生猛烈的化学反应，产生的大量气体和热量，在短时间内无法逸散开去，致使周围的温度迅速升高并产生巨大的压力而引起爆炸。

爆炸品的特点之二是敏感度高。各种爆炸品的化学组成和性质决定了其具有发生爆炸的可能性，但如果没有必要的外界作用，爆炸是不会发生的。也就是说，任何一种爆炸品的爆炸都需要外界供给一定的能量(起爆能)。不同的炸药所需的起爆能不同，某一炸药所需的最小起爆能即该炸药的敏感度，简称感度。起爆能与敏感度成反比，起爆能越小，敏感度越高。从储运的角度来讲，希望敏感度低些，但实际上如果炸药的敏感度过低，则需要消耗较大的起爆能，造成使用不便，因而各使用部门对炸药的敏感度都有一定的要求。使用单位或管理部门应充分掌握各类爆炸品的敏感度特性，以便在生产、储存、运输和使用过程中采取相应的管控措施，确保安全。

(2) 爆炸品的感度

爆炸品的感度主要分为热感度(加热、火花、火焰)、机械感度(冲击、针刺、摩擦、撞击)、静电感度(静电、电火花)和起爆感度(雷管、炸药)等。不同的爆炸品的感度数据是不同的。爆炸品在储运中必须远离火种、热源及防震等要求就是根据其热感度和机械感度来确定的。决定爆炸品敏感度的内在因素是其化学组成和化学结构,影响敏感度的外在因素有温度、杂质、晶型、密度等。

① 化学组成和化学结构。爆炸品的化学组成和化学结构是决定其具有爆炸性质的主要因素。具体来讲,爆炸是分子中含有某些爆炸性基团引起的。例如,叠氮化合物中的—N═N—N基,雷汞、雷银中的—O—N═C基,硝基化合物中的—NO_2基,重氮化合物中的—N≡N—基等。

爆炸品分子中含有爆炸性基团的数量对敏感度有明显的影响,例如芳香族硝基化合物,随着分子中硝基(—NO_2)数量的增加,其敏感度增高。硝基苯只含有一个硝基,在加热时虽然分解,但不易爆炸,因其毒性突出,定为毒害品。(邻、间、对)二硝基苯虽然具有爆炸性,但不敏感,由于它的易燃性比爆炸性更突出,所以定为易燃固体。三硝基苯所含硝基的数量在三者中最多,其爆炸性突出,非常敏感,故定为爆炸品。

② 温度。爆炸品的温度敏感度是不同的。例如:雷汞为165 ℃,黑火药为270～300 ℃,苦味酸为300 ℃。同一爆炸品随着温度升高,其机械感度也升高。因此,爆炸品在储存、运输中绝对不允许受热,必须远离火种、热源,避免日光照射,在夏季要注意通风降温。

③ 杂质。杂质对爆炸品的敏感度有很大影响,而且不同的杂质所引起的影响也不同。在一般情况下,固体杂质,特别是硬度高、有尖棱的杂质能增加爆炸品的敏感度。因为这些杂质能使冲击能量集中在尖棱上,产生许多高能中心,促使爆炸品爆炸。

④ 晶型。有些爆炸品由于晶型不同,它的敏感度也不同。例如:液体硝酸甘油炸药属不安定型,对摩擦非常敏感甚至微小的外力作用就足以引起爆炸。因此硝酸甘油炸药在冷天要做防冻工作,储存温度不得低于15 ℃,以防止冻结。

⑤ 密度。随着密度增大,爆炸品的敏感度均有所下降。粉碎、疏松的爆炸品敏感度高,是因为密度不仅直接影响冲击力、热量等外界作用在爆炸品中的传播,而且对炸药颗粒之间的相互摩擦也有很大影响。在储运中应注

意包装完好，防止破裂致使炸药粉碎而导致危险。

6.3.4　压缩气体和液化气体

储于钢瓶内的压缩气体、液化气体或加压溶解的气体受热膨胀，压力升高，能使钢瓶爆裂，特别是液化气体装得太满时尤其危险，应严禁超量灌装，并防止钢瓶受热。

压缩气体和液化气体不允许泄漏，其原因除有些气体有毒易燃外，还因有些气体相互接触后会发生化学反应引起燃烧爆炸。例如，氢和氯、氨和氧、乙炔和氯、乙炔和氧均能发生爆炸。因此，凡内容物为禁忌物的钢瓶应分别存放。

压缩气体和液化气体除具有爆炸性外，还具有易燃性（如氢气、甲烷、液化石油气等）、助燃性（如氧气、压缩空气等）、毒害性（如氰化氢、二氧化硫、氯气等）、窒息性（如二氧化碳、氮等）等性质。

6.3.5　腐蚀品

6.3.5.1　常见腐蚀品分类与分级

腐蚀品可按其化学性质分为三类：碱性腐蚀品、酸性腐蚀品和其他腐蚀品。而每类腐蚀品又可依据其腐蚀性强弱进行分级。常见腐蚀品的分类与分级见表 6-5。

表 6-5　常见腐蚀品的分类与分级

分类	分级	举例
酸性腐蚀品	一级无机酸性腐蚀品	硝酸、浓硫酸、氢氟酸
	一级有机酸性腐蚀品	苯甲酰氯、苯磺酰氯
	二级无机酸性腐蚀品	磷酸、三氯化锑
	二级有机酸性腐蚀品	冰醋酸、苯酐
碱性腐蚀品	无机碱性腐蚀品	氢氧化钠、氢氧化钾
	有机碱性腐蚀品	烷基醇钠
其他腐蚀品	无机其他腐蚀品	氯化铜溶液、氯化锌溶液
	有机其他腐蚀品	苯酚钠、甲醛溶液

6.3.5.2 腐蚀品的危险特性

(1) 腐蚀性

腐蚀性是腐蚀品的主要特性，对皮肤有强烈刺激性和腐蚀性。当人体直接接触到腐蚀品时，可造成人体皮肤表面灼伤、严重的深度创伤或人体组织坏死。腐蚀品不但对人体具有较强的腐蚀性，与布匹、木材、纸张、皮革等有机物质接触时还能够夺取有机物中的水分使之碳化。此外，腐蚀品对金属及非有机物也产生腐蚀作用，如氢氟酸能与玻璃发生刻蚀作用。

腐蚀品的典型代表为浓硫酸，具有非常强的腐蚀性。而氢氟酸不但具有强酸的腐蚀特性，与皮肤接触，还能产生剧痛，使组织深度坏死，严重者累及骨骼，如果治疗不及时，将会导致严重后果。

(2) 毒害性

除了具有强烈的腐蚀性外，多数腐蚀品还具有不同程度的毒害性，如氢氟酸、溴素、五溴化磷等。发烟硫酸挥发的三氧化硫对人体具有很大毒害性。

(3) 较高的化学活性(氧化性)

腐蚀品具有较高的化学活性。有些腐蚀品本身虽然不燃烧，但具有较强的氧化性，是氧化性很强的氧化剂，当它与某些可燃物接触或处于高温时，可引起可燃物质燃烧，甚至有爆炸的危险，如高氯酸浓度超过 72%时遇热极易爆炸，属爆炸品；浓度低于 72%时属无机酸性腐蚀品，但遇还原剂、受热等情况时也会发生爆炸。有机腐蚀品大多数可燃或易燃。

6.4 危险化学品的采购与运输

《危险化学品安全管理条例》详细阐述了危险化学品的生产、储存、使用、经营和运输的安全规范。任何单位和个人不得生产、经营、使用国家明令禁止的危险化学品。各高校在危险化学品管理的各环节中，应严格对照执行，还应该执行教育主管部门的相关规定。

6.4.1 危险化学品的采购

在采购危险化学品前，需取得危险化学品安全使用许可证。申请剧毒化学品购买许可证时，需要向设区的市级人民政府公安机关提交下列材料：

① 营业执照或者法人证书(登记证书)的复印件;② 拟购买的剧毒化学品品种、数量的说明;③ 购买剧毒化学品用途的说明;④ 经办人的身份证明。

采购危险化学品时应遵照下列 5 点要求。① 不得从未取得危险化学品生产许可证或危险化学品经营许可证的企业采购危险化学品。② 剧毒化学品生产企业、经营企业不得向个人或者无购买凭证、准购证的单位销售剧毒化学品。③ 剧毒化学品、易制毒化学品购买凭证、准购证不得伪造、变造、买卖、出借或者以其他方式转让,不得使用作废的剧毒化学品、易制毒化学品购买凭证、准购证。剧毒化学品、易制毒化学品购买凭证和准购证的式样和具体申领办法由国务院公安部门制定。④ 危险化学品使用单位和销售单位均不得委托不具备危险化学品运输资质的单位承运。⑤ 危险化学品使用单位采购危险化学品时,应向危险化学品的生产或经营单位索取与所采购危险化学品完全一致的化学品安全技术说明书(MSDS)和化学品安全标签。

6.4.2　危险化学品的运输

全面了解并掌握有关化学品的安全运输规定,对减少运输事故具有重要意义。对危险化学品安全运输的要求如下所述。

(1) 我国对危险化学品的运输实行资质认定制度,未经资质认定,任何单位和个人不得运输危险化学品。

(2) 托运危险化学品必须出示有关证明,在指定的铁路、交通、航运等部门办理手续托运化学品必须与托运单上所列的化学品名相符,托运未列入国家品名表内的危险化学品,应附交上级主管部门审查同意的技术鉴定书。

(3) 危险化学品的装卸人员,应根据危险化学品的性质,佩戴相应的防护用品,装卸时必须轻装、轻卸,严禁摔拖、重压和摩擦,不得损毁包装容器,并注意标志,堆放安稳。

(4) 危险化学品装卸前,应对车(船)搬运工具进行必要的通风和清扫,不得留有残渣,对装有剧毒化学品的车(船),卸车后必须洗刷干净。

(5) 装运爆炸性、剧毒性、放射性化学品及易燃液体、易燃气体等,必须使用符合安全要求的运输工具,禁止用电瓶车、翻斗车、铲车、自行车等运输爆炸性化学品。

(6) 运输爆炸性、剧毒性和放射性化学品,应指派专人押运,押运人员不得少于 2 人。

(7) 运输危险化学品的车辆必须保持安全车速,保持车距,严禁超车、超速和强行会车。运输危险化学品的行车路线必须事先经当地公安交通管理部门批准，按指定的路线和时间运输，不可在繁华街道行驶和停留。

（8）运输易燃易爆化学品的机动车，其排气管应装阻火器，并悬挂“危险品”标志。

（9）运输散装固体危险化学品，应根据性质采取防火、防爆、防水、防粉尘飞扬和遮阳等措施。

（10）禁止利用内河以及其他封闭水域运输剧毒化学品。通过公路运输剧毒化学品的，托运人应当向目的地的县级及以上人民政府公安部门申请办理剧毒化学品公路运输通行证。

（11）运输危险化学品需要添加抑制剂或稳定剂的，托运人交付托运时应当添加抑制剂或稳定剂，并告知承运人。

（12）危险化学品运输企业应当对其驾驶员、船员、装卸管理人员、押运人员进行有关安全知识培训。相关人员必须掌握危险化学品运输的安全知识，考核合格并取得上岗资格证，方可上岗作业。

6.4.3 危险化学品的领取与使用

对于危险化学品，必须指定工作认真负责并具备一定保管知识的专人（一般为两人）负责管理，使用单位不设二级仓库。危险化学品仓库保管员工作时应采取必要的个人防护与安全措施，对存放地点和危险化学品要经常检查，及时排除安全隐患，防止因变质、分解而导致自燃、爆炸事故。领用危险化学品时，使用单位应由专人负责，持危险化学品使用申请报告和使用单位负责人签字的领料单到危险化学品仓库办理领用手续，并做好详细记录。

6.4.3.1 剧毒化学品领用规定

（1）须由两名在职人员凭已获批准的剧毒化学品使用申请表同时领取，严禁在校学生领取剧毒化学品。

（2）剧毒化学品的领用量为一次实验的使用量，且须在当日进行实验前领取并如实做好登记。

（3）领取的剧毒化学品应放入具有明显标志的专用容器内，领取后须尽快返回实验室，严禁随身携带、夹带剧毒化学品出入其他单位或部门。

（4）实验室使用剧毒化学品时，必须一次全部消耗或反应完毕，做实验记录并备案。剧毒化学品严禁存放在实验室。如果在实验结束后剧毒化学品还有剩余，剩余的部分要立即退回剧毒化学品仓库进行储存。

6.4.3.2　剧毒化学品使用场所安全规定

(1) 设施必须符合安全规范，并设置明显的安全警示标识。

(2) 使用剧毒化学品的人员必须参加过专业的学习与培训，掌握相关法律法规和剧毒化学品安全防护知识，具备使用剧毒化学品的能力和应急技能，取得岗位培训合格证。

(3) 使用剧毒化学品的实验室应根据所使用的剧毒化学品种类、危险特性、使用量和使用方式，建立和健全剧毒化学品安全管理规章制度和安全操作规程，以保证剧毒化学品的安全使用。

(4) 涉及使用剧毒化学品的实验必须做好翔实的实验记录。实验记录一年内可由本实验室保存，一年后须上交存档。各剧毒化学品使用单位或个人须定期向主管部门提交剧毒化学品的使用台账。

6.4.3.3　剧毒化学品使用规定

(1) 剧毒化学品的领用及使用过程，必须有两人在场且其中至少一名为在职教师，相关人员必须佩戴合适的个人防护装备，采取有效的防护措施。

(2) 实验人员必须根据剧毒化学品的特性，按照仪器设备的操作规程进行实验，实验完毕，做好个人消毒工作后方可离开实验室。

(3) 剧毒化学品的原包装容器不得任意毁弃或出售给他人，必须退回剧毒化学品仓库，并按照环保有关规定统一交由有资质的危险化学品处理单位进行处置，严禁随意丢弃和自处理。

(4) 剧毒化学品使用后所产生的废液、废渣，应先按规定进行无害化处理，处理后作为普通废液进行处置。如确实无法自行处理，应严格进行分类回收，贴好标识后同意交有资质的单位进行处置，严禁随意倾倒和擅自处置。

6.4.3.4　易制毒品使用管理规定

易制毒品分类存放、专人保管，做好领取、使用、处置记录。其中，第一类易制毒品实行“五双”管理制度。易制毒化学品的管理应注意以下 4 点要求。

(1) 使用易制毒化学品的学校应建立专门贮存场所，符合相关要求。

(2) 实验室使用易制毒化学品的,应单独设置存放地点、分类存放、指定专人保管,做好使用、处置记录,防止丢失被盗。

(3) 第一类易制毒品应实行“五双”管理制度,包括双人保管、双人领取,双人使用、双把锁、双本账。

(4) 加强第二、三类易制毒化学品的管理,上锁保管、有使用记录。

6.4.3.5 易制爆品使用管理规定

易制爆品分类存放、专人保管,做好领取、使用、处置记录。易制爆品化学品的管理应注意如下3点要求。

(1) 易制爆化学品库房应按照《易制爆危险化学品储存场所治安防范要求》(GA 1511—2018)建设,并由所在地公安机关验收合格后使用。

(2) 实验室内如需少量存放易制爆化学品,应单独设置存放场所,并按照每种化学品本质危险属性进行分类存放。

(3) 易制爆品指定专人管理,做好领取、使用、处置记录,防止丢失被盗。

6.5 危险化学品的储存

6.5.1 化学品存储区管理

6.5.1.1 危险化学存储区域(仓库、试剂库)硬件要求

危险化学品仓库适用的国家标准有《危险化学品仓库储存通则》(GB 15603—2022)和《爆炸危险环境电力装置设计规范》(GB 50058—2014)等。此外,教育部发布的《高等学校实验室安全检查项目表》对化学品存储进行了规范。这些标准规定了化学试剂库的照明与应急照明、电气设备、安全保护、配电系统等相关要求。

(1) 化学试剂库应设置安全照明、消防应急照明和疏散指示等系统。

(2) 试剂专用库房爆炸危险环境区域内的电气设备选型应符合防爆等级及电气设备保护级别的规定。

(3) 化学试剂库的电气设备和配电柜内应设置安全保护装置。

(4) 化学试剂库应按二类防雷建筑物设防。

(5) 化学试剂库门外的出入口应设置人体静电消除装置。

(6) 化学试剂库室内应设置接地装置。

(7) 储存具有火灾危险性的试剂专用库房和其他区域应按火灾特性设置火灾探测器。

(8) 化学试剂库应设置自动火灾报警装置。

(9) 储存具有挥发性的易燃易爆气体和有毒有害气体等物质的试剂专用库房应设置合适的气体浓度探测装置。

(10) 化学试剂库应配置视频安防监控、入侵报警、出入口控制、电子巡查和实体防护等系统。

6.5.1.2 危险化学品储存的安全要求

根据《常用化学危险品贮存通则》《高等学校实验室安全规范》等规范规定,储存危险化学品基本安全要求如下所述。

(1) 储存危险化学品必须遵照国家法律、法规和其他有关规定。

(2) 危险化学品必须储存在经公安部门批准设置的专门危险化学品仓库中,经销部门自管仓库储存危险化学品及储存数量必须经公安部门批准。未经批准不得随意设置危险化学品储存仓库。

(3) 危险化学品露天堆放,应符合防火、防爆的安全要求,爆炸物品、一级易燃物品、遇湿易燃物品、剧毒物品不得露天堆放。

(4) 储存危险化学品的仓库必须配备专业知识的技术人员,其库房及场所应设专人管理,管理人员必须配备可靠的个人安全防护用品。

(5) 储存的危险化学品应有明显的标志,标志应符合《危险货物包装标志》(GB 190—2009)的规定。同一区域储存两种或两种以上不同级别的危险化学品时,应按最高等级危险化学品的性能设置标志。

(6) 危险化学品储存方式分为隔离储存、隔开储存、分离储存 3 种。

(7) 根据危险化学品性能分区、分类、分库储存。各类危险品不得与禁忌物料混合储存。

(8) 储存危险化学品的建筑物、区域内严禁吸烟和使用明火。

(9) 学校应建有危险品存储区、化学实验废物贮存站,对化学实验废物集中定点存放,符合相关规定,专人管理。

6.5.2 爆炸品存储

爆炸品在爆炸瞬间释放出巨大能量,产生极大的伤害和破坏。对爆炸品的储存安全必须高度重视,严格要求。保管人员必须熟悉所保管爆炸品的性能、危险特性和安全保管的基本知识，以及不同爆炸品的特殊要求。

(1) 爆炸品仓库必须选择人烟稀少的空旷地带，与周围的居民住宅及工厂企业等建筑物必须有一定的安全距离。库房应为单层建筑，周围须装设避雷针。库房要阴凉通风，远离火种、热源，防止阳光直射。库房内部照明应采用防爆型灯具，开关应设在库房外面。

(2) 堆放各种爆炸品时，要求做到牢固、整齐，防止倒垛，便于搬运。爆炸品的包装箱不宜直接放置在地面上，每个库房不得超量储存。

(3) 为确保爆炸品储存和运输安全，必须根据各种爆炸品的性能或敏感程度严格按照专库储存、专人保管、专车运输。

(4) 一切爆炸品严禁与氧化剂、自燃物品、酸、碱、盐类、易燃可燃物、金属粉末和钢铁材料器具等混储混运。

(5) 点火器材、起爆器材不得与炸药、爆炸性药品以及发射药、烟火等其他爆炸品混储混运。

(6) 装卸和搬运爆炸品时，必须轻装轻卸。操作人员不能穿带铁钉的鞋和携带火柴、打火机等进入装卸现场。禁止吸烟。

(7) 严格管理，贯彻“五双”管理制度，做到双人保管、双人领取、双人使用、双把锁、双本账。

6.5.3 压缩气体及液化气体钢瓶存储

(1) 仓库应阴凉通风，远离热源、火种，防止日光暴晒，严禁受热。库内照明应采用防爆照明灯。库房周围不得堆放任何可燃材料。

(2) 钢瓶入库验收要注意，包装外形无明显外伤，附件齐全，封闭紧密，无漏气现象，包装使用期应在试压规定期内，逾期不准延期使用。

(3) 内容物互为禁忌物的钢瓶应分库储存。例如：氯气钢瓶与液氯钢瓶、氢气钢瓶与氧气钢瓶、液氯钢瓶与液氨钢瓶等，均不得同库混放易燃气体，不得与其他种类化学危险物品共同储存。储存时钢瓶应直立放置整齐，最好用框架或栅栏围护固定，并留有通道。

(4) 装卸时必须轻装轻卸，严禁碰撞、地掷、溜坡或横倒在地上滚动等，不可把钢瓶阀对准人身，注意防止钢瓶安全帽脱落。易燃气体严禁接触火种。

(5) 储存中钢瓶阀应拧紧，不得泄漏。如发现钢瓶漏气，应迅速打开库门通风，护紧钢瓶阀，并将钢瓶立即移至安全场所。

(6) 运输时必须戴好钢瓶上的安全帽。钢瓶一般应平放，并应将顺口朝向同一方向，不可交叉，高度不得超过车辆的防护栏板，并用三角木垫卡牢，防止滚动。

(7) 各种钢瓶必须严格按照国家规定，进行定期技术检验。在使用钢瓶过程中，如发现钢瓶有严重腐蚀或其他严重损伤，应提前进行检验。

6.5.4　易燃液体存储

6.5.4.1　存储环境

(1) 易燃液体应储存于阴凉通风库房，远离火种、热源氧化剂及氧化性酸类。一般来说，存放温度不得超过 30 ℃，低沸点的品种须采取降温式冷藏措施。

(2) 避免将易燃液体存放在可能产生火花或静电的区域，如电气设备附近、易摩擦产生静电的材料旁边等。大量储存(如苯、醇、汽油等)一般可用储罐存放，机械设备必须防爆，并有导除静电的接地装置。

6.5.4.2　存储方式

(1) 需设专柜分类隔离贮存，并做好标识。易燃液体应与氧化剂、强酸、强碱等分开存放，并且不能与化学性质相抵触或灭火方法不同的物品混放。

(2) 需要低温储存的易燃液体应存放在专用防爆型冰箱内。

(3) 包装不应泄漏、生锈和损坏，封口应严密。不应使用通常用于贮存饮料及生活用品的容器盛放易燃液体。

(4) 每间实验室内存放的除压缩气体和液化气体外的危险化学品总量不应超过 100 L 或 100 kg，其中易燃易爆化学品的存放总量不应超过 50 L 或 50 kg，且单一包装容器不应大于 25 L 或 25 kg。

6.5.4.3　运输管理

(1) 包装材料必须使用防火材料制成的容器，并确保容器能够承受一定的压力和温度变化，防止在运输过程中出现破裂、泄漏等情况。

(2) 在包装上清晰标明易燃液体的名称、成分、危险性等级以及生产日期和有效期等信息，并附上“易燃”等危险标识，以便运输人员和接收方能够迅速识别并采取相应的安全措施。

(3) 装卸和搬运中，要轻拿轻放，严禁滚动、摩擦、拖拉等危及安全的操作。作业时禁止使用易发生火花的铁制工具及穿带铁钉的鞋。

(4) 运输人员应接受专业培训，了解相关运输法规，并确保所有操作符合标准。例如，运输人员要掌握易燃液体的特性、应急处理方法等。

(5) 提前制定和实施应急预案，应准备必要的应急设备，能够在发生意外时迅速采取有效措施，减少损失和降低风险。

6.5.5 易燃固体和自燃物品存储

6.5.5.1 易燃固体存储

(1) 储存于阴凉通风库房内，远离火种、热源、氧化剂及酸类(特别是氧化性酸类)，不可与其他危险化学品混放。

(2) 搬运时轻装轻卸，防止拖、拉、摔、撞，保持包装完好。

(3) 平时应注意通风散热，防止受潮发霉，并应注意储存期限。储存期较长时(如 1 年)，应拆箱检查有无发热、发霉、变质现象，如有，则应及时处理。

(4) 对含有水分或乙醇作为稳定剂的易燃固体等应经常检查包装是否完好，发现损坏要及时修理，要经常检查稳定剂存在情况，必要时添加稳定剂，润湿必须均匀。

(5) 在储存中，对不同类型的事故应区别对待。如发现赤磷冒烟，应立即将冒烟的赤磷抢救出仓库，用黄沙、干粉等扑灭。镁、铝等金属粉末燃烧，只能用干砂、干粉灭火，严禁用水、酸碱灭火剂、泡沫灭火剂以及二氧化碳灭火。

(6) 船运时，配装位应远离船员室、机舱电源、火源、热源等部位，通风筒应有防火星的装置。

6.5.5.2 自燃物品存储

自燃物品种类不多，由于其分子组成、结构不同，发生自燃的原因也不尽相同。应根据不同自燃物品的不同特性采取相应的措施，以保证物资的安全。有关储运方面的要求如下所述。

(1) 入库验收时，应特别注意包装必须完整密封。储存处应通风、阴凉、干燥，远离火种、热源，防止阳光直射。

(2) 应根据不同物品的性质和要求，分别选择适当地点，专库储存。严禁与其他危险化学品混储混运，即使少量，也应与酸类氧化剂、金属粉末、易燃易爆物品等隔离存放。

(3) 搬运时应轻装轻卸，不得撞击、翻滚、倾倒，防止包装容器损坏。黄磷在储运时应始终浸没在水中，而忌水的三乙基铝等包装必须严密，不得受潮。

(4) 应结合自燃物品的不同特性和季节气候，经常检查库内及垛间有无异状及异味，包装有无渗漏、破损。

(5) 运输时应按各品种的性质区别对待。

6.5.6 氧化剂和有机过氧化物存储

(1) 氧化剂应储存于清洁、阴凉、通风、干燥的库房内。远离火种、热源、防止日光暴晒，照明设备要防爆。

(2) 存储仓库不得漏水，并应防止酸雾侵入。严禁与酸类、易燃物、有机物、还原剂、自燃物品、遇湿易燃物品等混合储存。

(3) 不同品种的氧化剂，应根据其性质及消防方法的不同，选择适当的库房分类存放以及分类运输。如有机过氧化物不得与无机氧化剂共储混运，亚硝酸盐类、亚氯酸盐类以及次氯酸盐类均不得与其他氧化剂混储混运，过氧化物则应专库存放，专车运输。

(4) 储运过程中，装卸和搬运应轻拿轻放，不得摔掷、滚动，力求避免摩擦、撞击，防止引起爆炸。对氯酸盐、有机过氧化物等更应特别注意。

(5) 运输时应单独装运，不得与酸类、易燃物品、自燃物品、遇湿易燃物品、有机物还原剂等同车混装。

(6) 仓库储存前后及运输车辆装卸前后，均应彻底清扫、清洗。严防混入有机物、易燃物等杂质。

6.5.7 腐蚀品的存储

(1) 应储存于阴凉、通风、干燥的场所，远离火源。

(2) 酸类腐蚀品应与氰化物、氧化剂、遇湿易燃物质远离。

(3) 具有氧化性的腐蚀品不得与可燃物和还原剂同柜储存。

(4) 有机腐蚀品严禁接触明火或氧化剂。

(5) 使用过程中应有良好的通风条件，受到腐蚀后应用大量的水冲洗。漂白粉、次氯酸钠溶液等应避免阳光直射。

(6) 有些腐蚀品同时具有毒性,使用过程中应注意防护。

(7) 受冻易结冰的冰醋酸、低温易聚合变质的甲醛等应储存于冬暖夏凉的库房。

6.6 化学废弃物的安全处理

化学实验产生的废弃物总体数量较少,但一些废弃物具有易燃、易爆、腐蚀、有毒等危险特性,如果处置与管理不当,不但产生污染,而且将对人身安全与健康造成伤害。化学实验室产生的废弃物应当按照危险废物处置。教育部文件要求高等学校实验废弃物按照危险废物进行分类管理。

6.6.1 化学废弃物的分类及危害

化学废弃物是指在生产、科研和教学活动中产生的,已失去使用价值的气态、固态、半固态及盛装在容器内的液态化学废弃物。化学废弃物主要包括实验过程中产生的三废(废气、废液、废固)物质、实验用剧毒物品及麻醉品、药品的残留物、放射性废弃物和实验动物组织等。废气通常在实验过程中产生,并通过通风系统排放。液体废弃物主要包括无机废液混合物和有机废液混合物。固体废弃物主要包括合成产物、分析样品等。另外,保存量过大、过期及失效的化学试剂,实验所生成的产物等也成为化学废弃物的重要来源。

6.6.1.1 化学废弃物分类

实验室化学废弃物的种类繁多,其主要类型如下所述。

(1) 按其化学活性分为化学活性废弃物和化学惰性废弃物。

(2) 按其化学性质分为有机废弃物和无机废弃物。

(3) 按其状态分为固体废弃物和液体废弃物。其中,液体废弃物分为有机废液(含甲苯、乙醇、冰醋酸、卤化有机溶剂废液等)和无机废液(含重金属废液、含汞废液、废酸液、废碱液等)。

(4) 按其危害状况,危险化学废弃物可分为有害废弃物(指具有腐蚀性、剧毒性、自燃、爆炸性、放射性的物质)、生物性废弃物(指感染性培养物、感染性实验室废弃物、菌株生物制品、诱变剂等)、实验用剧毒品残留物(指麻醉品等)和一般废弃物(除有害废弃物外)。

6.6.1.2　化学废弃物进入环境的途径

化学品废弃物污染已经成为影响环境质量的严重问题,如雾霾、污水、重金属污染的土地等。化学废弃物进入环境的途径主要有三种。

(1) 事故排放在实验、存放、运送等过程中,由于着火、爆炸、碰撞泄漏等突发性事故,造成有害化学品进入环境。

(2) 在实验过程中的废物排放。目前的实验多数在通风橱中进行,所产生的废气基本没有进行处理直接随着通风系统被排放到大气中。洗涤容器、清洁地面也使一些化学品通过污水排放系统进入环境。

(3) 人类活动中废弃物的排放如汽车尾气、燃料燃烧废气、废弃塑料制品、使用的农药杀虫剂、家庭装修、织物印染物等直接排放或作为废弃物进入环境。

6.6.1.3　化学废弃物对环境的污染与危害

(1) 对大气的污染及危害。化学品废弃物对大气的污染主要表现在三个方面。一是破坏臭氧层,含氯化学物质,特别是氟氯烃进入大气会破坏同温层的臭氧。二是导致温室效应,CO_2、CH_4、N_2O,氟氯烃等气体会导致温室效应。其中,CO_2 是造成全球变暖的主要因素。三是形成酸雨。硫氧化物(如 SO_2)和氮氧化物的大量排放,在空气中遇水蒸气形成酸雨,对动植物和人类均会造成严重影响。

(2) 对土壤的危害。化学废弃物进入土壤,可导致土壤酸化、碱化和板结。另外,有害废液中的有害成分被土壤吸附,导致土壤成分和结构的改变及生长植物的污染。一旦产生这一类污染,对土壤的危害将长期存在,消除污染较为困难。

(3) 对水体的危害。化学废弃物对水体的危害可分成两类。一类是无毒的废弃物所造成的危害,如含有一般无机盐、氮、磷的废液进入水体,形成富营养化状态,可造成水中浮游藻类的大量繁殖、水体透明度下降、溶解氧含量降低,继而威胁鱼类生存,使得水质发臭、海水出现赤潮等。另一类是有毒的废弃物所造成的危害,如重金属、农药、酚类、砷类化合物等,可在水中生物体内富集、直接造成损害、死亡,严重破坏生态环境。

6.6.1.4　化学废弃物对人体危害

化学废弃物对人体的危害可分为直接危害与间接危害。直接危害是指由于人们无意或不当接触化学废弃物所造成的伤害，这与化学品造成的伤害相同。有时化学废弃物的组成更为复杂，预防与治疗更为麻烦，难度也更大。

间接危害是指环境中的化学废弃物，通过受污染的动植物进入人类的食物链，在短期或长期被食用过程中进入人体累积所造成的危害。如食用被重金属污染的土壤上收获的大米、小麦等、重金属超标的贝类、鱼类水产品、海产品等及被农药杀虫剂污染的水果蔬菜等。

6.6.2 化学废弃物存储

在实验室内应设立化学废弃物暂存区。暂存区应远离火源、热源和不相容物质，避免日晒、雨淋。存放两种及以上不相容的实验室危险废物时，应分为不同区域。暂存区应有警示标志并有防遗洒、防渗漏设施或措施。暂存区配备化学实验废弃物分类容器，对化学废弃物进行分类收集与存放(应避免易产生剧烈反应的废弃物混放)，贴好标签，盖子不敞开。实验室内无大量存放化学废弃物现象。

化学废弃物储存要求如下：① 实验室内用不同的容器分类收集废弃物，贴好标签，注意不要敞开容器的盖子；② 应避免将易产生剧烈反应的废弃物混放；③ 化学废弃物须旋紧盖子，大桶废液装入量一般控制在2/3左右，不得超过4/5；④ 对于危害性大的废弃物，要独立包装，标签信息明确；⑤ 实验室内不要大量存放废弃物，应及时清运送至废弃物中转站；⑥ 学校应及时将废弃物清运出校园，不要将废弃物长时间堆放在校园内，避免积累安全风险。

6.6.3 化学废弃物处理

化学废弃物危害性大，处理时必须力保废弃物排放安全。实验室危险化学废弃物能通过回收、提纯等方法再利用的，首先应采取有效的方法进行回收提纯，尽可能减少废弃物产生；没有回收利用价值的采取必要措施进行无害化处理。

对实验室废弃物的处理最好由学校设立专门的废弃物回收点，对其分类收集、定点存放、专人管理、集中处理。对于有利用价值的废弃物，应回收处理。其他的可委托具有资质的单位进行处置，使其排放符合国家有关环境排放标准。实验室化学废弃物处理的一般注意事项如下所述。

(1) 一般要根据废弃物的物理性质、组成、浓度、有害性、易燃性、易爆性、污染性、放射性等采取不同的处理方法。不同的废弃物应有不同的储存方法,尤其是对具有危害性、污染性、易燃性、易爆性废弃物的处理,应制定相应的处理措施,在实验室初步处理的基础上进行统一收集处理,并有一定的规范记录。

(2) 在处理废弃物过程中,往往伴随着产生有毒气体或发热、爆炸等危险。因此,处理废弃物前必须充分了解其性质,然后根据不同的性质进行中和、抵消毒性、封存、标注危险标志等处理。同时,操作时必须密切观察,始终树立安全意识。

(3) 实验过程中,不能随意将有害、有毒废液倒入水槽及排水管道。废液须倒入符合要求的废液桶,桶外须张贴标签,标示桶内废液种类和主要成分等信息,要求用中文全称,不可缩写或简写。不同废液倒入废液桶前,要检测其相容性,禁止将不相容的废液混装在同一废液桶内,以防发生化学反应而爆炸。

(4) 为了防止漏液的发生,要求所用废液桶的桶壁必须厚实,用前检查无渗漏点,内盖有硅胶密封圈,外盖能严丝合缝,不可装得过满,须保留1/10的剩余空间。每次倒入废液后须立即盖紧桶盖,并置于安全的地点保存。

(5) 有害、有毒废渣及化学试剂不能随意掩埋或丢弃,须放入专门的收集桶。盛装过危险品的空器皿、包装物等,必须完全消除危害后,方能改为他用或弃用。

(6) 对浓度较低或量少的废弃物,经无害处理后可以排放或倒入废液桶统一处理。对浓度较高或量大的废弃物应及时回收处理,或定期统一处理。

(7) 有些废液不能相互混合,如过氧化物与有机物,氰化物、硫化物与酸,酸液与碱液,碳氢类溶剂与卤素类溶剂。

6.7 化学安全事故与应急处置

6.7.1 化学安全事故

6.7.1.1 典型化学安全事故类型

化学实验室试剂种类多、特性各不相同等特点,容易引发安全事故,典型化学安全事故类型如下所述。

(1) 火灾与爆炸事故

一是易燃物燃烧引发火灾,各种易燃的有机溶剂(乙醇、丙酮、苯等)具有挥发性,其蒸气与空气混合后,在一定的浓度范围内(爆炸极限),遇到明火、静电火花或高温可能发生燃烧甚至爆炸。二是可燃气体爆炸,实验过程中可能会产生或使用氢气、乙炔等可燃气体,这些气体泄漏后与空气形成可燃混合气体,遇到火源或能量源时极易发生爆炸。三是强氧化剂与还原剂反应引发爆炸,有些化学物质是强氧化剂,如高锰酸钾、过氧化氢等,当它们与强还原剂(如活泼金属粉、硫化物等)混合时,在一定条件下可能会发生剧烈的氧化还原反应,瞬间释放出大量的热和气体,从而导致爆炸。

(2) 化学灼伤事故

一是腐蚀性酸灼伤,实验室中的强酸(如硫酸、盐酸、硝酸等)具有很强的腐蚀性。如果这些酸液溅到皮肤上、眼睛里或衣物上,会造成严重的灼伤。二是腐蚀性碱灼伤,氢氧化钠、氢氧化钾等强碱同样具有很强的腐蚀性。它们与皮肤接触后,会迅速溶解皮肤中的蛋白质和脂肪,形成碱性灼伤。三是其他腐蚀性化学品灼伤,除了常见的酸碱外,还有一些其他的化学品(如溴水)。

(3) 中毒事故

一是吸入有毒气体中毒,如一氧化碳、氯气、硫化氢等,人体吸入后会引起中毒。二是误食中毒,实验室中的化学药品有些是有毒的,如果在实验过程中操作不规范,例如在实验室饮食,或者将药品误当作食品添加剂等情况,可能会误食有毒化学品。三是皮肤接触中毒,某些有毒物质(如有机磷农药、苯及其同系物等)可以通过皮肤吸收进入人体,对人体造成危害。

(4) 玻璃仪器伤害事故

一是切割伤,玻璃仪器在使用过程中可能会破裂,如在加热不均匀时,试管、烧瓶等容易炸裂。破碎的玻璃碎片很锋利,可能会割伤手指、手臂等身体部位。二是刺伤,使用玻璃仪器进行操作时,如使用滴管、移液管等,可能会因为操作不当而使玻璃仪器折断,其尖锐部分刺入身体。

6.7.1.2 化学安全事故预防

安全工作必须坚持预防为主的原则,做到有备无患,防患于未然。做好化学实验室的安全防护工作,应从以下几个方面着手。

（1）熟悉实验所用的化学试剂和仪器设备。实验者在设计实验方案时或实验开始之前应知晓该实验所用试剂（尤其是剧毒或易燃易爆危险试剂）的性质，对于不熟悉的化学试剂应查阅化学试剂手册。如果使用危险化学品，应查阅《危险化学品安全技术全书：第三版：通用卷》等资料。

对于实验所用的仪器、设备，尤其是电热设备或压力设备，必须保证其运行状态正常、性能和质量可靠。不可盲目选用设备进行实验。实验中使用危险化学品或进行具有一定危险性的实验，应选择合适的场所，严禁在不具备防护条件的场所内贸然进行实验。

（2）充分考虑实验潜在的危险性并谨慎制定操作方案。分析和估计实验潜在的危险性，并在实验开始前制定好缜密的操作程序和安全防护措施。对于已知具有一定危险性的实验，不可一人单独操作或在附近无其他人的情况下单独操作。对可能发生的意外事故做好充分的准备。

（3）进行日常安全技能培训，具备必要的应急处置能力。化学安全事故突发时，时间非常关键，要求实验人员在短时间内作出判断并采取应急处置措施。如果没有经过安全技能和应急处置能力培训，极有可能延误最佳处置时间，甚至可能会错误处置，导致严重后果。

（4）熟悉实验室的水、电、气阀门（开关）位置，以便出现意外事故时及时切断相应阀门（开关），防止事故蔓延。

6.7.2　化学品的泄漏处理

化学品容易发生中毒或转化为火灾爆炸事故，因此泄漏处理要及时得当，避免发生重大事故。泄漏事故控制一般分为泄漏源控制和泄漏物处置两部分。

进入泄漏现场进行处理时，应注意以下几项：① 进入现场的人员必须配备必要的个人防护器具；② 如果泄漏物化学品是易燃易爆的，应严禁火种；③ 扑灭任何明火及任何其他形式的热源和火源，降低发生燃爆的危险性；④ 应急处理时严禁单独行动，要有监护人，必要时用水枪、水炮掩护；⑤ 应从上风、上坡处接近现场，严禁盲目进入。

6.7.2.1　泄漏源的控制

容器发生泄漏后，应采取措施修补和堵塞裂口，制止化学品进一步泄漏。泄漏被控制后，要及时将现场泄漏物进行安全可靠的处置，防止二次事故的发生。

(1) 稀释与覆盖。向有害物蒸气云喷射雾状水,加速气体向高空扩散。对于可燃物,也可以在现场释放大量水蒸气或氮气,破坏燃烧条件。对于液体泄漏,为降低物料向大气中的蒸发速度,可用泡沫或其他覆盖物品覆盖外泄的物料,在其表面形成覆盖层,抑制其蒸发。

(2) 收容(集)。对于大型泄漏,可选择用隔膜泵将泄漏出的物料抽入容器或槽车内,当泄漏物泄漏量小时,可用沙子、吸附材料、中和材料等吸收中和。

(3) 围堤堵截。修筑围堤是控制陆地上的液体泄漏物最常用的收容方法。常用的围堤有环形、直线形、V 形等。通常根据泄漏物流动情况修筑围堤拦截泄漏物。

(4) 挖掘沟槽收容泄漏物。挖掘沟槽是控制陆地上液体泄漏物的常用收容方法。通常根据泄漏物的流动情况挖掘沟槽,收容泄漏物。

应将收集的泄漏物运至废弃物处理场所处置。用消防水冲洗剩下的少量物料,冲洗水排入污水系统处理或收集后委托有条件的单位处理。

6.7.2.2 泄漏物的处理

在泄漏源得到控制后,需要对泄漏的危险化学品进行处理,具体可采用以下几种常见措施。

(1) 固化法处理泄漏物。通过加入能与泄漏物发生化学反应的固化剂或稳定剂使泄漏物转化成稳定形式,以便于处理、运输和处置。有的泄漏物变成稳定形式后,由原来的有害变成了无害,可原地堆放无须进一步处理;有的泄漏物变成稳定形式后仍然有害,必须运至废物处理场所进一步处理或在专用废弃场所掩埋。常用的固化剂有水泥、凝胶、石灰。

(2) 吸附法处理泄漏物。所有的陆地泄漏和某些有机物的水中泄漏都可用吸附法处理。吸附法处理泄漏物的关键是选择合适的吸附剂。常用的吸附剂有活性炭、天然有机吸附剂、天然无机吸附剂、合成吸附剂。

(3) 泡沫覆盖处理泄漏物。使用泡沫覆盖阻止泄漏物的挥发,降低泄漏物对大气的危害和泄漏物的燃烧性。泡沫覆盖必须和其他的收容措施(如围堤、沟槽等)配合使用。通常泡沫覆盖只适用于陆地泄漏物。实际应用时,要根据泄漏物的特性选择合适的泡沫,泡沫必须与泄漏物相容。

(4) 中和处理泄漏物。中和,即酸和碱的反应,产物是水和盐,有时会产生二氧化碳气体。现场应用中和法要求最终 pH 值控制在 6～9，反应期间必须监测 pH 值变化。只有酸性有害物和碱性有害物才能用中和法处理。对于泄入水体的酸、碱或泄入水体后能生成酸、碱的物质，也可以考虑用中和法处理。对于陆地泄漏物，如果反应能控制，通常用强酸、强碱中和，这样比较经济；对于水体泄漏物，建议使用弱酸、弱碱中和。对于水体泄漏物，如果中和过程中可能产生金属离子，必须用沉淀剂清除。

(5) 低温冷却处理泄漏物。将冷冻剂散布于整个泄漏物的表面，减少有害泄漏物的挥发。多数情况下，冷冻剂不仅能降低有害泄漏物的蒸气压，还能通过冷冻将泄漏物固定住。常用的冷冻剂有二氧化碳、液氮和湿冰，选用何种冷冻剂取决于冷冻剂对泄漏物的冷却效果和环境因素。

6.7.3 化学安全事故应急处置

危险化学品种类繁多，毒性各不相同，应急处理时应小心谨慎。急救前应了解毒物的物理、化学及毒理性质，并咨询专业救护人员。切忌盲目、不科学施救。

6.7.3.1 食入中毒的现场应急处理

(1) 催吐。对于神志清醒且食入的为非腐蚀品和非烃类液体的中毒者，一般可采取催吐方法。可用手指、筷子或棉棒刺激中毒者舌根或喉咙，使其呕吐，也可服用吐根糖浆等催吐剂。中毒者处于昏迷、神志不清等状态时，非专业医务人员不可随便进行处理，更不能催吐。

(2) 服用保护剂。当中毒者症状不适宜进行催吐处理时，如食入酸、碱类腐蚀品或烃类液体，可服用牛奶、植物油、米汤、蛋清、豆浆等保护剂，延缓毒物被人体吸收的速度并保护胃黏膜。

(3) 服用活性炭。化学实验室经常使用的活性炭是一种强有力的非特异性吸附解毒剂，可吸附大部分毒物。成人每次使用 25～100 g，服用前可加入少量蒸馏水充分摇动润湿。

6.7.3.2 吸入中毒的现场应急处理

让中毒者迅速脱离现场，向上风向转移至空气新鲜处。松开中毒者身上妨碍呼吸的衣物，保持呼吸道通畅并注意保暖。若中毒者呼吸困难，要及时给氧；呼吸、心跳停止，立即进行心肺复苏。

6.7.3.3 皮肤接触(灼伤)的现场应急处理

化学灼伤的处理原则:应立即脱离现场,脱去被化学物质浸渍的衣服,并立即用大量清水冲洗。冲洗的目的一是稀释,二是通过机械冲洗,将化学物质从创面和黏膜上冲洗干净。冲洗时忌用热水,以免增加毒物吸收。

(1) 硫酸、发烟硫酸、硝酸、发烟硝酸、氢碘酸、氢溴酸接触皮肤时,若接触的量不大,应立即用大量流动清水冲洗 0.5 h 左右。如果沾有大量硫酸,可先用干燥的软布吸掉,再用大量流动清水持续冲洗 15 min 以上,随后用稀碳酸氢钠溶液或稀氨水浸洗,再用水冲洗,最后送医院救治。

(2) 皮肤若被氢氟酸灼伤,先用大量清水持续冲洗 20 min 以上,再用冰冷的饱和硫酸镁溶液或 70%酒精浸洗 30 min 以上;或用大量清水冲洗后,用肥皂水或 2%~5%碳酸氢钠溶液冲洗,用 5%碳酸氢钠溶液湿敷;局部可用适量的松软膏、紫草油软膏、硫酸镁糊剂外敷。

(3) 氢氧化钠、氢氧化钾等碱灼伤皮肤时,先用大量清水持续冲洗 15 min 以上,再用 1%硼酸溶液或 2%乙酸溶液浸洗,最后用清水洗。

(4) 三氯化磷、三溴化磷、五氯化磷、五溴化磷、溴触及皮肤时,应立即用清水清洗 15 min 以上,再送医院救治。磷烧伤也可用湿毛巾包裹,或用 1%硝酸银或 1%硫酸钠冲洗 15 min 后进行包扎。禁用油质敷料,以防磷吸收引起中毒。

(5) 盐酸、磷酸、偏磷酸、焦磷酸、乙酸、乙酸酐、氢氧化铁、次磷酸、氟硅酸、亚磷酸触及皮肤时,立即用清水冲洗。

(6) 甲醛触及皮肤时,可先用清水冲洗后,再用酒精擦洗,最后在创伤处涂上甘油。

(7) 被金属钠灼伤:用镊子移走可见的钠块,再用乙醇擦洗,然后用清水冲洗,最后涂烫伤膏。

(8) 碱金属氰化物、氢氰酸触及皮肤时:先用高锰酸钾溶液冲洗,再用硫化溶液冲洗。

(9) 黄磷触及皮肤时:立即用 1%硫酸铜溶液洗净残余的磷,再用 0.01%高锰酸钾溶液湿敷,外涂保护剂,用绷带包扎。

(10) 苯酚触及皮肤时:先用大量清水冲洗,然后用 4 体积 70%乙醇与 1 体积三氯化铁混合溶液冲洗。

6.7.3.4 眼睛接触的现场应急处理

眼睛灼伤或进异物：大多数有毒有害化学物品接触眼睛，一般会引起眼睛发痒、流泪、发炎疼痛，有灼烧感，甚至引起视力模糊或失明。一旦眼内溅入任何化学药品，应立即用大量清水缓缓冲洗。洗眼时要保持眼皮张开，可由他人帮助翻开眼睑，持续冲洗 15 min，边洗边眨眼睛。若被碱灼伤，则用2%硼酸溶液淋洗；若被酸灼伤，则用3%碳酸氢钠溶液淋洗。切忌用稀酸中和眼内的碱性物质，也不可用稀碱中和眼内的酸性物质。溅入碱金属、溴、磷、浓酸、浓碱或其他刺激性物质的眼睛灼伤，急救后必须送医院检查治疗。

若毒物与水能发生作用，如生石灰、电石等，先用沾有植物油的棉签或干毛巾擦去毒物，再用水冲洗，冲洗时忌用热水，以免增加毒物吸收。

6.7.3.5 冻伤的现场应急处理

化学实验经常会使用液氮、干冰等制冷剂，不小心操作易引发不同程度的冻伤事故。冻伤的皮肤损害与冻伤的程度有关。一度冻伤损害最轻，局部皮肤红肿充血、灼痛；症状在数日后消失，皮肤损害处不留瘢痕。二度冻伤伤及真皮浅层，除冻伤处的皮肤红肿外，还伴有水泡，伤处剧痛。三度冻伤伤及皮肤全层，皮肤变为黑、褐色，痛感丧失；伤口不易愈合，愈合后皮肤留有瘢痕。四度冻伤伤及皮肤、皮下组织、肌肉甚至骨头，治疗困难，皮肤愈后疤痕形成。

冻伤的应急处理是尽快脱离现场环境，快速复温。这是处理冻伤效果最显著且关键的方法。迅速把冻伤部位放入 37～40 ℃（不宜超过 42 ℃）的温水浸泡复温，时间一般为 20 min 以内，不宜过长。对于颜面冻伤，可用 37～40 ℃恒温水浸湿毛巾，进行局部热敷。在无温水的条件下，可将冻伤部位置于自身或救助者的温暖体部，如腋下、腹部或胸部，以达到复温的目的。

6.7.3.6 烧伤的应急处理方法

迅速冷却是烧伤现场首要的、最为关键的急救措施，即持续用温度较低的冷水（一般 10～20 ℃为宜，但要高于 4 ℃）对创面进行浸浴、冲洗或湿敷，直至局部皮肤不疼、不红、不起泡为止。冷却时注意观察伤者，当发生寒战时，则应停止进行。

对于中小面积烧伤，持续冷却是非常有效的急救方法。冷却之后创面皮肤未破损处可外涂烧伤药膏等。有水泡处不可随意挑破，以免感染。当发生大面积严重烧伤时，随时有发生休克的危险，必须尽快送入医院救治。

思考题

1. 简述危险化学品的定义及分类依据。
2. 列举三种常见的实验室用危险化学品，并说明其危险特性。
3. 实验室用易制毒、易制爆化学品有哪些？管理上有何特殊要求？
4. 气体类危险化学品在实验室存储和使用时，要注意哪些事项？
5. 腐蚀品对实验室设备和人员有哪些危害？如何防范？
6. 危险化学品采购流程中，关键的审核要点有哪些？
7. 简述危险化学品在实验室的存储原则和布局要求。
8. 使用危险化学品进行实验时，应遵循怎样的操作规程？
9. 涉化类实验废弃物如何进行分类收集和初步处理？
10. 举例说明化学实验可能发生的安全事故类型及原因。
11. 当发生危险化学品泄漏事故时，应如何进行现场应急处置？
12. 针对危险化学品火灾，适用的灭火方法和消防器材有哪些？
13. 接触危险化学品的实验人员，应配备哪些个人防护装备？
14. 实验室危险化学品安全管理制度应包含哪些核心内容？
15. 如何对实验室危险化学品进行定期的安全检查和隐患排查？
16. 从环保角度出发，涉化类实验废弃物的最终处置方式有哪些？
17. 若实验人员的皮肤和眼睛接触危险化学品，应采取哪些急救措施？
18. 若不慎误食接触过化学药品的食物，应采取什么急救措施？
19. 当发现危险化学品被盗或丢失时，应如何进行紧急报告和后续处理？
20. 随着科技的发展，危险化学品安全管理的技术创新可能在哪些方向？

▶ 第 7 章

实验室机电安全

本章简介

实验室中使用机电设备的人员较多，规范的安全管理能避免因设备故障、操作不当等引发的触电、机械伤害、激光辐射等安全事故，减少人员伤害风险，保护人员生命健康，也有助于保障机电设备安全运行，延长设备使用寿命。本章介绍仪器设备常规管理要求、机械设备的日常管理及操作安全要求、电气设备的使用规范及安全防护要求、激光设备使用规范及安全防护要求，粉尘实验操作规范及安全防护要求、典型机电安全事故及其应急处置方法。

教学目标

知识目标　① 了解仪器设备常规管理的内容及要求。② 掌握电气设备的使用规范及安全防护措施。③ 掌握激光设备的使用规范及安全防护措施。④ 掌握粉尘实验操作规范及安全防护措施。⑤ 熟知典型机电安全事故的类型、原因及应急处置方法。

能力目标　① 能够安全操作各类机电设备，严格遵守使用规范，避免因操作不当引发事故。② 能够初步识别机电设备在使用过程中的安全隐患，并提出合理的整改建议。③ 当遇到机电安全事故时，能够迅速、准确地判断事故类型，并采取正确的应急处置措施。

素养目标　① 具有在机电设备使用及实验过程中时刻牢记安全，始终保持谨慎小心的意识，有效预防切割、挤压、照射等各类伤害事故发生。② 具有良好的环境保护意识和持续发展理念，降低机电实验室中常见的噪声、废气、粉尘或切屑颗粒物等对场所环境的影响。

7.1　仪器设备常规管理

仪器设备是高等教育教学和科研的核心支撑，其性能的稳定与高效运行直接关系到教学质量的保障和科研成果的质量。高效科学的管理不仅能够最大化地发挥仪器设备的效用，延长其使用寿命，减少不必要的维修成本，还能提高工作效率，保障人员安全，促进资源的合理配置与利用。

7.1.1 管理基本要求

仪器设备采购完成后，需要制定完善的管理制度，以高水平的管理提供高质量的运维保障，促进教学科研成果产出。仪器设备使用单位需要构建一个安全、规范且统一的仪器设备管理系统，设立总台账，同时安排专人负责仪器设备的管理工作，确保及时、准确地进行信息维护，所有教学科研仪器设备都应纳入仪器设备管理系统。

(1) 充分考虑仪器设备的使用与环境要求，合理进行位置管理。根据仪器设备的功能、供电和安全要求等因素，合理安排其在实验室中的位置，同时应考虑仪器设备对实验室环境的要求，如实验室的温度、湿度和洁净度。

(2) 仪器设备基本信息管理准确全面。设备所涵盖的数据信息应全面且准确地录入管理系统，应包含资产编号、资产名称、规格型号、生产厂商、使用单位、建立日期、存放地址、使用人等，主要信息应以条形码或二维码形式呈现，成为设备的“身份证”。当仪器设备的信息或性质发生变更时，应及时在管理系统中进行更新。此外，根据单位需要，设备的数据信息可包含采购合同、验收报告、设备照片、发票等。

(3) 仪器设备的使用记录台账清晰。使用者应详细记录仪器设备的使用日期、使用时间、使用人、实验内容、仪器设备的状态等信息。使用记录可以帮助追溯仪器设备的使用情况，及时发现潜在问题。

(4) 建立仪器设备的运维保养制度，运维档案规范。重要仪器、大型仪器应有专门的维护保养计划，定期对仪器设备进行维护保养，包括清洁、润滑、校准、更换易损件等内容。维护保养档案应详细记录每次维护保养的时间、内容、维护人员等信息，以便对仪器设备的维护保养情况进行跟踪和查询。

(5) 规范仪器设备的报废与处置。当仪器设备达到使用年限、无法修复或者修复成本过高时，应考虑报废。报废判定应综合考虑仪器设备的技术性能、维修记录、经济价值等因素。报废的仪器设备应按照规定的程序进行处置，可以选择回收利用、捐赠、拆解等方式。对于含有有害物质(如汞、铅等)的仪器设备，要严格按照环保要求进行处理，防止造成环境污染。

仪器设备管理常见问题有：① 仪器设备管理水平低，管理混乱，无仪器设备台账；② 仪器设备管理系统内设备必要信息缺失或有误；③ 台账未及时更新，没有检查记录；④ 设备标签缺失、信息不清或内容简单；⑤ 按照规定必须登记使用记录的仪器设备无使用记录；⑥ 仪器设备无人管理，长期闲置。

7.1.2 大型及特种设备用电管理

大型及特种设备，包括但不限于起重机械、压力容器、电梯、锅炉等，其使用管理必须严格遵守国家相关法律法规、行业标准及单位内部安全管理制度。大型及特种设备因其重要性和特殊性，用电管理较为严格。一是基于安全保障需求，预防电气事故和因用电不当导致的火灾等次生灾害。二是基于性能维护保障需求，大型及特种设备对供电质量有较高的要求。良好的用电管理可以减少电气故障，提高运行效率，延长使用寿命。三是基于生产效率与经济利益方面需求，电气故障是导致大型及特种设备停机的一个重要原因，非计划停机将导致生产效率降低。此外，大型及特种设备耗电量大，合理的用电管理可以优化设备的用电模式，实现节能。本章不再赘述大型及特种设备的常规管理，仅阐述其在用电方面的管理要求。

7.1.2.1 供电与保护要求

(1) 合理规划供电容量。为确保大型仪器设备与大功率设备的运行，合理的供电容量规划是保障设备稳定、安全运转的关键，预留一定的供电裕量尤为重要，不仅能应对额外增加的新设备的用电需求，还能增强供电系统的稳定性与可靠性。

(2) 合理选择供电电缆。对供电设施中的大型仪器设备和大功率设备须采用具备足够截面的铜芯线缆供电。铜芯线缆具有良好的导电性、散热性，耐腐蚀和耐氧化性，能够有效降低线路功率损耗和电压损失，确保设备稳定运行。

(3) 具有功能完善的供电保护装置。供电回路必须安装具有漏电保护、过载保护、短路保护功能的开关，保护装置的额定参数和保护动作参数应正确选择和设定，确保安全可靠工作，并在设备或线路存在异常时能够迅速正确工作，切断电路，避免事故发生和扩大。加热炉、干燥箱等大功率设备，若未配备专用的漏电保护开关，或者违规使用插线板供电，一旦发生漏电、过载等情况，后果不堪设想。

(4) 大功率设备应有专门供电回路。大功率设备应配置专门的供电线路和控制保护开关，严禁使用插线板为其供电。因为插线板的供电容量和保护性能无法满足大功率设备的需求,极易引发过载、短路、接触不良等问题,从而埋下用电安全隐患。

(5) 如需使用插线板,应选择符合要求的新国标插线板和插座。多个插线板串接供电、插线板超功率使用、使用不符合新国标的插线板和插座、将大功率插头私自换成小功率插头等都是非常危险的做法,违反了电气安全规范,极易引发电气故障或安全事故。

7.1.2.2 保护接地要求

仪器设备接地是保障其安全稳定运行的关键环节,关乎设备正常运转与人员生命安全。所有仪器设备均应配备保护接地,使用具备足够截面的铜线进行规范连接,并且确保其设计寿命不低于 50 年。完善的保护接地系统是一道坚固的生命防线,当设备发生漏电时,能够迅速将电流引入大地,保护开关及时工作,避免人员遭受触电伤害,同时为设备运行提供稳定的电气环境。

(1) 对于一般电气设备,其金属外壳以及与设备相连的金属架等部位,必须严格遵循标准要求,正确安装保护接地。特殊的大型精密仪器,鉴于其对运行稳定性和抗干扰能力的极高要求,则需依据具体的技术规范,专门设置独立的接地网。接地导线采用铜质材料,并且要将接地电阻严格控制在 0.5 Ω 以内,以此最大限度确保仪器的高精度测量,有效降低外界电磁干扰对测量数据准确性的影响。

(2) 应注意实际操作中以下不规范甚至危险的接地方式:部分设备的金属外壳和金属支架没有按照规定连接接地线;将接地线连接至自来水管或其他金属构件上,以此替代正规接地;将接地线误接在零线上、地线压接不牢固导致接触不良、地线意外断线、墙上三孔插座缺失地线以及插线板使用两脚插头等不规范的连接方式;对于特殊大型精密仪器,如果接地线未选用铜质材料,或者接地电阻超过 0.5 Ω,极有可能导致仪器工作异常,甚至损坏昂贵的仪器设备。

7.1.2.3 使用时间要求

(1) 为了确保用电安全,延长仪器设备的使用寿命,仪器设备一般不应开机过夜。

(2) 规范长时间连续运转、容易过热的设备在夜间开机运行。如因特殊实验需求必须开机过夜,必须制定严格、完善的安全预防和控制措施。针对这些需要开机过夜的设备，要建立专门清单，逐一明确每台设备的责任人，切实落实安全防范工作，配备必要的监控设备，实时监测设备的运行状态，一旦发现异常情况，能够及时采取有效处理措施。

7.1.2.4 不能断电的特殊仪器设备防护要求

（1）配置可自动切换的双路电源供电系统或不间断电源。对于不能断电的特殊仪器设备，采取必要的防护措施是确保其持续稳定运行的关键。这类设备应优先采用具备自动投切功能的双路电源供电系统，当其中一路电源出现故障时，另一路电源能够在极短的时间内自动切换投入使用，确保设备在不间断供电的情况下正常运行。或者为设备配置性能可靠的不间断电源（UPS）。在突然停电时，UPS能够迅速为设备提供稳定的电力支持，避免设备因突然断电而遭受损坏。尤其是对于那些正在进行关键实验或数据处理的设备而言，UPS的作用尤为重要。

（2）安装监控报警装置。实时监测设备的供电状态和运行参数，一旦出现供电异常、设备故障等情况，能够及时发出警报信号，提醒工作人员迅速采取相应的应对措施。

（3）定期检查维修。要定期对这些防护措施进行全面检查和维护，确保其安全性和有效性，使其在关键时刻能够发挥应有的保护作用。对于处于停用状态的设备，必须严格执行拉闸断电操作，防止设备在闲置期间因意外通电而引发故障或安全事故。

7.2 机械安全

7.2.1 机械设备日常管理

机械设备的日常管理是确保设备正常运行、延长使用寿命、提高生产效率的重要工作。

7.2.1.1 机械设备台账档案管理

为实现对所有机械设备的有效管理，需建立完整的台账档案。当机械设备安装调试验收合格后，即刻进行机械设备台账备案工作。机械设备台账档案涵盖的内容广泛，包含原始技术资料和验收凭证，这是机械设备初始状态和验收情况的重要依据；设备编号用于对设备进行唯一性标示，方便快速查找和管理;合格证证明设备符合相关质量标准;保养记录统计能直观反映设备的保养情况;历次大中修改造记录,详细记录设备的维修和升级情况;运转时间记录有助于掌握设备的使用时长和强度;事故记录及履历资料对分析设备故障原因和评估设备整体状况有重要意义。

7.2.1.2 交接班和报告制度

建立规范的交接班和报告制度至关重要。在交接班时,交班人须认真填写本班报表及交接班记录,如实记录本班工作任务及完成情况、机械运转情况、保养情况、存在问题及注意事项,严禁故意隐瞒机械故障。下一班负责人在开始工作前,务必认真检查核实上一班的报表记录,若有疑问,应与上一班负责人确认无误后,方可开始工作,以此避免操作存在故障的设备。一旦因机械设备故障引发事故,负责人应认真填写设备事故报告单,并及时报告主管领导,同时迅速、妥善地进行处理。

7.2.1.3 定期检查保养维修制度

制定定期检查保养维修制度,能保障机械设备的正常运行。首先要编制机械设备维修保养计划,由设备负责人负责组织并监督专人实施,同时做好设备的保养检查记录。机械设备的维修工作,须由设备负责人督促设备供应商的专业人员进行,填写机械设备维修记录并存档,以备后续查阅。严格遵守维修保养制度,根据设备实际情况,定期安排必要的保养时间。特别要注意机床设备不得超负荷运行和带"病"运行,做到正确使用、定期检修,确保设备始终处于正常运行状态。

7.2.1.4 机械设备操作人员管理规定

对于机械设备操作人员,必须严格管理。所有机械操作人员都应接受安全技术培训和经常性安全教育,只有具备合格操作资格并取得相应证书后,才可上岗作业。每次操作前,操作人员需对机械设备进行安全检查,确认设备状态正常后,方可投入运行。操作人员应具备责任心强、技术过硬、思想素质高等特点。实行定人定机制,未经领导同意,任何人不得代替其操作机械设备。此外,操作人员要严格遵守工作纪律,严禁酒后工作。

7.2.1.5 工作场地安全管理规定

工作场地存在危险的区域,必须配备安全设施,并设置明显的安全标志。易燃易爆物品的贮存和使用,要严格遵循有关规定执行。对于检查出的安全隐患，需逐项进行分析，提出针对性的整改措施，并按照定措施、定人员、定期限的原则，按时完成整改任务。工作人员要自觉保持绿色通道地面的清洁。下班时，必须切断电源、气源，熄灭火种，清理场地，关好所有门窗，认真检查水、电、气是否处于安全状态。同时，要认真遵守各项安全操作规程，爱护生产设备和设施，一旦发现不安全情况，应及时报告并迅速排除。

7.2.2 典型机械设备操作安全

7.2.2.1 高速切削机械操作安全规范

高速切削机械，如数控机床以及车、铣、刨、钻床等此类通过高速旋转或往复运动加工材料的装置，操作时安全问题至关重要。

(1) 人员资质与培训。高速切削机械的操作人员必须经过专业培训，熟悉设备的工作原理、操作规程和安全注意事项。操作人员必须取得相关操作资格证书后，才能独立操作。

(2) 着装和防护要求。操作人员必须穿好符合要求的工作服，戴好防护眼镜，扣紧衣袖口，将长发盘入工作帽。在工作场所，严禁佩戴手套、长围巾、领带、手镯等佩饰物，不得穿拖鞋、高跟鞋。

(3) 设备检查。在开启高速切削机械前，需要对设备进行全面检查。检查内容包括机床的外观，确保机床的防护门、防护罩等防护装置完好无损，没有变形或损坏的迹象。检查刀具系统，确认刀具的安装是否牢固。检查润滑系统和冷却系统是否正常。

(4) 操作过程中的安全要求。严格按照操作规程启动设备，一般先开启总电源，然后启动冷却系统、润滑系统，最后启动主轴电机和进给系统。设备运行过程中，操作人员应密切关注设备的运行状态，如果发现参数异常，应立即停机检查。严禁在设备运行过程中进行清理切屑、调整刀具等危险操作。

(5) 操作后的安全规范。按照正确的顺序停机，一般先停止进给系统，然后停止主轴电机，接着关闭冷却系统和润滑系统，最后关闭总电源。要等待设备完全停止运动，并且冷却系统完全停止循环后，才能进行清理切屑和冷却液、检查磨损情况、进行维护等后续操作。

7.2.2.2 机械设备运行调整及安全保护

(1) 在机械设备运转时，严禁手动调整，操作人员的身体任一部位均禁止进入危险区。若需调整机械设备,必须首先关停机械设备。

(2) 机床电源开关标识要清楚且便于操作,必要时应设置急停按钮。若未经培训擅自操作机床,在设备运行中随意用手调节相关部件,机床危险部位没有必要防护,或是操作人员不熟悉机床电源开关、开关标识不清、无急停按钮等,都可能引发严重事故。

(3) 机床设备外壳金属部位必须有效可靠接地,并设有漏电保护器,防止设备漏电引发触电事故或在运行中产生静电造成静电火花放电;要定期检测接地连接和漏电保护器的工作是否正常。

7.2.2.3 锻压设备操作安全规范

(1) 人员要求。操作人员必须经过专业培训,培训内容应包括安全操作规程、应急处理措施等,熟悉锻压设备的结构、性能、工作原理和操作方法。只有通过考核并取得操作资格证书后,才可独立操作锻压设备。

(2) 着装和防护要求。操作人员应穿戴好规定的劳动防护用品,如安全帽、防护眼镜、耳塞、耐高温手套、防护鞋等。防护眼镜用于防止飞溅的金属屑进入眼睛;耳塞能减轻设备运行产生的噪声对听力的损害;耐高温手套可以避免操作人员的手被高温工件烫伤;防护鞋可防止重物砸伤脚。

(3) 设备检查。在启动锻压设备前,要对设备进行全面检查。检查设备的各个传动部分、润滑系统、安全防护装置等是否完好正常。检查工作区域环境正常,无杂物、障碍物和无关人员。

(4) 操作过程中的安全要求。一是严格按照设备的启动程序开启锻压设备;二是设备运行过程中,操作人员必须坚守岗位,不得擅自离岗;三是在安装和调整模具时,必须先停机,切断电源,并挂上“禁止合闸”的警示牌。

(5) 操作后的安全规范。停机时按照正确的顺序关闭锻压设备,一般先停止主运动部件,如滑块、锤头的运动,然后关闭辅助系统,如润滑系统、冷却系统,最后切断电源。设备完全停止运动后,才能进行下一步清理(金属屑、氧化皮、油污等杂物)操作和维护检查操作。

7.2.2.4 盐浴炉操作安全规范

(1) 人员要求。操作人员必须经过专业培训,熟悉盐浴炉的工作原理、结构、操作方法和安全注意事项、应急处理措施等。操作人员取得相关操作资格证书后,才能独立操作盐浴炉。

(2) 着装和防护要求。操作人员要穿戴好规定的劳动防护用品,包括耐高温的工作服、防护手套、防护眼镜和防护鞋。

(3) 设备安全检查。检查盐浴炉的炉体结构是否完好,包括炉壳、炉衬等部分;检查加热元件是否正常;检查温度控制系统是否正常工作;检查通风系统是否良好。

(4) 材料准备。准备好所需的盐,加入盐浴炉之前进行干燥处理,防止盐中的水分在加热过程中引起盐浴飞溅。对于要进行热处理的工件,检查工件的表面质量,确保工件表面无油污、铁锈等杂质。

(5) 操作过程中的安全要求。一是按照正确的操作程序启动盐浴炉;二是当盐浴达到规定温度后,将工件缓慢放入盐浴;三是在盐浴中处理工件的过程中,要严格控制处理时间和温度;四是盐浴炉工作时,要确保通风系统一直处于开启状态,降低空气中有害气体的浓度;五是操作过程中,操作人员要始终佩戴好防护手套和防护眼镜。

(6) 操作后的安全规范。工件处理完成后,将工件缓慢从盐浴中取出,使用专用的工具将工件放置在安全的位置,让其冷却。在取出工件后,先关闭盐浴炉的加热电源,然后让盐浴自然冷却。不要急于排空盐浴,以免高温盐浴接触空气后发生剧烈反应。待盐浴完全冷却后,清理盐浴炉,检查通风系统,清理通风管道中的灰尘和盐渍。

7.2.2.5　铸造实验场地与操作安全规范

(1) 建筑设施要求。铸造实验场地的建筑结构应符合安全标准,屋顶要有足够的强度,能够承受吊运设备和铸件的重量。墙壁和地面要采用防火、耐高温、耐磨材料。场地要具备良好的通风系统,因为铸造过程中会产生大量的粉尘、烟雾和有害气体(如一氧化碳、二氧化硫等)。通风系统应能够及时排出有害物质,使室内空气质量符合国家职业健康标准。

(2) 布局规划要求。铸造实验场地应合理划分不同的功能区域,包括熔炼区、造型区、浇注区、落砂清理区等。各个区域之间要保持一定的安全距离,防止不同操作环节之间相互干扰和引发事故。场地内应设有明确的通道,通道宽度要满足人员和运输设备(如叉车、手推车)的通行要求,且应保持畅通无阻。通道标志应清晰,不能被砂箱、铸件等杂物占用,以确保在紧急情况下人员能够快速疏散。

(3) 安全设施配备要求。铸造场地周围应设置防护栏,防止无关人员进入危险区域。在熔炼炉、浇注设备等高温、危险设备周围,防护栏的高度和强度要符合规定要求。场地内应配备灭火设备,如灭火器、灭火砂等。同时要设置明显的安全警示标志,如“高温危险”“注意粉尘”“防止烫伤”等标志,提醒操作人员注意安全。

(4) 铸造操作安全规范。一是在熔炼前,要对熔炼设备(如冲天炉、电炉等)进行全面检查;二是对熔炼的金属原料进行检查,确保原料干燥、无油污和杂质;三是在熔炼过程中,操作人员要密切关注炉内的情况,包括温度、压力等参数。要穿戴好防护用品,如耐高温的工作服、防护手套和防护眼镜。严禁在熔炼过程中离开岗位,防止炉内情况失控。

(5) 浇注和落砂清理操作要求。① 浇注前,要检查浇注包是否完好,包括包衬是否有裂缝、包嘴是否畅通等;浇注包的容量要与浇注的金属液量相匹配,避免金属液溢出。② 浇注时,要采用正确的浇注姿势,浇注包口要尽量靠近砂型的浇口杯,并且保持一定的高度和角度,以确保金属液平稳地流入砂型;操作人员要穿戴好防护用品,防止金属液飞溅烫伤;严禁在浇注过程中向浇口杯内窥视,以免金属液溅入眼睛。③ 铸件浇注完成后,要等待足够的时间让铸件在砂型中自然冷却,不要过早地进行落砂清理,以免铸件因温度过高而变形或产生裂纹。④ 落砂时,要采用合适的工具,如振动落砂机等。操作人员要与落砂机保持一定的安全距离,并且要佩戴防护眼镜和耳塞,防止沙尘和噪声伤害。

7.2.2.6 高空作业安全规范

在实验室环境中,高空作业是指在距离坠落高度基准面 2 米及以上有可能坠落的高空进行的作业,坠落高度基准面是指可能坠落范围内最低处的水平面。实验室高空作业的类型主要包括达到高空作业标准的设备安装与维护、建筑设施维护、实验样本采集与布置等。

原则上,学生应尽量避免高空作业,若因教学、研究必须进行,要充分考查学生的身体、心理状况以及经验与训练情况。不准患有高血压、心脏病、贫血、癫痫、恐高症等不适合高空作业的人员从事该项工作,对过度疲劳、精神不振和思想情绪低落人员要停止其高处作业,严禁酒后从事高空作业。

(1) 人员要求

从事实验室高空作业的人员应接受全面的高空作业安全培训,包括高空作业设备操作技能、危险识别、应急处理措施等,获得相应的资格证书。

(2) 着装和防护要求

操作人员要穿戴好规定的防护用品,包括安全带、安全帽和其他可能用到的防护装备(防尘口罩、防护服、防护眼镜和防护手套)。安全带是高空作业最重要的防护装备,作业前必须检查安全带的完整性和可靠性。

(3) 作业设备与设施安全要求

① 如果使用脚手架进行高空作业,脚手架的搭建必须由经过专业培训的人员按照相关标准进行,在搭建完成后,要进行验收检查,确保脚手架的踏板牢固、栏杆安全。

② 如果使用升降平台进行高空作业,要确保平台的额定承载能力满足作业要求。在操作前,对升降平台进行全面检查,包括液压系统、电气系统、安全防护装置等。

③ 如果使用梯子进行高空作业,首先选择合适的梯子类型,如直梯或人字梯,根据作业高度和环境来确定。梯子的材质要坚固,放置要平稳,与地面的夹角要符合安全要求(一般为75°左右)。使用过程中,要有专人扶持,防止梯子滑动。

(4) 作业现场安全管理

一是设置警示标志,"高空作业,禁止靠近"等,提醒其他人员注意,避免无关人员进入作业危险区域;二是清理现场杂物,确保现场整洁,避免物品从高空坠落,可能会对下方人员和设备造成伤害;三是复杂的高空作业要有专人进行现场监督和协调。监督人员要熟悉作业流程和安全规范,能够及时发现和纠正作业人员的不安全行为。同时与实验室其他区域的人员保持协调沟通,确保整个作业过程的安全。

7.3 电气安全

7.3.1 电气设备使用规范

7.3.1.1 电气设备保护器件及使用规范

低压电气保护器件主要有低压断路器、低压熔断器、热继电器、过欠压保护器、漏电保护器等。

(1) 低压断路器

低压断路器也称空气开关,简称空开,用于线路和电气设备的短路保护和过载保护。当电路发生过载、短路等故障时,断路器能自动切断电路,防止设备损坏和火灾等危险情况的发生。

使用规范:应选择合适的断路器型号和额定电流,确保其动作灵敏、可靠,具有足够的断流能力。同时,应定期检查断路器的性能和状态,确保其处于良好工作状态。

(2) 低压熔断器

低压熔断器简称熔断器,是一种最简单的保护电器,在电路中主要起短路保护作用。当电路发生短路时,熔断器会迅速熔断,切断电路,防止故障扩大。

使用规范:应根据电路的额定电流和短路电流选择合适的熔断器规格。必须提醒的是,绝对不可用其他金属线来代替熔断器,也不可使用大容量或小容量的熔断器,这样会增加电气系统的安全风险。

(3) 热继电器

热继电器用于控制对象的过载保护。当负载过载时,热继电器会通过常闭辅助触点断开接触线圈,起到保护作用。

使用规范:应选择合适的热继电器型号和额定电流,确保其准确、可靠工作。同时,应定期检查热继电器的性能和状态,及时更换老化的热元件。

(4) 过欠压保护器

过欠压保护器用于防止因过电压或欠电压而损坏电气设备,当电源电压超出设定范围时,过欠压保护器会切断电路,保护设备安全。

使用规范:应根据设备的额定电压和允许波动范围选择合适的过欠压保护器规格。同时注意安装位置和方式,确保其能够准确、可靠地工作。

(5) 漏电保护器

漏电保护器用于防止因电气设备的绝缘损坏而引发触电事故。以常用的工作电流为 30 mA 的漏电保护器为例,漏电电流大于 30 mA 时,漏电保护器会迅速切断电路,保护人身安全。

使用规范:应安装在电源进线端或用电设备的电源进线端,确保其能够检测到漏电并切断电路。选择合适的漏电保护器型号和工作电流,确保其准确、可靠工作。

7.3.1.2　电气设备及线缆环境要求

（1）各种电气设备以及线缆所处的环境必须保持干燥，环境潮湿、泡水等情况极易破坏电器元件的绝缘层，进而引发漏电、短路、击穿等问题，最终可能导致电气设备被烧坏，甚至引发火灾，造成严重的财产损失和人员伤亡。

（2）在潮湿、腐蚀性的气体或蒸气等特殊场所的实验室内敷设线缆时，必须采取相应的防护措施（如安装漏电保护开关），以防止线缆受到侵蚀，确保其正常运行。

（3）在有酸碱腐蚀性介质的场所，宜采用塑料导管和槽盒布线，这样可以有效抵御酸碱对线缆的腐蚀。

（4）在可能存在爆炸和火灾危险的环境中安装敷设电气线路时，必须严格符合现行国家标准，从线路的选材、敷设方式到防护措施等各个环节，都要符合相关规定规范，做到万无一失，避免因电气线路引发爆炸和火灾事故。

（5）严禁在电气设备、电线、电缆上悬挂物品及其四周堆放杂物，以免影响设备的正常散热，还可能因物品的重量或摩擦导致线缆破损，引发漏电等安全事故。

（6）严禁用湿布、湿毛巾、水及非绝缘的工具等清洗、擦拭电气设备，这些危险行为极易导致触电事故。

7.3.1.3　实验室内接地母排设置要求

实验室功能间是指在建筑中具有特定用途和需求的空间，功能间墙面应设有专用接地母排，并设有多点接地引出端。接地母排的作用是将电流或电压引入接地网的连接导体，犹如建筑物电气装置的“心脏”，能够提供参考电位点，通过它将所有设备需接地的部分与接地极相连接，然后汇总到建筑物的接地网中，其作用是保护设备及人身安全。

（1）接地母排一般采用铜排、铝排、镀锌扁钢、铜包钢等具有良好的导电性和耐腐蚀性的材料，可确保接地母排的正常运行，其中采用铜排的居多。

（2）实验室安全保护接地电阻一般不大于 4 Ω，这是保障实验室安全的重要指标。接地电阻是衡量接地状态是否良好的重要参数，包括接地线、接地体以及大地的电阻。接地电阻越小，保护效果越好。

(3) 对于一些特殊的实验室，如含有易燃易爆物质的化学实验室或对电磁干扰要求严格的电子实验室，接地电阻要求会更严格，一般不超过 1 Ω。

(4) 为降低接地电阻，可采用多点接地、深埋接地电极、增大接地极面积、在接地极周围添加降阻剂或更换土壤等方式。

7.3.1.4 强电实验室安全设施要求

强电实验室是专门用于开展高电压、大电流电气实验的专业场所，其设计、运行和管理需遵循严格的安全规范。需要注意，根据《电气装置安装工程 低压电器施工及验收规范》(GB 50254—2014)，交流 50/60 Hz、额定电压≤1 200 V，或直流额定电压≤1 500 V 为低压电器，高于此额定电压的为高电压。为加以区分，额定电压交流>1 200 V、直流>1 500V 的强电实验室称为高电压实验室。高电压实验室必须设定安全距离，并按规定设置一系列安全设施。

(1) 高压电实验室应设置安全隔离装置或屏蔽遮拦物。屏蔽遮拦物由金属制成，并可靠接地，将实验区域与其他区域隔离开来，避免无关人员靠近危险的带电设备。在遮拦物上和实验场地周围应设置明显的警示标志，如“高压危险”“止步，有电危险”等标志。

(2) 高压电实验室的控制室(控制台)人员操作区应铺设橡胶绝缘垫。橡胶绝缘垫具有足够的耐电击穿能力，能够保护操作人员在操作过程中免受触电伤害。

(3) 强电实验室必要时可以使用相序保护器、逆相保护器和谐波抑制器。这些设备能够有效保障电气设备的正常运行，防止因相序错误、逆相和谐波等问题引发安全事故。

(4) 无论高电压设备是否带电，工作人员都不得单独移开或越过屏蔽遮拦物进行操作，若有必要移开遮拦物时，必须有监护人员在场，并符合规定的安全距离。

7.3.1.5 强电实验室消防要求

强电实验室应设在远离易燃、易爆场所的独立建筑内或建筑的独立区域，且宜布置在首层或低楼层，便于人员疏散。实验室内部应合理划分功能区域，将强电设备区、操作区、学习区等明显分开。

(1) 强电实验室禁止存放易燃、易爆、易腐蚀物品，因为这些物品在强电环境下极易引发火灾和爆炸事故。若确需存放，必须要有相应的隔离措施及专门的存放地点，确保物品的安全存放。

(2) 强电设备周围应留有通风散热空间，保证设备在运行过程中能够及时散热，避免因过热而引发火灾。

(3) 实验室必须配备干粉灭火器、二氧化碳灭火器、灭火砂箱、铁锹等灭火器，且应放置在明显、便于取用的位置，以便在火灾发生时能够及时进行扑救。灭火器周围不得堆放杂物。灭火时应根据火灾类型选择合适类型的灭火器，如干粉灭火器、二氧化碳灭火器等。

(4) 机器(仪器)与设备的局部照明电路应有过电流保护，防止照明电路因过电流或过高电压而引发火灾。

(5) 严禁占用强电实验室通道，确保在紧急情况下人员能够迅速撤离。

7.3.1.6　强电类实验操作规范要求

强电实验是指在实验室环境中，涉及强电系统的实验操作。如对强电设备(如变压器、开关柜、大功率电机等)的性能测试，或对强电电路(如高压输电模拟电路、大功率整流电路等)的特性研究，或利用强电进行材料处理(如利用高电压进行材料的电晕处理、利用大电流进行材料的电热加工等)，以及强电设备和电路的开发与验证等方面的实验。强电对人体可能造成触电危害、电弧危害和电磁场危害，威胁身体健康，严重的甚至导致死亡。因此，强电类实验应严格按照规程操作，并做好安全防护措施，保障实验人员安全。

(1) 人员要求

实验人员必须具备相关的电学知识和强电实验操作经验，不得少于二人进行操作，在实验过程中能够相互照应，意外情况下能够及时采取应对措施。

(2) 着装和防护要求

根据实验项目实验人员要穿戴好适当的个人防护装备，包括绝缘手套、绝缘鞋和护目镜等。绝缘手套应能耐受实验电压等级，绝缘鞋要符合相关的绝缘标准，护目镜用于防止可能出现的电弧、电火花对眼睛造成伤害。

(3) 设备和环境安全检查

对实验所用的强电设备进行全面检查，如外观是否有损坏、开关设备的触头是否有烧蚀等情况；对于长期未使用的设备，还要检查其内部元件是否受潮或老化。对实验环境进行检测，确保实验环境干燥、通风良好、无杂物及易燃易爆物品。

(4) 实验过程操作要求

连接或改变实验线路前必须先切断电源，确保设备处于断电状态；实验过程严格按照操作规程进行，记录实验数据，观察运行参数变化情况，有异常情况按照规程处置；实验过程中人员保持与带电设备的安全距离。

(5) 操作后的安全要求

实验结束后按照正确的顺序关闭设备电源。如需拆除线路的，不要立即拆除线路，要在设备充分放电后再进行拆除操作或其他后续操作。

7.3.1.7 静电危害场所(实验室)的防护要求

静电危害场所是指易产生静电危害现象的场所，如有精密电子仪器、计算机、有易燃易爆气体、粉尘的实验室等。为保证实验室电磁环境不受影响，保持空气湿润有助于减少静电的产生。在静电危害场所开展实验或其他研究活动，个人防护措施必不可少。

(1) 湿度控制要求

静电危害场所(实验室)应保持适宜的湿度，一般建议将相对湿度控制在40%～60%，空气中的水分子能够吸附在物体表面，增加物体表面的导电性，从而减少静电的产生和积累。

(2) 温度控制要求

极端的温度条件也可能间接影响静电的产生和危害，过高或过低的温度可能会影响设备的性能，进而导致静电问题。实验室的温度应保持在18～27 ℃。

(3) 清洁要求

保持实验室环境清洁对防止静电产生至关重要。灰尘颗粒在摩擦过程中可能会产生静电，并且容易吸附在带有静电的物体上，进一步加剧静电积累。定期清扫地面和设备表面，去除灰尘和杂物。

(4) 设备设施要求

一方面，良好的接地是静电防护的关键措施，实验室中所有金属外壳的设备、仪器和工具都应可靠接地。另一方面，根据实验室的具体情况，配备适当的静电消除设备，常见的有离子风机、静电桩和静电消除棒。

(5) 着装和防护要求

实验人员要穿防静电的衣服和鞋靴，服装外观要求无破损、斑点、污物以及其他影响性能的缺陷，一般不得使用金属附件。禁止穿着化纤制品等服饰，因为化纤制品容易产生静电，增加静电危害的风险。

7.3.1.8 强磁设备的安全防护

强磁设备通常指那些磁场强度大于或等于1特斯拉的设备。这类设备在医疗领域(如核磁共振设备MRI)、科研探索及材料加工等多个领域扮演着重要角色。然而，强磁设备在运行期间会对其周围环境产生一个强大的磁场，这不仅可能对人体健康构成潜在威胁，干扰精密电子设备的正常运行，还可能对周围环境造成不良影响。因此，为确保安全，必须采取周密的防护措施。

(1) 物理屏蔽

采用磁性屏蔽材料，使用高导磁率的材料(如坡莫合金、软铁等)制作屏蔽罩或屏蔽网来包围强磁设备。引导磁力线集中在屏蔽体内，从而减少外部空间的磁场强度，防止其扩散到工作区域之外。在对磁场屏蔽要求较高的场所，可采用多层屏蔽结构。

(2) 个人防护

除了物理屏蔽，操作人员还需配备专业的防磁器材，比如防磁手套和防磁鞋。这些装备能显著降低强磁场对人体的影响，进一步保障工作人员的安全。

(3) 限制接近距离

在强磁设备周围划定安全区域，设置明显的警示标志，限制人员靠近。根据设备的磁场强度和类型，规定最小安全距离。

(4) 操作过程防护

一是实验人员取下身上的铁磁性物品，防止被强磁场吸附而造成伤害。二是防止铁磁性物体(如工具、螺丝等)吸入，造成设备损坏或引发其他安全问题。

7.3.2 电气设备使用防护

7.3.2.1 电气绝缘

(1) 绝缘性能

电气设备的外壳及内部零件应具有足够的绝缘性能，确保人体与电气设备的带电部分之间的绝缘。经绝缘能力试验合格的电气设备在正常使用条件下，应满足一定的绝缘距离要求。

(2) 绝缘监测

建立绝缘监测系统，监测电气设备的绝缘状态，常用的绝缘监测方法有接地电流监测、绝缘电阻测量、介质损耗角测量等。绝缘监测系统能及时发现设备的绝缘状态异常，预防事故的发生。

7.3.2.2 接地保护

(1) 接地系统

电气设备的接地系统是重要的触电防护措施。接地系统不仅能够将设备外壳等不带电部分安全地接地，还能提供设备内部故障的漏电流通路，防止人体触电。接地系统应符合国家电气设备的设计与施工要求，确保接地电阻满足规定的标准。

(2) 接地电阻

设备接地线的截面积应符合规定，接地电阻也要达到标准要求，确保设备的接地效果。

7.3.2.3 安全距离

人体与带电体的距离：人体、物体等接近带电体时应保持一定的安全距离，以防止发生触电事故。

带电体之间的距离：带电体与地面之间、带电体与带电体之间、带电体与其他设施和设备之间，均应保持一定距离。电气安全距离见表 7-1。

表 7-1　电气安全距离

电压等级	安全距离
10 kV 及以下	0.7 m
20 kV、35 kV	1.0 m
60 kV、110 kV	1.5 m
220 kV	3.0 m
330 kV	4.0 m
500 kV	5.0 m
750 kV	7.2 m
1 000 kV	8.7 m

7.3.2.4　设备标志与警示

(1) 设备标志

为了提醒工作人员注意电气设备的带电部分，电气设备应设置相应的标志，如高压警示标志、接地标志、避雷设备标志等。这些标志能够引起工作人员的警觉，提醒工作人员在操作电气设备时要注意安全。

(2) 警示信息

在电气设备周围或操作面板上设置必要的警示信息，如操作注意事项、禁止事项等，以提醒操作人员遵守安全规定。

7.3.2.5　人员培训与安全意识

(1) 人员培训

对于使用电气设备的人员来说，良好的行为习惯和正确的操作方法是触电防护的重要方面。组织定期的安全培训，提高人员对电气设备安全防护的意识和认识，提高正确使用设备和应对突发情况的能力。

(2) 安全意识

操作人员应时刻保持安全意识，严格遵守电气设备的安全操作规程，避免违章操作或误操作导致触电事故。

7.3.2.6　安全设备配置

(1) 漏电保护装置

漏电保护装置是用于检测和保护电气设备在发生漏电时的安全装置。当设备发生漏电时，漏电保护装置能够及时切断电源，避免漏电造成危害。漏电保护装置应符合国家标准，并进行定期的检测和维护。

(2) 其他安全设备

根据电气设备的特性和使用要求，配置相应的安全设备，如过温保护器、过欠压保护器、短路保护器等，以提高电气设备的防护能力。

7.3.2.7　工作环境要求

(1) 干燥通风

工作环境应保持干燥，防止电气设备及其附近积水、漏水。电气设备及设备周围应保持通风良好，防止因过热造成电气设备的绝缘损坏及外壳泄漏电流上升。

(2) 清洁整洁

定期对电气设备进行清洁和维护，保持电气设备表面和内部的清洁整洁，避免灰尘、油污等杂物对电气设备性能的影响。

7.4 激光安全

7.4.1 激光设备使用规范

7.4.1.1 典型激光设备

(1) 气体激光器

如氦-氖(He-Ne)激光器是一种常见的连续波激光器，发射波长为632.8 nm的红光，常用于全息摄影、激光准直等实验。二氧化碳(CO_2)激光器的激光波长为10.6 μm，处于中红外波段，工作物质是二氧化碳气体，常用于材料加工实验以及红外光谱学研究。

(2) 固体激光器

如红宝石激光器，工作物质是红宝石晶体(主要成分是氧化铝，掺杂少量铬离子)，产生波长为694.3 nm的激光，用于激光测距、激光打孔等实验。

(3) 半导体激光器

半导体激光器的核心是半导体芯片，当通过正向电流时产生波长范围较广(从可见光到红外波段)的激光。半导体激光器是一种小型化、高效率的激光源，常用于光纤通信实验、光盘存储等领域。

(4) 激光切割机

激光切割机由激光器、光路传输系统、运动控制系统和工作台等组成，激光器产生高能量密度的激光束，通过光路传输系统将激光束聚焦到待加工材料的表面，运动控制系统控制工作台的移动或激光头的移动，使激光束按照预设的路径对材料进行切割。激光切割机可以切割多种材料，如金属、非金属、复合材料等。

(5) 激光焊接机

激光焊接机利用高能量密度的激光束作为热源，使材料的待焊接部位瞬间熔化，形成牢固的焊接接头。在实验室里，常用于焊接微小零件或者在材料连接实验中研究不同材料之间的焊接性能。

(6) 激光测量设备

激光测量设备包括激光干涉仪和激光测距仪。前者基于光的干涉原理,可以精确测量位移、长度、角度、平整度等物理量,在精密测量实验室中,用于校准机床的精度、测量光学元件的平整度等。后者既可进行远距离测量,用于大地测量、建筑测量等领域;又可用于短距离的高精度测量,如在实验室环境下测量实验装置的微小尺寸变化等。

7.4.1.2 激光设备使用要求

(1) 人员要求

使用激光设备的人员需要具备一定的光学、物理等相关专业知识,同时要进行必要的操作培训,包括设备的基本操作、安全注意事项、紧急情况处理等内容。

(2) 开机前检查

在开启激光设备前,要检查设备的连接是否正常,包括电源线、光路连接、冷却系统等,还要检查设备周围是否有障碍物,确保光路畅通。

(3) 参数设置

根据实验目的合理设置激光设备的参数,如功率、波长、脉冲宽度、频率等。在设置参数时,要遵循设备说明书的要求,不能超出设备的额定参数范围。

(4) 光路调整

在调整光路时,要小心谨慎,避免激光直接照射到眼睛或其他非目标物体。一般应使用低功率的引导光来辅助光路调整,待光路基本确定后,再开启高功率激光。

(5) 设备运行监测

在激光设备运行过程中,要密切监测设备的状态,包括激光输出功率的稳定性、温度变化(对于有冷却系统的设备)、光路是否偏移等。如果发现异常情况,应立即停止设备运行,并进行检查和维修。

(6) 关机操作

实验结束后,按照正确的关机程序关闭激光设备。一般先关闭激光输出,然后关闭电源,最后关闭冷却系统。

(7) 维护保养

一是定期清洁激光设备的光学元件(如透镜、反射镜等)。二是定期对光学元件进行校准,检查其位置和角度是否正确。三是对于有冷却系统的激光设备,定期检查冷却系统的运行状况。四是定期检查激光设备的电气系统,包括电源线、电路板、开关等,查看是否有松动、短路、过载等情况。

7.4.2 激光设备使用防护

7.4.2.1 激光使用的潜在危害

(1) 对眼睛的危害

激光可能造成视网膜损伤、角膜损伤和晶状体损伤。可见光和近红外激光可以透过眼睛的屈光介质(如角膜、晶状体等),聚焦在视网膜上,对视网膜造成严重的热损伤或光化学损伤。紫外线激光主要被角膜吸收,高能量的紫外线激光照射会引起角膜上皮细胞坏死、脱落,导致角膜混浊,引发电光性眼炎,患者会出现眼痛、畏光、流泪、视力模糊等症状。长期或反复暴露于某些波长的激光(如部分中红外激光)可能会导致晶状体混浊,进而引发白内障。这是因为激光的能量被晶状体吸收后,会引起晶状体蛋白的变性,破坏晶状体的正常结构和透明度。

(2) 对皮肤的危害

激光对皮肤的危害表现为热灼伤和光化学损伤。当皮肤暴露在高能量激光下时,激光的能量会被皮肤吸收,使皮肤组织温度迅速升高,导致热灼伤,引起局部皮肤发红、起水疱,严重时甚至会造成皮肤炭化。某些波长的激光照射皮肤后,可能会引起光化学反应,破坏皮肤细胞中的生物分子,如蛋白质、核酸等,导致皮肤过敏、炎症,长期暴露可能还会增加皮肤癌的发病风险。

(3) 引起火灾和爆炸

高能量密度的激光束可以点燃许多易燃物质,如纸张、木材、塑料、布料等,在实验室环境中应加以重视。在一些特定的环境中,如含有可燃气体(如氢气、甲烷等)或可燃粉尘(如金属粉尘、面粉等)的空间,激光产生的高温可能会引发爆炸。

7.4.2.2　激光使用的个体防护

(1) 眼部防护

首先，选择合适的防护眼镜。一是根据激光波长选择，不同波长的激光对眼睛的危害部位和程度不同。对于紫外线激光设备，要选择能有效阻挡紫外线的防护眼镜；对于可见光和近红外激光，防护眼镜应能衰减特定波长的激光强度，以防止视网膜损伤。二是根据激光功率选择，高功率激光比低功率激光具有更大的危害性，应选择光学密度值较高的防护眼镜。

其次，应正确佩戴和使用防护眼镜。确保合适的贴合度，防护眼镜要与脸部紧密贴合，防止激光从侧面或缝隙进入眼睛。使用者应定期检查眼镜，一旦发现镜片有问题，应及时更换。

(2) 皮肤防护

首先，选择合适的防护服。对于可能接触到高能量激光的场合，要选择由防激光材料制成的防护服。这些材料能够反射、吸收或散射激光，从而减少激光对皮肤的损伤。防护服应能覆盖身体的各个部位，包括手臂、腿部、颈部等，并且要确保领口、袖口和裤脚处都能紧密闭合，防止激光进入。

其次，使用防护手套和面罩。根据激光设备的类型和操作环境选择合适的防护手套。对于一些可能接触到高能量激光反射光的操作，如激光焊接过程中的手工辅助操作，要选择能够耐受激光能量的手套。在有可能出现激光散射光或反射光照射到脸部的情况下，使用防护面罩很有必要。

(3) 呼吸防护(在特定情况下)

首先，识别有害气体产生情况。在一些激光加工过程中，如激光切割、焊接金属或某些塑料材料时，可能会产生含有金属颗粒、有害氧化物或有毒的有害气体。

其次，选择合适的呼吸防护设备。当存在有害气体产生的风险时，应根据有害气体的类型和浓度选择合适的呼吸防护设备。对于一些低浓度的有害气体，可以使用过滤式防毒面具，其滤芯能够过滤特定的有害气体成分。对于高浓度或未知成分的有害气体，需要使用自给式呼吸器，以确保提供清洁的呼吸空气。

7.4.2.3 激光使用中的操作防护

（1）非实验室人员不得进入激光设备正在运作的房间或者激光工作区域，以防止无关人员在不了解激光危险性的情况下意外受到激光伤害。

（2）规范操作，确保防护罩有效。防护罩的主要作用是确保激光的照射方向不会指向除操作人员以外的其他人员，从而避免潜在的伤害风险，降低激光辐射对操作人员及周边人员的潜在威胁。

（3）操作人员不得佩戴手表等能反光的物品使用激光。

（4）操作人员不得直视激光束及其反向光束，禁止对激光设备做任何目视准直操作。

（5）禁止在激光路径上放置易燃、易爆物品及黑色的纸张、布、皮革等燃点低的物质（激光毁伤实验除外）。

（6）禁止直接用眼睛检查激光设备故障，激光器必须在断电情况下进行检查。不允许将激光瞄准任何人体、动物、车辆、门窗和天空等。

7.5 粉尘安全

高校实验室从事与粉尘相关的研究活动较多，如材料科学领域的粉末冶金实验、陶瓷材料制备实验和分子材料的粉末加工实验，化学学科领域的固体试剂的研磨实验和化学沉淀法实验，环境科学领域的大气颗粒物采样与分析实验和粉尘对环境微生物影响的实验，安全科学领域的粉尘爆炸特性实验、粉尘物理特性实验、粉尘对人体健康影响实验、粉尘控制与防护实验等。

粉尘对人体健康、实验设备和环境等有着不容小觑的危害。某些粉尘在大量积聚，符合爆炸条件的情况下还会发生爆炸。安全保障是与粉尘相关的实验活动的基础和前提，应引起高度重视。

7.5.1 粉尘实验操作规范

7.5.1.1 粉尘的危害

（1）损伤呼吸系统

① 产生刺激和炎症。粉尘进入呼吸道后，首先会刺激鼻腔、咽喉等部

位,引起鼻黏膜充血、水肿,导致流涕、打喷嚏、咽喉疼痛等症状。长期接触高浓度粉尘,可使炎症蔓延至气管和支气管,引起气管炎、支气管炎。

② 引起尘肺病。这是粉尘对呼吸系统最严重的危害。长期吸入生产性粉尘,尤其是矽尘(含游离二氧化硅的粉尘)、煤尘等,这些粉尘会在肺泡内沉积,导致肺部组织发生纤维化病变。尘肺病患者会出现咳嗽、咳痰、胸痛、呼吸困难等症状,且病情会随着时间的推移逐渐加重,严重影响患者的生活质量和寿命。

③ 引起过敏性哮喘和肺泡炎。某些粉尘含有过敏原,如谷物粉尘、动物皮毛粉尘等。对于过敏体质的人,吸入这些粉尘后,会引起免疫系统的过敏反应,导致过敏性哮喘发作。

(2)伤害皮肤和眼部

① 皮肤损伤。粉尘落在皮肤上,会堵塞毛孔,影响皮肤的正常呼吸和排泄功能,导致皮肤瘙痒、毛囊炎等皮肤疾病。有些粉尘具有腐蚀性,如碱性粉尘接触皮肤后会引起化学性灼伤。

② 眼部损害。当粉尘进入眼睛时,会引起眼睛的刺激、疼痛、流泪等症状。如果粉尘带有尖锐的颗粒,还可能划伤角膜和结膜,引发感染。

(3)污染环境

粉尘在空气中悬浮,会使室内空气质量变差。高浓度的粉尘会使空气中可吸入颗粒物增多,会对人员健康产生不利影响。实验过程中产生的粉尘如果没有得到有效控制,可能会扩散到周围区域,对更大范围的环境造成污染。

(4)影响实验设备和实验结果

粉尘容易进入实验设备的缝隙、通风口和精密部件中,堵塞通风散热通道,导致设备过热而损坏,粉尘颗粒也会对设备的运动部件产生磨损作用,降低设备的使用寿命。此外,在一些精密的实验测量过程中,粉尘可能会干扰实验结果,影响测量准确性。

(5)引起粉尘爆炸

粉尘爆炸是粉尘实验室中必须高度警惕的重大风险。当粉尘在空气中的浓度处于爆炸极限范围内,一旦遇到如明火、高温等热源,便会触发剧烈的化学反应,引起爆炸。

7.5.1.2 粉尘实验的风险评估

在开展粉尘实验之前，全面且深入的安全风险评估是必不可少的关键环节。一是能够充分掌握粉尘的危险特性，制定出针对性强、切实可行的应急处置措施；二是可以有效地保障人员健康安全，保护实验设备正常运行，维护实验室安全环境。因此，从职业健康安全和实验室安全角度考虑，都要求对粉尘实验过程中的潜在风险进行评估和控制。

(1) 实验前收集信息，包括粉尘特性分析（种类、粒径分布、可燃性和毒性等）、实验设备和环境信息等。

(2) 进行风险识别，包括火灾和爆炸风险、人员吸入风险、皮肤接触风险、设备损坏风险和环境污染风险等类型。

(3) 开展风险分析。一是可行性评估分析，根据实验条件和以往的经验数据，评估每种风险发生的可能性。二是严重性评估分析，评估每种风险一旦发生可能造成的后果的严重程度。

(4) 进行风险评价。一是根据风险可能性和严重性的评估结果，综合确定风险等级。二是可接受风险判定，参考相关的安全标准和法规以及实验室自身的风险接受准则，判定哪些风险是可以接受的，哪些风险是不可接受的。

(5) 制定风险控制措施。① 工程控制措施，即通风、防爆、接地和静电消除方面的措施。② 管理控制措施，即实验操作规程和安全制度、人员安全培训措施。③ 个人防护措施，即为实验人员配备适当的个人防护装备，如防尘口罩、防护手套、防护眼镜等。④ 应急措施，即制定粉尘事故应急预案，配备必要的应急设备。

7.5.1.3 粉尘实验室人员资质与操作规范

在粉尘实验室中，确保安全、稳定地运作是重中之重，而这在极大程度上取决于操作人员的专业素养以及是否严格遵循操作流程。操作人员扎实的专业素养是基础，规范操作则是保障实验室安全的关键防线，两者相辅相成。只有两者协同发挥作用，才能为粉尘实验室的安全运作提供坚实保障，有效预防各类安全事故，确保实验能够顺利进行。

(1) 人员资质

从事粉尘相关研究的实验人员，应该具备相关的教育和专业基础，同时掌握必要的安全工程原理和职业健康知识。此外，在开展粉尘实验之前，应有专业技能与培训经历，掌握实验操作技能，具有应急处置技能，对有资格认证要求的研究工作，获得资质证书后方可上岗操作。

(2) 实验前设备检查

仔细检查实验所需的设备，如粉尘产生装置、加热设备、通风设备和分析仪器，无损坏或故障迹象；检查通风系统是否正常工作，通风量是否符合要求；对于可能产生静电的设备，要检查静电消除装置是否有效。

(3) 环境准备

确保实验室环境整洁，无杂物堆积。控制实验室的温湿度，确保环境不导致粉尘结块，也不易产生静电。

(4) 实验过程中的操作要求

一是按照预定的实验方案，谨慎地操作粉尘产生装置，严格控制粉尘的产生量和释放速度，避免产生过多的粉尘，导致空气中粉尘浓度超过安全限度。二是正确操作实验设备，严格遵循设备的使用说明书和操作规程。在使用加热设备时，要精确控制温度，防止因温度过高引发粉尘燃烧或爆炸。三是定期观察设备的运行状态，一旦发现异常情况，如设备过热、有异常噪声等，应立即停止实验，检查并排除故障。

(5) 实验后的清理要求

一是粉尘清理，实验结束后使用专门的清洁工具及时清理粉尘，避免使用可能产生静电的工具清扫粉尘。二是设备清理和维护，清除设备内部和表面的粉尘，检查设备是否有损坏或磨损的情况，对设备进行必要的保养和维修。

7.5.2　粉尘实验安全防护

粉尘实验中，安全防护至关重要。安全防护包括场所、消防、电气、设备、人员等方面的防护要求，不同粉尘特性不同，安全防护要求也有所侧重。

7.5.2.1　场所安全要求

(1) 实验室门窗安全要求。实验室门窗的框架宜采用金属材料制作，能够在一定程度上抵御外力冲击，保障实验室的结构安全。安全门应向外开启，一旦实验室内发生诸如粉尘爆炸等险情，向外开启的门能够迅速泄压，避免因内部压力过大导致门无法打开，妨碍人员逃生和救援工作的开展。

(2) 实验室防爆要求。对于可能存在大量粉尘的房屋建筑或实验场所，建筑结构应具备防爆性能。

(3) 必要的防火设计。建筑材料应选用具有良好防火性能的材料。屋面材料要不易燃，避免火灾发生时火势迅速蔓延至整个建筑。内部的隔墙材料也应具有一定的防火等级，能在一定时间内阻止火势扩散，为人员疏散和消防救援争取时间。另外，不同区域之间应设置防火墙、防火门等防火分隔设施。

(4) 相关通道要求。应急疏散通道必须保持畅通无阻，不能有任何物品堆积，确保在紧急情况下能够迅速进行人员撤离和应急施救。

7.5.2.2 电气设备防爆要求

(1) 电气设备必须严格遵循防爆标准。可燃粉尘，像铝粉、镁粉，甚至日常生活中常见的面粉，在一定条件下都能与气态氧化剂（主要是空气）发生剧烈氧化反应，进而引发燃爆。所以，大量粉状物质的贮存与使用场所，必须选用防爆型的电气设备、防爆灯以及防爆电气开关。

(2) 电气设备的安装位置应远离粉尘产生源和积聚区域等地方，减少粉尘对电气设备的影响。此外，电气设备的防护等级与粉尘环境应相适应。

(3) 采取必要的静电消除措施。静电是引发粉尘爆炸的一个重要因素，建筑内的金属外壳设备、管道等应进行可靠的接地，以消除静电。对于一些容易产生静电的操作，如粉状物料的筛选、包装等，可采用静电消除器。

7.5.2.3 除尘与工具防爆要求

(1) 粉尘加工实验场所必须安装除尘装置，这是控制粉尘浓度、预防粉尘爆炸的关键措施。

(2) 宜按工艺分区设置相对独立的除尘装置，确保能够最大限度地收集和处理粉尘。除尘装置要符合防静电安全要求。同时，除尘设施还应有阻爆、隔爆、泄爆装置。

(3) 粉尘作业过程中使用的工具应具有防爆功能或不产生火花，比如金属工具可以配有橡胶或塑料套。

7.5.2.4 灭火装置配备要求

(1) 粉尘作业实验场所应配备与粉尘相适应的灭火装置，这是在火灾发生时控制火势、减少损失的重要手段。灭火器配置不当，会导致在火灾发生时无法及时有效地灭火，使火势蔓延，造成更大的损失。

(2) A类灭火器(适用于固体物质火灾)：如果粉尘作业场所主要是有机粉尘，如面粉、木屑等，这些粉尘燃烧可看作固体物质火灾，可选用水基型灭火器或磷酸铵盐干粉灭火器。

(3) D类灭火器(适用于金属粉尘火灾)：对于金属粉尘，如镁粉、铝粉等，其燃烧特性与普通固体火灾不同，需要使用专门的D类灭火器。

(4) 二氧化碳灭火器：在一些电气设备较多的粉尘作业场所，可选用二氧化碳灭火器，它适用于扑灭电气设备和精密仪器周围的粉尘火灾。

(5) 气体灭火系统：对于一些特殊的粉尘作业场所，如含有高价值电气设备或对灭火介质敏感的场所，可考虑安装气体灭火系统。

7.5.2.5 人员防护要求

(1) 静电防护

场所要有明确的“穿防静电服装”的提示，实验人员必须穿防静电棉质衣服，严禁穿化纤材料制作的衣服。

(2) 呼吸防护

根据粉尘的性质和浓度选择合适的防尘口罩。对于一般的非毒性粉尘(如水泥粉尘、普通矿物粉尘等)，可使用符合国家标准的一次性医用防尘口罩；对于高浓度粉尘环境或接触有毒性粉尘(如铅尘、砷尘等)，则需要使用防护等级更高的防尘口罩，如N95、N99或P100等型号的口罩。

(3) 眼部防护

粉尘作业场所可能会因粉尘飞扬、设备操作(如切割、研磨等产生火花或碎屑)等情况对眼睛造成伤害。应根据具体的作业类型和风险选择防护眼镜。对于一般的粉尘接触，选择带有侧面防护的安全眼镜即可，其能够防止粉尘从侧面进入眼睛。如果涉及可能产生高速飞溅物的作业，如金属打磨，则需要使用防护眼罩或全面罩，防止碎屑、火花等直接冲击眼睛。此外，防护眼镜的镜片应具备良好的抗冲击性和光学性能。

(4) 皮肤防护

根据粉尘的性质和作业内容选择合适的防护手套和防护服装。如果接触的是一般的干性粉尘，如木屑、塑料粉尘等，可选择一次性乳胶手套等安全防护手套。对于具有腐蚀性的粉尘(如某些化学试剂粉尘)，则需要使用耐化学腐蚀的手套，如氯丁橡胶手套或氟橡胶手套，这些手套可以耐受多种化学物质的侵蚀，保护手部皮肤。工作服除防静电外，对于一些特殊的粉尘作业，如接触有毒粉尘或易沾染粉尘且难以清洁的作业，工作服还应具备防渗透性能。工作服的款式要尽量减少开口和缝隙，如领口、袖口和下摆等部位应设计为紧身或可封闭的形式，防止粉尘进入衣服内部。

7.5.2.6 粉尘浓度控制要求

(1) 不超过职业接触限值标准。在我国，为保护劳动者的健康，对于总粉尘浓度，时间加权平均容许浓度是一个重要的指标，要求各作业场所不能超过该值。以矽尘为例，其时间加权平均容许浓度一般为 1 mg/m^3，这意味着劳动者在一个正常工作日或工作周内，平均接触的矽尘浓度不应超过这个数值。对于一些有毒性的粉尘，其职业接触限值要求更为严格。

(2) 实时监测粉尘浓度。粉尘作业场所应安装粉尘浓度监测设备，如粉尘采样器和在线粉尘浓度监测仪，当达到上限值时进行报警。浓度监测频率根据粉尘的危害程度和作业场所的风险等级来确定。

(3) 优化通风系统，进行粉尘浓度控制调节。良好的通风是控制粉尘浓度的关键措施之一，可采用局部通风和全面通风相结合的方式，在粉尘产生源附近设置有效的局部通风装置，如通风柜、吸尘罩等，及时收集和排出刚产生的粉尘。通过风量调节，确保通风系统能够将粉尘浓度维持在安全范围内。

7.6 机电安全事故与应急处置

7.6.1 机电安全事故

实验室的机电安全事故通常涉及机械设备和电气系统，发生原因主要有设备老化与故障、设备本身存在设计制造缺陷、违规操作、环境因素、维护检测不合理等，这些事故会造成不同程度危害。对人员而言，可能导致触电和机械伤害，危及生命安全；对实验场所而言，易引发火灾和爆炸，造成财产损失、人员伤亡；对设备而言，可能致使设备损坏、数据丢失，影响教学科研工作。

7.6.1.1　机电安全事故类型及危害

（1）机械部件的挤压和夹伤

在实验室中有很多进行往复运动的机械设备或实验装置，如果运行过程中人员的手指或身体其他部位不小心处于关闭路径上，则易被挤压。一些有传送带、链条传动装置的设备，实验人员的衣物、皮肤可能会被夹入其中。例如，在材料力学实验室，使用万能试验机进行拉伸试验时，若操作不当，手指可能会被上下夹具夹伤。

（2）旋转部件的绞伤

很多实验室设备包含旋转部件，如离心机、搅拌器等。当这些设备在高速旋转时，如果头发、衣物或其他物品靠近旋转轴，就会被绞进去。比如，高速离心机在运转过程中，若实验人员的衣服、头发不慎靠近正在旋转的设备，会瞬间被绞入，从而可能导致人员被拖拽受伤。

（3）切割和刺伤

实验室可能会用到各种刀具或旋转轮盘。在进行样品制备过程中，使用刀具切割材料时，如果手滑易造成切割伤，也可能会刺伤实验人员。例如，在使用砂轮、机床切割试样时，操作失误会导致手部受伤。

（4）物体飞出造成的撞击伤

一些实验设备在运行过程中，由于部件的松动或者实验材料的飞溅等原因，会产生物体飞出的情况。比如，在机械性能测试实验室，当对金属材料进行冲击试验时，如果防护措施不到位，试件的碎片可能会飞出，击中实验人员，造成身体各部位的损伤。

（5）触电事故

触电事故是电气安全事故中最常见的类型。可能由于设备漏电、电线破损、实验人员操作不当等原因引起。例如，电气试验过程中的电气设备发生漏电，导致接触该设备的人员触电。

（6）电气火灾

主要是因为电气设备过载运行、线路老化、短路等原因。在实验室中，如果大功率电器使用容量不够的线缆，容易引发线路过热，进而导致火灾。例如，在电子实验室，大量的电子设备长时间工作，若电线的绝缘层老化破损，电线之间发生短路，产生的电火花易引燃周围的易燃物。

(7) 电弧和电火花烧伤

在电气设备的开关操作、插头插拔过程中或者电气设备故障时，可能会产生电弧和电火花。当实验人员距离较近时，就会被烧伤。例如，在高电压实验室进行实验时，当切断高电压电路时，开关处可能会产生强烈的电弧，对周围的人员造成烧伤。

7.6.1.2 机电安全事故原因分析

(1) 安全意识淡薄

部分实验人员对机电安全不够重视，缺乏基本的安全知识。例如，在实验室里随意触摸电气设备，没有意识到电气设备漏电的潜在风险；或者在机械装置运行时，忽视安全警示，靠近危险区域，这种麻痹大意的思想极易引发安全事故。

(2) 人的违规操作行为

实验人员为了省事，不遵守实验室操作流程，或未使用专门的操作工具，导致安全事故发生。

(3) 专业技能不足

如果实验人员没有经过系统的技能培训，可能无法正确地理解和执行安全操作规程，在实际操作中发生错误。如使用电气设备时因专业知识不足而进行误操作，造成电气故障和电气事故。

(4) 设备老化磨损或维护保养不足

机电设备长期使用后，容易出现各种问题，如陈旧老化、磨损、安全设施保护装置失效等问题。此外，设备维护不当，检修不及时，没有及时更新有效的防护装置，都容易导致设备故障。

(5) 管理因素

机电管理制度不完善，无法对实验人员的行为和设备的运行进行有效的规范；缺乏有效的监督管理机制，安全隐患长期存在而未整改；或者对操作人员的安全培训不足，缺乏系统性等都易导致事故发生。

7.6.1.3 机电安全事故的预防措施

(1) 围绕机电安全加强安全教育培训，提高人员的安全意识和操作技能。定期开展安全培训教育活动，让实验人员深刻认识到安全的重要性，时刻注意机电安全，同时提升实验设备的操作技能及应急处置能力。

(2) 规范实验人员实验操作行为。进一步完善规范机电实验的操作流程，明确每种设备的操作步骤、注意事项和禁止行为。

(3) 提升机电设备运维水平，强化设备维护与更新。建立完善的设备维护计划，根据设备的使用频率、重要性等因素，确定维护周期和维护内容。对于无法修复或维修成本过高的老旧设备，及时进行更新，杜绝设备“带病”运行。

(4) 改善设备使用场所条件，尽力消除环境影响。根据实验室的功能和设备的特点，合理规划设备的摆放位置，优化空间布局，保证通道畅通。安装环境调节设备，优化实验室的温度、湿度和空气质量。

(5) 完善安全管理制度，加大监督检查力度。建立健全包括设备操作规程、安全检查制度、事故应急预案等在内的一整套安全管理制度，定期和不定期地对实验室进行安全检查，落实各项制度，奖惩分明。

7.6.2　机电安全事故应急处置

7.6.2.1　机械事故的应急处置

(1) 停止设备运行。发生机械挤伤、撞击伤、切割伤、刺伤或绞伤等事故，应先停止机械设备运行。

(2) 协助受伤者脱离设备。如受伤者身体还没脱离机械设备，如被挤压或绞住，尽力协助受伤者与机械设备分离。这个过程要非常谨慎，避免对受伤部位造成二次伤害。

(3) 检查受伤部位，初步评估伤情。快速查看受伤者的受伤部位，重点观察受伤部位是否有骨折、出血、肿胀等情况。如果伤势较轻，可在现场简单处理；如果伤势较重，如怀疑骨折或出现严重出血，要立即呼叫急救人员（如拨打急救电话 120），并向急救人员详细描述伤情和事故情况。

(4) 简单现场处理（如果伤势允许）。如果有出血，应立即采取止血措施，用干净的纱布或棉球直接按压在伤口上，一般数分钟后出血可停止。尽量用生理盐水或清水冲洗伤口，去除伤口内的污垢、异物等，但不要用力擦拭，以免损伤伤口组织。用无菌纱布或干净的绷带包扎伤口，包扎时要注意松紧适度，既能够起到压迫止血的作用，又不会影响血液循环。如果有骨折，初步固定受伤部位，固定后，让受伤者保持舒适的姿势，避免移动加重骨折损伤。

(5) 协助后续救援。初步处置后,等待专业救援人员到来,协助救援人员开展后续救援工作。

7.6.2.2 触电事故的应急处置

(1) 发现有人触电,第一步应立即切断电源。

(2) 若无法及时找到电源,在保证自身安全的情况下,可以使用绝缘物体将电线从触电者身上挑开,注意不能用手直接接触触电者或电线。

(3) 如果必须用手,可戴上保护手套或在手上包缠干燥的衣物等绝缘物品拖拽触电者衣服,使之脱离电源。

(4) 现场初步检查,检查触电者的生命体征,包括呼吸、心跳、意识等。

(5) 将情况报告实验室相关负责人和安全管理人员,视情况决定是否拨打急救电话 120。

(6) 开展现场急救,如果触电者呼吸微弱或停止,应立即进行人工呼吸;若触电者心跳停止,还需要进行胸外心脏按压。

(7) 配合急救人员做好后续工作。

7.6.2.3 激光事故的应急处置

(1) 如果激光照射眼睛致伤,按如下流程进行应急处置。

① 立即停止激光照射。当发现激光对眼睛造成伤害时,第一时间要关闭设备电源或采取其他方式停止发射激光。

② 避免揉眼。受伤者要克制自己,不要用手揉眼睛,以避免进一步损伤眼部组织。

③ 初步检查与冲洗(如果情况允许)。在确保安全的情况下,可以对眼睛进行初步检查,尝试用生理盐水或清洁的流动水轻轻冲洗眼睛。注意不要让水直接冲击眼球中心,冲洗时间至少 15 分钟。

④ 闭眼休息并呼叫急救。冲洗后,让受伤者闭上眼睛,避免光线刺激,尽量减少眼球转动,以降低眼部损伤进一步恶化的风险。

⑤ 到医院进行进一步检查治疗。

(2) 如果激光照射皮肤致伤,按如下流程进行应急处置。

① 立即停止激光照射。与眼睛受伤一样,第一时间停止激光对皮肤的照射。

② 冲洗受伤皮肤。用大量的清水冲洗受伤皮肤部位,以降低皮肤表面的温度和清除可能残留的激光能量相关物质,冲洗时间 10～15 分钟。

③ 评估伤情。在冲洗后，对皮肤伤情进行初步评估。如果皮肤只是出现轻微的红肿，可能是一度烧伤的表现，可以用干净的纱布或毛巾轻轻覆盖受伤部位，避免感染。如果皮肤出现水疱、破损或烧焦等情况，可能是二度或三度烧伤，不要自行处理水疱或破损的皮肤，以免引起感染。

④ 到医院进行进一步检查治疗。

7.6.2.4　粉尘事故的应急处置

(1) 如果发生粉尘爆炸事故，按如下流程进行应急处置。

① 紧急避险。一旦发生粉尘爆炸事故，现场人员应立即停止工作，迅速蹲下或趴下，用湿毛巾、湿布等捂住口鼻，避免吸入爆炸产生的浓烟和有害气体。

② 紧急撤离。按照预定的安全疏散路线，尽快撤离爆炸现场。在撤离过程中，要注意观察周围环境，避开可能存在的二次爆炸危险区域，如粉尘浓度高的区域、火源附近等。

③ 报警求助。在撤离到安全地点后，立即报告单位的安全负责人和相关部门，或拨打火警电话 119 和急救电话 120。

④ 现场救援(如果可能)。对于具备救援技能的人员，在确保自身安全的情况下，可以进行简单的现场救援。例如，帮助受伤人员转移到安全地带，对伤口进行初步包扎止血等。但要注意避免盲目进入危险区域，防止发生新的事故。

⑤ 配合救援人员。配合急救人员工作，提供有关事故现场的详细信息，协助救援人员开展灭火、搜救等工作。

(2) 如果发生人员吸入粉尘致呼吸系统伤害事故，按如下流程进行应急处置。

① 脱离污染环境。一旦发现粉尘进入呼吸系统并引起伤害，首先要尽快脱离粉尘污染的环境，转移到空气清新的地方。如果是在室内，打开窗户通风，或者开启通风设备，加速空气流通。

② 清除呼吸道异物(如果可能)。鼓励伤者咳嗽，通过自然的咳嗽反射将呼吸道内的部分粉尘排出体外。

③ 检查呼吸状况。检查患者的状态等，观察是否有呼吸困难、喘息、胸痛等症状。

④ 吸氧和治疗。如果现场有吸氧设备，可以吸氧，以缓解呼吸困难和缺

氧症状，根据身体状况评估是否到医院进一步检查治疗。

思考题

1. 设备外壳要求可靠的保护接地，其作用是什么？
2. 为什么不允许将接地线连接至自来水管上来替代接地？
3. 为何大功率设备不允许使用插线板供电？
4. 实验室中的特种设备有哪些？
5. 使用切削设备时是否应该佩戴保护手套？为什么？
6. 低压电器的保护器件有哪些？保护性能有何不同？
7. 通常电路漏电电流大于多少时漏电保护器会跳闸？
8. 强电类实验是否可以单人开展实验？为什么？
9. 实验室安全保护接地电阻的要求是不超过多少欧姆？
10. 大功率激光器通常设有哪些防护装备？
11. 在调试、使用或维修哪些类型激光器时，必须有受过专门训练的专职人员参与？
12. 粉尘作业实验场所为什么不允许使用干粉型、水剂型和泡沫型灭火器？应使用何种类型灭火器？
13. 预防粉尘爆炸的核心要求是什么？
14. 对于粉尘浓度较高的场所，环境相对湿度应不低于多少？
15. 机电安全事故的类型有哪些？
16. 实验时发现有人触电，应如何处置？
17. 发生电器火灾，应如何处置？
18. 发生机械伤害事故，应如何处置？

▶ 第 8 章

实验室生物安全

本章简介

生物安全关乎实验室人员的健康与安全，能有效预防生物危害引发的事故，保障实验室正常运转；对维护生态平衡、防止生物风险扩散至外部环境具有重要意义，是实验室整体安全体系中不可或缺的组成部分。本章介绍生物安全常识、实验室生物安全等级和生物实验场所与设施要求，生物实验室中的病原微生物采购与保管、人员管理和操作管理，生物实验废物的处置要求，生物实验室的安全事故及其应急处置方法。

教学目标

知识目标 ① 熟知生物安全的基础常识。② 具备对生物安全等级的了解，并掌握实验室人员和操作管理的相关规定。③ 掌握生物实验室废物的分类标准及处置规范。④ 熟知常见生物实验室安全事故类型、危害及相应的应急处置方法。

能力目标 ① 能够依据生物安全等级要求，对实验场所与设施进行正确评估与判断。② 能够按照流程规范开展生物实验并妥善保管病原微生物。③ 熟悉生物实验室废物分类标准，能够准确识别并进行妥善处置。④ 具备应对生物实验室安全事故的能力，能够快速响应并妥善处理突发情况。

素养目标 ① 具备良好的道德品质和伦理意识，确保生物实验研究在合理、人道且可持续的框架内开展，推动生物实验朝着造福人类、维护生态平衡的方向发展，促进科研进步与社会福祉和谐统一。② 培养环境保护意识，在生物实验过程中重视对环境的影响，妥善处理生物实验废物，促进生物安全与生态环境协调发展。

8.1 实验室生物安全基础

当实验室涉及致病性细菌、病毒、动植物时，便会涉及实验室生物安全。生物安全是指防范动物、植物、微生物等生物因素对人类健康和自然环境造成的潜在威胁，同时涵盖了针对现代生物技术研发与应用过程中可能产生的负面效应所采取的一系列科学、有效的预防与管控措施。生物安全也可理解为，为避免危险生物因子（病毒、细菌、衣原体、真菌等）造成实验室人员暴露、向实验室外扩散并导致危害而采取的综合措施。

实验室生物危害来源主要包括各种病原体、有毒有害化合物（危险化学品）、放射性核素、实验动物、实验室废弃物等。实验室生物危害的潜在对象包括实验室内工作人员、实验室外人员、实验室外其他生物和环境。实验室生物安全的保障措施主要包括物理防护、标准化操作规程和规范化实验室管理。物理防护主要包括一级屏障和二级屏障。一级屏障主要包括实验室内安全设备（如生物安全柜）和个人防护设备（如防护服、防护帽、防护眼镜、面部防护罩等）。二级屏障包括实验室的建筑材料、结构要求、装修、水电安全、通风系统及净化装置、给水排水系统、电气供应、消防设备、消毒和灭菌、废弃物处置等。标准化操作规程指从取样到各种实验行为、从消毒灭菌到废弃物处置都建立一套标准化操作流程，同时各个环节还应建立一套质量保证体系。规范化实验室管理是在建立物理屏障和标准化操作规程的基础上，建立一套完善的保障实验质量和安全的管理措施。

8.1.1 生物安全相关标识

生物安全标识在生物安全领域中起着至关重要的作用，不仅用于指示、警告或说明与生物安全相关的信息和注意事项，还可用于提高人们对生物危害的认识，确保实验室工作人员、公众和环境的安全。生物安全标识通过图形符号、安全色、几何形状或文字构成，传递特定的安全信息。生物安全标识的使用有明确的标准和规范，具体可参考《病原微生物实验室生物安全标识》（WS 589—2018）和《安全标志及其使用导则》（GB 2894—2008）。常见生物安全标识见表 8-1。

表 8-1 常见生物安全标识

名称	图形标识	设置范围和地点
生物危害		易发生感染的场所，如生物安全二级及以上实验室入口、菌（毒）种及样本保藏场所的入口和感染性物质的运输容器等表面
当心紫外线		紫外线造成人体伤害的各种作业场所，如生物安全柜、超净台和实验室核心区紫外消毒等

表 8-1（续）

名称	图形标识	设置范围和地点
当心锐器		易造成皮肤刺伤、切割伤的物品或作业场所，如鸡胚接种、菌（毒）种冻干保存过程
当心飞溅		具有液体和气溶胶物质溅出的场所，如处理感染性物质的过程中使用匀浆、超声、离心机等仪器
当心电离辐射		能产生同位素和电离辐射危害的作业场所
当心动物伤害		实验过程中可能有动物攻击（如动物咬伤、抓伤等）造成人员伤害的场所
危险废物		危险废物贮存、处置场所，如盛装感染性物质的容器表面、有害生物制品的生产、储运和使用地点
医疗废物	医疗废物	医疗废物产生、转移、贮存和处置过程中可能造成危害的物品表面，如医疗废物处置中心、医疗废物暂存间和医疗废物处置设施附近以及医疗废物容器表面等
生物安全应急处置箱		放置生物安全意外事故紧急处置物品的地点，如生物安全应急箱附近
动物实验		为了获得有关生物学、医学方面的知识使用动物进行科学研究的实验场所
消毒中	消毒中	提示正在进行消毒，如正在进行消毒的区域和实验室入口处
洗眼装置		放置紧急洗眼装置的地点，如洗眼器附近
紧急喷淋装置		放置紧急喷淋装置的地点，如应急喷淋附近

8.1.1.1 生物危害标识

作为最常见的生物安全标识之一，生物危害标识的图案主体是一个黑色的三叶草形状（通常被称为“生物危害符号”），背景是鲜明的黄色，在视觉上能立即引起人们的注意。该标识表示存在生物危害的物质、区域或操作。装有病毒样本、细菌培养物等可能对人体健康和环境造成危害的生物材料的容器上都会张贴此标识，警示人们在接触相关物品时需要采取适当的防护措施，如穿戴防护服、手套和口罩等。

8.1.1.2 医疗废物标识

医疗废物标识一般中间有“医疗废物”字样，主要用于识别医疗活动中产生的具有直接或者间接感染性、毒性以及其他危害性的废物。医院里使用过的一次性注射器、输液管、带有血液或其他体液的敷料等医疗废物的收集容器上都会有此标识。这些医疗废物如果处理不当，可能会导致疾病传播、环境污染等生物安全问题。

8.1.1.3 动物实验标识

动物实验生物安全标识一般会有动物轮廓（如小鼠或兔子的形状）。该标识在涉及动物实验的生物安全设施中使用，尤其是在进行感染动物模型实验或者使用转基因动物等可能带来生物风险的实验环境中使用。

8.1.1.4 实验室生物安全防护级别标识

实验室生物安全防护级别标识以数字（如 BSL-1、BSL-2、BSL-3、BSL-4）和相应的防护图案相结合。这些标识可以让实验室工作人员和外来人员快速了解实验室内部所涉及的生物安全风险程度。

8.1.1.5 专用标识

专用标识是针对某种特定的事物、产品或者设备所制定的符号或标志物，便于识别。这种标识专门用于特定的生物安全相关事物、产品或设备的识别，以确保在特定的生物安全管理体系中的准确性和唯一性。

8.1.2 实验室生物安全等级

8.1.2.1 实验室分级

我国根据实验室所处理对象的危害程度和采取的防护要求，采用世界卫生组织(WHO)的标准,将实验室生物安全防护水平(Biosafety Level, BL)分为四级(见表 8-2),以 BSL-1、BSL-2、BSL-3 和 BSL-4 表示实验室的相应生物安全防护水平,也就是俗称的 P1(Protection level 1)、P2、P3 和 P4 实验室;以 ABSL-1、ABSL-2、ABSL-3 和 ABSL-4 表示涉及从事感染动物活动实验室的相应生物安全防护水平,其中一级防护水平最低,四级防护水平最高。一级、二级生物安全实验室属于基础实验室,三级、四级生物安全实验室为屏障实验室,也称高等级生物安全实验室。

表 8-2　生物安全实验室的分级以及相对应的实验操作和安全设施

分级	防护等级	操作对象及风险	危害程度	实验操作	安全设备
BSL-1/ABSL-1	一级(P1)	对人体、动植物或环境危害较低,不具有对健康成人、动植物致病的致病因子	低个体危害、低群体危害	微生物学操作技术规范(GMT)	不需要,开放实验台
BSL-2/ABSL-2	二级(P2)	对人体、动植物或环境具有中等危害或潜在危险的致病因子,对健康成人、动物和环境不会造成严重危害,且具有有效的治疗和预防措施	中等个体危害、低群体危害	GMT、防护服、生物危害标志	开放实验台、生物安全柜(BSC),防护可能生成的气溶胶
BSL-3/ABSL-3	三级(P3)	对人体、动植物或环境具有高度危害性,通过直接接触或气溶胶使人传染上严重的甚至是致命的疾病,或对动植物和环境具有高度危害的致病因子。通常有预防和治疗措施	高个体危害、低群体危害	在二级防护的基础上增加特殊防护服、准入制度、定向气流	BSC 和/或其他所有实验室工作所需的基本设备
BSL-4/ABSL-4	四级(P4)	对人体、动植物或环境具有高度危害性,通过气溶胶途径传播或传播途径不明,或未知的高度危险的致病因子。没有预防和治疗措施	高个体危害、高群体危害	在三级生物安全防护水平上增加气锁入口、出口淋浴、污染物品的特殊处理	Ⅲ级 BSC 或Ⅱ级 BSC 并穿着正压服、双开门高压灭菌器、经过滤的空气

8.1.2.2　实验室资质

开展病原微生物实验研究的实验室,须具备相应的安全等级资质。资质认定通常根据国家相关的实验室生物安全标准和法规来认定。BSL-3/ABSL-3、BSL-4/ABSL-4 实验室须经政府部门批准建设,BSL-1/ABSL-1、

BSL-2/ABSL-2 实验室由学校建设后报卫生或农业部门备案。

《中华人民共和国生物安全法》规定：高等级病原微生物实验室从事高致病性或者疑似高致病性病原微生物实验活动，应当经省级以上人民政府卫生健康或者农业农村主管部门批准，并将实验活动情况向批准部门报告。对我国尚未发现或者已经宣布消灭的病原微生物，未经批准不得从事相关实验活动。

根据《病原微生物实验室生物安全管理条例》规定，三级、四级实验室通过实验室国家认可后，颁发的生物安全实验室证书有效期为 5 年（示例见图 8-1）。在证书有效期届满前，实验室需要重新进行评估和审核，以获得新的证书。

CNAS

中国合格评定国家认可委员会

实验室认可证书

（注册号：CNAS BL****）

兹证明：

福建省**************** ABSL-3 实验室

（法人：****************** ）

福建省****************

符合 CNAS-CL05：2009《实验室生物安全认可准则》（包括《病原微生物实验室生物安全管理条例》相关规定和 GB19489：2008《实验室 生物安全通用要求》）关于动物生物安全三级实验室的相关要求，予以认可。

实验室类型为可有效利用安全隔离装置操作常规量经空气传播致病性生物因子的实验室。

生效日期：2021-09-07

截止日期：2026-10-19

初次认可：2006-11-16

中国合格评定国家认可委员会授权人

图 8-1　经过认证的某 ABSL-3 实验室认可证书示例

8.1.2.3　病原微生物分类

国务院颁发的《病原微生物实验室生物安全管理条例》根据病原微生物

的传染性、感染后对个体或者群体的危害程度，将病原微生物分为四类（见表 8-3），危害程度从第一类、第二类、第三类、第四类依次递减，其中第一类、第二类病原微生物统称为高致病性病原微生物。

表 8-3　病原微生物危险度等级划分标准

类别	生物危害程度	操作对象及风险
第一类	个体和群体的危险均高	能够引起人类或者动物非常严重疾病的微生物，以及我国尚未发现或者已经宣布消灭的微生物
第二类	个体危险高，群体危险低	能够引起人类或者动物严重疾病，比较容易直接或者间接在人与人、动物与人、动物与动物间传播的微生物
第三类	个体危险中等，群体危险低	能够引起人类或者动物疾病，但一般情况下对人、动物或者环境不构成严重危害，传播风险有限，实验室感染后很少引起严重疾病，并且具备有效治疗和预防措施的微生物
第四类	无或极低的个体和群体危险	在通常情况下不会引起人类或者动物疾病的微生物

8.1.2.4　风险评估

《病原微生物实验室生物安全通用准则》(WS 233—2017)明确要求，实验室应建立并维持风险评估和风险控制制度，应明确持续进行风险识别、风险评估和风险控制的具体要求。风险识别应从涉及致病性生物因子、遗传修饰生物体的实验活动，涉及致病性生物因子的动物饲养与实验活动以及感染性废物处置、安全管理、相关人员、设施设备、安全保制度和安保措施等多方面进行。

风险评估应以国家的法律法规、标准规范或认可的权威机构发布的指南等为依据，对已识别的风险进行分析，形成风险评估报告。评估时，综合病原体特征、拟开展实验操作、人员因素、实验设施设备及环境等因素分析，分析风险发生的可行性，评估实验对人、环境、社会和经济方面造成潜在后果的严重性，预估病原体可能的暴露途径和剂量，确定风险等级，形成评估文件报告。

风险控制要求依据风险评估结论采取相应的风险控制措施。采取风险控制措施时应优先考虑控制风险源，再考虑采取其他措施降低风险。

8.1.2.5 病原微生物实验室分等级管理

开展病原微生物实验活动时，实验室的生物安全级别应与病原微生物等级对应。

(1) 开展未经灭活的高致病性病原微生物(列入第一类、第二类)相关实验和研究，必须在三级(BSL-3/ABSL-3)、四级(BSL-4/ABSL-4)实验室中进行。

(2) 开展低致病性病原微生物(列入第三类、第四类)，或经灭活的高致病性感染性材料的相关实验和研究，必须在一级(BSL-1/ABSL-1)、二级(BSL-2/ABSL-2)或以上等级实验室中进行。

(3) 开展第三类致病性病原微生物实验和研究，必须在二级(BSL-2/ABSL-2)或以上等级实验室中进行。

(4) 开展第四类致病性病原微生物实验，必须在一级(BSL-1/ABSL-1)或以上等级实验室中进行。

此外，国家规定低等级病原微生物实验室不得从事应当在高等级病原微生物实验室进行的病原微生物实验活动；从事高致病性或者疑似高致病性病原微生物实验活动，应当经省级以上人民政府卫生健康或者农业农村主管部门批准，并将实验活动情况向批准部门报告。

8.1.3 生物实验场所与设施

8.1.3.1 场所安全

生物实验室关于场所安全的要求是:安全防范设施达到相应生物安全实验室要求，各区域分布合理、气压正常。从生物安全角度来说，安全防范设施达到相应要求意味着在诸如防护设备配备、消毒灭菌装置、废弃物处理设施等方面都符合对应等级生物安全实验室的标准，能够有效防止生物危害因子泄漏、扩散，保护实验人员、周边环境以及公众健康。

(1) 实验室区域分布合理可以实现不同实验操作流程的顺畅衔接，避免交叉污染，比如将样本接收区、实验操作区、检测分析区、样本存储区等按照合理的逻辑顺序和功能关联进行布局。

(2) 保持实验室气压正常。如在涉及高致病性病原微生物等的生物安全实验室中，需要通过合理的气压梯度来控制气流走向，一般是清洁区气压高于半污染区，半污染区气压高于污染区，以此保证空气只能从清洁区域流向污染区域，防止污染空气外溢到其他安全区域，从而进一步保障整个实验室环境的安全性。我国对不同级别生物安全实验室的气压差、换气次数等均有详细规定。相关标准是根据实验室的风险等级、实验类型等因素综合考虑制定的，以确保实验室的安全和实验的顺利进行。

（3）实验室须设门禁管理和准入制度，储存病原微生物的场所或储柜配备防盗设施，BSL-3/ABSL-3 及以上安全等级实验室须安装监控报警装置。相关文件明确规定，实验室应有门禁管理系统，并建立工作人员准入及上岗考核制度，应保证只有获得授权的人员才能进入实验室。此外，实验室的保存区域应有消防、防盗、监控、报警、通风和温湿度监测与控制等设施；保存设备应有防盗和温度监测与控制措施。

8.1.3.2　生物安全柜

生物安全柜是具备气流控制及高效空气过滤装置的操作柜，可有效降低病原微生物或生物实验过程中产生的有害气溶胶对操作人员及环境的危害。生物安全柜分Ⅰ、Ⅱ、Ⅲ三个级别，其中Ⅱ级生物安全柜是实验室中应用最为广泛的一类。它在提供对实验样本保护的同时，能很好地保护操作人员和环境。Ⅱ级生物安全柜又分为 A1、A2、B1、B2 四个级别。Ⅱ级 A1 型生物安全柜适合在普通实验室内进行日常的微生物学实验；Ⅱ级 A2 型生物安全柜常用于细胞培养、药物配制等实验；Ⅱ级 B1 型生物安全柜适合处理具有较高风险的微生物，如一些病毒等病原体；Ⅱ级 B2 型生物安全柜能够提供最高级别的安全保护，适用于处理高致病性微生物，如埃博拉病毒等危险病原体的操作。实验室用典型生物安全柜见图 8-2。

图 8-2　实验室用典型生物安全柜

相关文件规定，生物实验室应配有符合相应要求的生物安全设施。BSL-2以上安全等级实验室须配有Ⅱ级生物安全柜，ABSL-2适用时配备，并定期进行检测，B型生物安全柜须有正常通风系统。各级生物安全柜的技术指标详见《生物安全柜》(GB 41918—2022)和医药行业标准《Ⅱ级生物安全柜》(YY 0569—2011)。

8.1.3.3 应急安全设备

病原微生物实验室关于应急安全设备的要求是：应有可靠和充足的电力供应，配备适用的消防器材、洗眼装置和必要的应急喷淋。

(1) 对于BSL-1实验室，涉及刺激性或腐蚀性物质的操作，应在30 m内设洗眼装置，风险较大时应设紧急喷淋装置；应有可靠和足够的电力供应，确保用电安全；应配备适用的应急器材，如消防器材、意外事故处理器材、急救器材等。

(2) 高等级生物安全实验室同时须满足其下一安全等级实验室的要求。在BSL-3/ABSL-3实验室中，应有应急电源，保障重要设备至少能工作30 min。在BSL-1/ABSL-1实验室和BSL-2/ABSL-2实验室中，如有重要设备(如重要菌毒种保存冰箱、重要细胞培养箱等)或不能长时间停电的设备，也需要配备应急电源。

(3) 对于电力供应系统，实验室要定期检查电线线路是否老化、插座是否正常工作等。同时，应急电源要定期进行测试，确保在主电源故障时能够及时切换并提供足够的电力。

8.1.3.4 传递窗及预防有害生物措施

生物实验室关于传递窗的要求是：已设传递窗的实验室要保证传递窗功能正常，内部不存放物品。室外排风口应有防风、防雨、防鼠、防虫设计，且不影响气体向上空排放。相关实验室采取有效措施防止昆虫、啮齿动物进入或逃逸，如安装防虫纱窗、挡鼠板等。

(1) BSL-3实验室可根据需要安装传递窗。如果安装传递窗，其结构承压力及密闭性应符合所在区域的要求，以保证围护结构的完整性，并应具备对传递窗内物品表面进行消毒的条件。实验室用的典型传递窗见图8-3。

(2) BSL-4实验室可根据需要安装传递窗。如果安装传递窗，其结构承压力及密闭性应符合所在区域的要求；需要时，应配备符合气锁要求并具备消毒条件的传递窗。

图 8-3　实验室用典型传递窗

(3) ABSL-2 实验室和 BSL-3 实验室防护区室外排风口应设置在主导风的下风向，与新风口的直线距离应大于 12 m，并应高于所在建筑的屋面 2 m 以上，应有防风、防雨、防鼠、防虫设计，但不影响气体向上空排放。

(4) 一级生物安全实验室可设带纱窗的外窗；没有机械通风系统时，ABSL-2 中的 a 类、b1 类和 BSL-2 生物安全实验室可设外窗进行自然通风，且外窗应设置防虫纱窗。

8.1.3.5　压力蒸汽灭菌器

生物安全实验室关于压力蒸汽灭菌器的要求是：配有压力蒸汽灭菌器，按规定要求监测灭菌效果。实验室用典型压力蒸汽灭菌器见图 8-4。

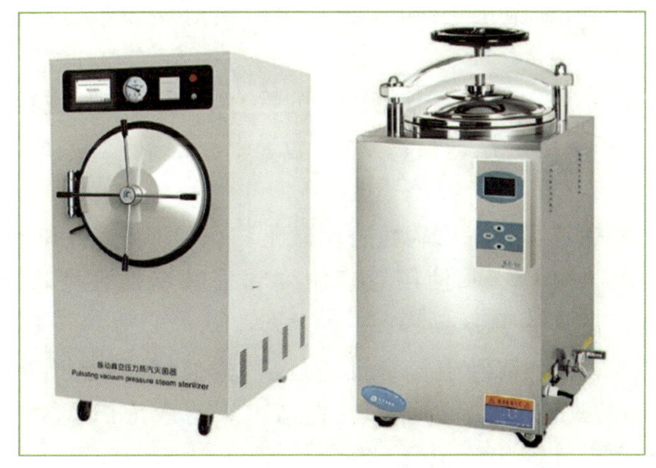

图 8-4　实验室用典型压力蒸汽灭菌器

(1) BSL-1/ABSL-1、BSL-2/ABSL-2 实验室配备压力蒸汽灭菌器可以在建筑物内，也可以在实验室内。BSL-3/ABSL-3 实验室应配备在实验室内。

(2) 容积大于或者等于 30 L 的压力蒸汽灭菌器须定期进行检验，留有检测报告；应定期对压力蒸汽灭菌器等消毒、灭菌设备进行效果监测与验证。

(3) 压力蒸汽灭菌器有安全操作规程并上墙，设备使用记录完整。

8.2 实验室生物安全管理

8.2.1 病原微生物采购与保管

国家根据病原微生物的传染性、感染后对人和动物的个体或者群体的危害程度，对病原微生物实行分类管理。高致病性病原微生物菌(毒)种或样本是指《人间传染的病原微生物目录》中规定的第一类和第二类病原微生物菌(毒)种或样本。一般属于生物安全三、四级实验室的操作范围。

8.2.1.1 高致病性病原微生物的采购

高致病性病原微生物的采购要求是：使用高致病性病原微生物菌(毒)种，须办理相应申请和报批手续；从正规渠道获取病原微生物菌(毒)株，学校应有审批流程。

(1) 实验室菌(毒)种及感染性样本的保存、使用管理，应依据国家生物安全的有关法规，制定选择、购买、采集、包装、运输、转运、接收、查验、使用、处置和保藏的政策和程序。

(2) 学校要制定采购高致病性病原微生物菌(即第一类和第二类病原微生物)(毒)种或样本的采购、使用管理制度和采购审批程序，并指定专门管理机构和人员管理具体事务。

(3) 实验室采购申请经学校审批通过后，按照《病原微生物实验室生物安全管理条例》的规定，向省、自治区、直辖市级行政部门提交申请材料，校内要留存申请和审批的相关记录。

(4) 实验室在相关实验活动结束后，应当依照国务院卫生主管部门或者兽医主管部门的规定，及时将病原微生物菌（毒）种和样本就地销毁或者送交保藏机构保管。保藏机构接收实验室送交的病原微生物菌（毒）种和样本，应当予以登记，并开具接收证明。

8.2.1.2　高致病性病原微生物的包装和运输

关于高致病性病原微生物的包装和运输的要求是：转移和运输高致病性病原微生物须按规定报卫生健康或农业农村主管部门批准，并按相应的运输包装要求包装后转移和运输。高致病性病原微生物包装运输示例见图 8-5。

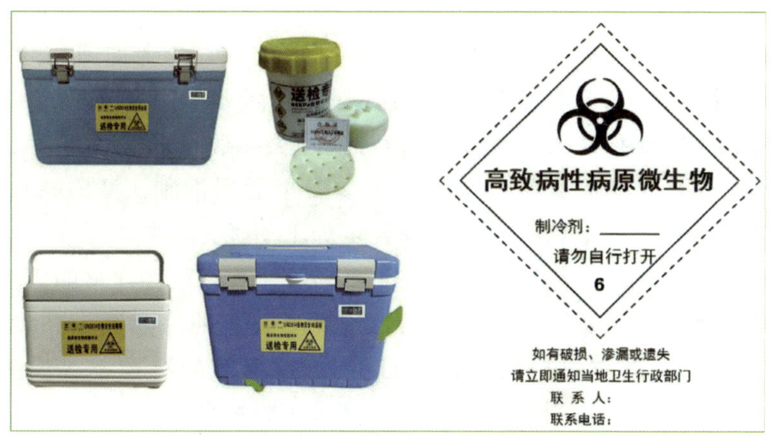

图 8-5　高致病性病原微生物包装运输示例

（1）运输高致病性病原微生物菌（毒）种或者样本的条件：一是运输目的、高致病性病原微生物的用途和接收单位符合国务院卫生主管部门或者兽医主管部门的规定；二是高致病性病原微生物菌（毒）种或者样本的容器应当密封，容器或者包装材料应当符合防水、防破损、防外泄、耐高（低）温、耐高压的要求；三是容器或者包装材料上应当印有国务院卫生主管部门或者兽医主管部门规定的生物危险标识、警告用语和提示用语。

（2）运输高致病性病原微生物菌（毒）种或者样本的批准：应当经省级以上人民政府卫生主管部门或者兽医主管部门批准。通过民用航空运输高致病性病原微生物菌（毒）种或者样本的，还应当经国务院民用航空主管部门批准。

(3) 运输高致病性病原微生物菌(毒)种或者样本的要求:由不少于2人的专人护送,并采取相应的防护措施;有关单位或者个人不得通过公共电(汽)车和城市铁路运输病原微生物菌(毒)种或者样本;需要通过铁路、公路、民用航空等公共交通工具运输高致病性病原微生物菌(毒)种或者样本的,承运单位应当凭《病原微生物实验室生物安全管理条例》(2024年修订)第十一条规定的批准文件予以运输;承运单位应当与护送人共同采取措施,确保所运输的高致病性病原微生物菌(毒)种或者样本的安全,严防发生被盗、被抢、丢失、泄漏事件。

8.2.1.3 病原微生物保存和使用的管理要求

病原微生物保存和使用的要求是:高致病性病原微生物菌(毒)种应妥善保存,严格管理;病原微生物菌(毒)种保存在带锁的冰箱或柜子中,高致病性病原微生物实行双人双锁管理;做好病原微生物菌(毒)种保存、实验使用、销毁的记录。《病原微生物实验室生物安全通用准则》(WS 233—2017)关于对菌(毒)种及感染性样本的管理规定如下所述。

(1) 实验室应有2名工作人员负责菌(毒)种及感染性样本的管理。

(2) 实验室应具备菌(毒)种及感染性样本适宜的保存区域和设备。保存区域应有消防、防盗、监控、报警、通风和温湿度监测与控制等设施;保存设备应有防盗和温度监测与控制措施。高致病性病原微生物菌(毒)种及感染性样本的保存应实行双人双锁。保存区域应有菌(毒)种及感染性样本检查、交接、包装的场所和生物安全柜等设备。

(3) 保存菌(毒)种及感染性样本容器的材质、质量应符合安全要求,不易破碎、爆裂、泄漏;保存容器上应有牢固的标签或标识,标明菌(毒)种及感染性样本的编号、日期等信息;菌(毒)种及感染性样本在使用过程中应有专人负责,入库、出库及销毁应记录并存档。

(4) 实验室应当将在研究、教学、检测、诊断、生产等实验活动中获得的有保存价值的各类菌(毒)种或感染性样本送交保藏机构进行鉴定和保藏。

(5) 高致病性病原微生物相关实验活动结束后,应当在6个月内将菌(毒)种或感染性样本就地销毁或者送交保藏机构保藏。销毁高致病性病原微生物菌(毒)种或感染性样本时应采用安全可靠的方法,进行严格监督和记录;保存应符合国家有关保密要求。

8.2.2 生物实验人员管理

8.2.2.1 人员培训

关于开展病原微生物相关实验和研究的人员的要求是：经过专业培训考核合格，并取得证书。

(1) 建立工作人员准入及上岗考核制度，定期对工作人员进行培训(包括岗前培训和在岗培训)，保证其掌握实验室技术规范、操作规程、生物安全防护知识和实际操作技能，考核合格后方可上岗。

(2) 动物实验人员应持有有效实验动物上岗证及所从事动物实验操作专业培训证明。

(3) 从事高致病性病原微生物实验活动的人员应每半年进行一次培训，并记录培训及考核情况。

8.2.2.2 人员健康管理

关于生物实验人员健康管理的要求是：为从事高致病性病原微生物的工作人员提供适宜的医学评估，实施监测和治疗方案，并妥善保存相应的医学记录。应做到上岗前体检和离岗体检，长期工作的人员应定期体检。

(1) 从事高致病性病原微生物相关实验活动的人员需进行健康监测，定期体检，进行健康评估，建立健康档案；必要时进行预防接种。

(2) 人员出现与其实验活动相关的感染临床症状或者体征时，应及时向上级主管部门和负责人报告，立即启动实验室感染应急预案，前往定点医疗机构就诊。

(3) 实验室管理部门应建立实验室人员(包括实验、管理和维保人员)的技术档案、健康档案和培训档案，定期评估实验室人员承担相应工作任务的能力；临时参与实验活动的外单位人员应有相应记录。

8.2.2.3 人员准入

关于生物实验人员准入的要求是：制定相应的人员准入制度；外来人员进入生物安全实验室须经负责人批准，并有相关的教育培训、安全防控措施；出现感冒发热等症状时，不得进行病原微生物实验。

(1) 从事高致病性病原微生物相关实验活动的人员应当经实验室负责人批准。

（2）实验室工作人员应在身体状况良好的情况下进入实验区工作。若出现疾病、疲劳或其他不宜进行实验活动的情况，不应进入实验区。

（3）严格管理外来人员进入生物实验室。按照“准入前评估—准入申请—安全培训—技能培训（有操作需要时）”的流程开展管理，进入实验室严格现场管理，离场时要在陪同下办理归还物品等离场手续，以此保障实验室安全、保密与防生物危害。

（4）对外来人员还有特定的准入条件：未成年人、孕妇和有免疫缺陷的人员不得进入实验室；外来参观人员须经科室负责人同意并在相关人员陪同下方可进入实验室。

8.2.3 生物安全实验操作管理

8.2.3.1 生物安全操作手册

关于生物安全操作手册的要求是：制定并采用生物安全手册，有相关标准操作规范，有从事病原微生物相关实验活动的标准操作规范。

（1）实验室从事实验活动应当严格遵守有关国家标准和实验室技术规范、操作规程。工作人员进行定期培训，掌握实验室技术规范、操作规程、生物安全防护知识和实际操作技能，考核合格后方可上岗。

（2）生物安全实验室应根据不同等级生物安全实验室的风险因素，实行不同的操作要求，编写针对本实验室的生物安全手册或相关文件，指导本实验室生物实验活动操作。典型的实验室生物安全手册见图 8-6。

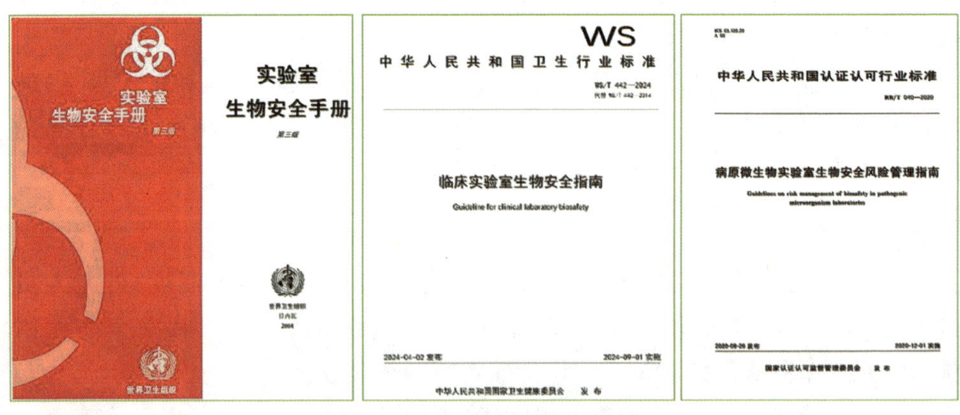

图 8-6 典型的实验室生物安全手册

8.2.3.2　风险评估、识别和控制

关于生物实验室风险评估和应急的要求是：开展相关实验活动的风险评估和制定相应的应急预案，开展病原微生物的相关实验应有病原微生物及感染材料溢洒和意外事故的书面处置程序。

(1) 总体要求：实验室应建立并维持风险评估和风险控制制度，应明确实验室持续进行风险识别、风险评估和风险控制的具体要求。

(2) 风险识别：当实验活动涉及致病性生物因子时，除考虑常规的生物实验风险因素外，还应该考虑以下几个方面。① 实验活动涉及致病性生物因子的已知或未知的特性。② 涉及致病性生物因子的实验活动。③ 实验活动涉及遗传修饰生物体时，应考虑重组体引起的危害。④ 涉及致病性生物因子的动物饲养与实验活动。⑤ 感染性废物处置过程中的风险。⑥ 实验活动安全管理的风险。⑦ 涉及致病性生物因子实验活动的相关人员管理及防护。⑧ 实验室设施和设备的要求。⑨ 实验室生物安保制度和安保措施，重点识别所保藏的或使用的致病性生物因子被盗、滥用和恶意释放的风险。⑩ 已发生的实验室感染事件的原因分析。

(3) 风险评估：应以国家法律、法规、标准、规范以及权威机构发布的指南、数据等为依据，由具有经验的不同领域的专业人员进行，对已识别的风险进行分析，形成风险评估报告。除了前述风险识别应该考虑的因素外，还应结合以下情况进行风险评估：① 病原体生物学特性或防控策略发生变化时。② 开展新的实验活动或变更实验活动(包括设施、设备、人员、活动范围、规程等)。③ 操作超常规量或从事特殊活动。④ 本实验室或同类实验室发生感染事件、感染事故。⑤ 相关政策、法规、标准等发生改变。

(4) 风险控制：依据风险评估结论采取相应的风险控制措施，优先考虑控制风险源，再考虑采取其他措施降低风险。

《病原微生物实验室生物安全通用准则》(WS 233—2017)和《实验动物 动物实验生物安全通用要求》(GB/T 43051—2023)相关条款对生物安全动物实验风险管理、识别、评估和控制做了具体要求。

8.2.3.3　生物安全操作

实验人员在生物实验室的操作过程应根据相关实验的标准操作程序执行，不得随意更改操作流程，以保障操作过程安全。

（1）在合适的生物安全柜中进行实验操作，不得在超净工作台内进行病原微生物实验。超净工作台只能保护样品，不保护操作人员和实验室环境。生物安全柜是具有负压的净化工作台，有利于保护操作人员、实验室环境和实验材料不暴露于传染性气溶胶和飞溅物。

（2）需要操作高速离心机时，务必注意安全，小心防止离心管破损或盖子破裂造成溢洒或气溶胶扩散。操作含有感染性物质的液体时，必须使用可封口的离心管/离心桶（安全杯）。若在离心机运行过程中或操作后发现感染性物质泄漏，应立即启动应急预案进行处置。

8.2.3.4　生物安全个人防护

不同等级的生物实验室有不同的防护要求，实验人员开始生物实验时，要做到安全防护措施合理，生物实验室常用的个人防护用品见图 8-7。

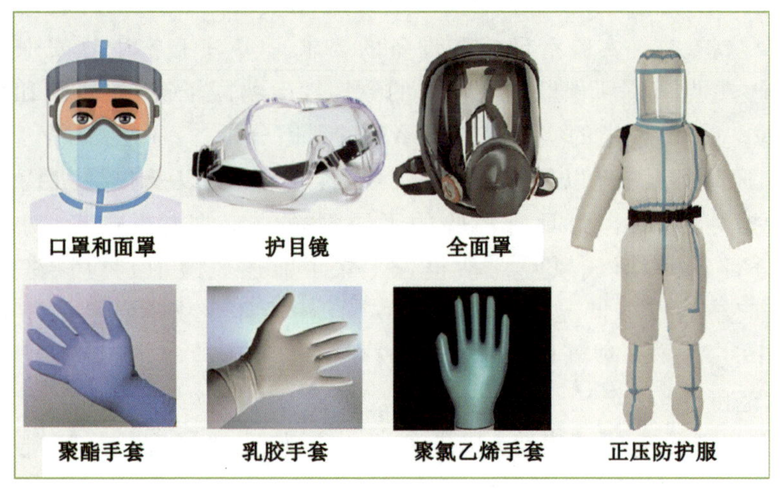

图 8-7　生物实验室常用的个人防护用品

（1）一级生物安全实验室（BSL-1）：基本遵循一般微生物实验室标准，保持实验室清洁卫生，实验结束时要灭菌实验台处理废弃物。操作中避免产生气雾，搬离被污染物品时要严格密封包装等。

（2）二级生物安全实验室（BSL-2）：实验室工作人员要接受专业的病原处理培训以及在专业人员指导下工作，个人防护方面需穿着专用工作服、佩戴手套和口罩等。

（3）三级生物安全实验室（BSL-3）：实验人员须接受严格的专业培训且

熟悉应急程序；防护装备升级为穿戴正压防护服、佩戴全面罩式呼吸防护装置。

（4）四级生物安全实验室（BSL-4）：实验操作人员必须具备丰富的处理高致病性病原经验；防护方面身着全封闭、正压防护服，生命支持系统保障呼吸。

8.3　生物实验废物处置

8.3.1　生物实验废物处置基本要求

生物实验废物中可能包含有害的化学物质、病原体和基因修饰生物体等，不正确的处置可能影响人员身体健康、引起环境污染或引发公共卫生事件。《中华人民共和国固体废物污染环境防治法》和《医疗废物管理条例》等明确规定了生物废物的中转和处置必须规范。对于高校的生物实验室的废物处置，学校应与有资质的单位签约处置感染性废物，有交接记录，形成电子或者纸质台账。

8.3.1.1　生物实验废弃物处置单位

（1）从事生物实验废物收集、贮存、利用、处置危险废物经营活动的单位应具有相关许可证，禁止无许可证经营、超出许可证范围经营和委托无许可证的单位经营。

（2）生物实验废物中属于医疗废物的，应按照国家危险废物名录管理，由具有医疗废物处置资质的单位处置。临床样本相关废物、涉及病原体检测和培养的废物、实验动物感染模型相关废物和医疗产品检测废物等，需要严格按照医疗废物的处置流程进行处理。医疗废物集中处置单位应当及时收集、运输和处置医疗废物，防止医疗废物流失、泄漏、渗漏、扩散。

8.3.1.2　生物实验废物贮存

高校一般不具备生物实验废物处置能力。生物实验室产生的废物要经过收集和中转，如果不及时处理，可能会带来诸多危害，如污染环境、传播疾病等。学校应设置生物废物中转站或收集点，规范生物废物的管理，确保及时收集和转运。

（1）生物废物与其他类别废物分开，有统一的标签以便识别和处理，并且做好防护和消杀。生物废物依据其特性、来源及潜在危害可以分为感染性废物、损伤性废物、病理性废物、药物性废物、化学性废物和放射性废物，具体分类见表 8-4。

表 8-4　生物废物分类

序号	类别	主要种类
1	感染性废物	具有感染性的剩余标本、实验用具(接种环、枪头、吸管、试管、培养瓶、培养皿、细胞板等)，培养后的培养基、用后可能被污染的手套、口罩、眼罩、隔离衣、隔离鞋套，携带病原微生物具有引发感染性疾病传播危险的实验废弃物等
2	损伤性废物	注射性针头、缝合针、解剖刀、手术刀、备皮刀、载玻片、玻璃试管、玻璃安瓿瓶等能够刺伤或者割伤人体的废弃实验锐器
3	病理性废物	实验过程中涉及的人体组织、器官等，医学实验动物的组织、尸体，病理切片后废弃的人体组织、病理蜡块等
4	药物性废物	废弃的一般性药品、细胞毒性药物和遗传毒性药物、可疑致癌性药物、免疫抑制剂、废弃的疫苗、血液制品及过期、淘汰、变质或者被污染的废弃药品等
5	化学性废物	实验室废弃的化学试剂；废弃的过氧乙酸、戊二醛等化学消毒剂；具有毒性、腐蚀性、易燃易爆性的废弃化学物品等
6	放射性废物	放射性废弃物是指含有放射性核素或被放射性核素污染，其放射性浓度或比活度大于国家审核管理部门规定的清洁解控水平，并预计不再利用的物质

(2) 收集、贮存生物危险废物，应当按照危险废物特性分类进行，禁止混合收集和贮存性质不相容而未经安全性处置的危险废物，禁止将危险废物混入非危险废物中贮存。

(3) 属于医疗废物的，按照《医疗废物管理条例》相关规定执行。医疗废物的暂时贮存设施和设备，应当远离医疗区、食品加工区和人员活动区以及生活垃圾存放场所，并设置明显的警示标志和防渗漏、防鼠、防蚊蝇、防蟑螂、防盗以及预防儿童接触等安全措施。禁止任何单位和个人转让、买卖医疗废物。禁止在运送过程中丢弃医疗废物；禁止在非贮存地点倾倒、堆放医疗废物或者将医疗废物混入其他废物和生活垃圾。

(4) 生物废弃物收集和暂存应使用专门容器，如利器盒、生物废物桶、专用收集袋等(见图 8-8)。利器盒主要用于收集注射器针头、缝合针、解剖刀、手术刀、载玻片、玻璃试管等能够刺伤或者割伤人体的损伤性废弃物。生物废物桶用于收集感染性废物、病理性废物等。专用收集袋通常为黄色塑料袋，用于收集一般性的生物固体废弃物，如使用过的手套、口罩、被污染的纸张等感染性废弃物。容器应标识清晰明确，粘贴标签，标明废弃物的名称或主要成分、废弃物特性等相关重要信息。

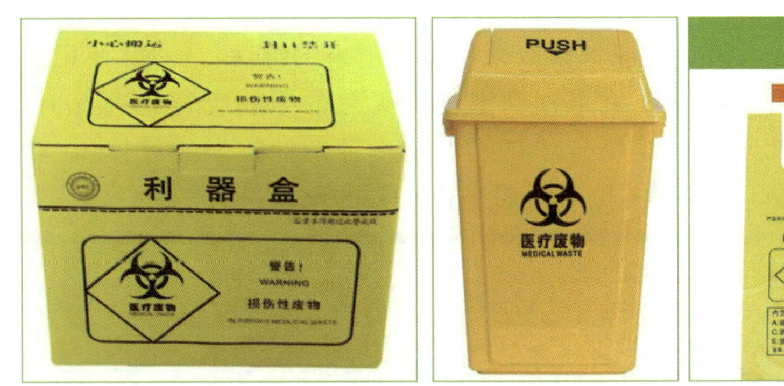

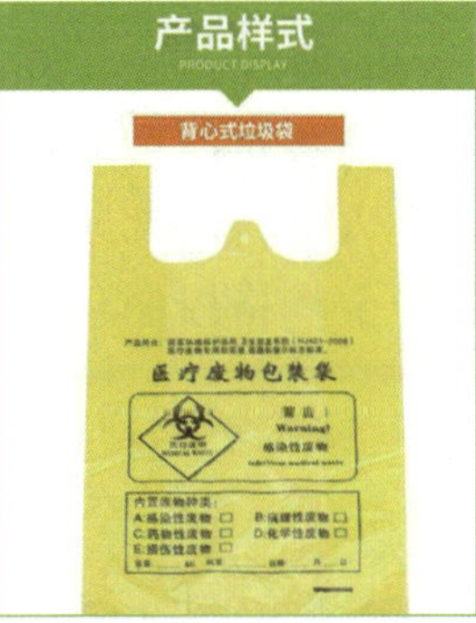

图 8-8　用于生物废物收集暂存的利器盒、生物废物桶和专用收集袋

8.3.1.3　生物实验废物消杀

生物实验废物消杀是指采用物理或化学方法，对生物实验过程中产生的含有微生物、病毒等病原体的废物进行处理，以杀死或去除这些有害的生物因子，从而降低其对环境和人体健康的危害风险。生物实验废物消杀的主要目的是防止病原体的传播和扩散，确保实验室及周边环境的安全，同时也符合环境保护和生物安全的相关法规要求。消杀处置由有资质的公司完成，高致病性生物材料废物处置实现溯源追踪。对生物废物的消杀措施有物理消杀如高温高压灭菌、紫外线照射、化学消杀和熏蒸消杀。

（1）高温高压灭菌。高温高压灭菌是生物废弃物消杀的常用有效方法。在实验室和医疗环境中，对于许多含有微生物的废弃物，如培养基、使用过的实验器材（玻璃制品、塑料制品等在可承受高温高压下）可以在高压灭菌锅中进行处理。通过提高温度（121 ℃及以上）和压力，可以有效地杀死各种细菌、病毒、真菌等微生物及其孢子。

（2）紫外线照射。紫外线照射具有杀菌作用，在合适的剂量下能够破坏微生物的核酸结构，导致微生物死亡。例如，在微生物实验室的静置区域，每天在人员离开后，可以使用紫外线灯照射 30 min 至 1 h，对空气中的气溶胶态微生物以及实验台、仪器表面可能存在的微生物进行消杀。

（3）化学消杀。多种化学消毒剂可用于生物废弃物的消杀。例如 84 消毒液具有很强的氧化性，可以用于多种生物废弃物，如用过的器械镊子、剪刀等的浸泡消毒等。过氧乙酸消毒剂具有强氧化性，可用于生物废弃物消毒。使用化学消毒剂要注意其腐蚀性和安全性，避免对操作人员和环境造成危害。

(4) 熏蒸消杀。某些情况下可以采用熏蒸消杀的方法。例如，使用环氧乙烷对一些对温度敏感且不宜采用高温高压灭菌的生物废弃物进行消杀，可以进入材料内部杀死微生物。环氧乙烷是一种毒性较强的气体，在熏蒸过程中要严格控制环境条件，熏蒸后要进行充分的通风换气。

8.3.2 实验动物尸体及废物处理

8.3.2.1 实验动物尸体及废物处理的重要性

(1) 防止污染，保护环境。实验动物尸体及废弃物中含有大量的有机物质，不当处置可能会导致动物尸体腐烂分解，病原体、化学物质等散发到空气中，进入土壤和水体，危害环境。

(2) 防止病原体传播，保障生物安全。实验动物可能被用于各种疾病模型的研究，其尸体和废弃物往往带有大量的致病微生物，如病毒、细菌和寄生虫等。如果处理不当，病毒可能会扩散到其他动物或人群中，引发严重的公共卫生事件。

(3) 符合道德伦理和法律法规要求。妥善处理实验动物尸体是尊重动物生命的一种表现。通过严格的法律法规来规范实验动物尸体及废弃物的处理，目的是确保环境保护、生物安全以及动物福利。

8.3.2.2 实验动物尸体及废物处理的要求

《实验动物 环境及设施》(GB 14925—2023)对实验室动物尸体及废物处置有明确规定，总体要求是：动物实验结束后，动物尸体及组织应做无害化处理，感染性废物彻底灭菌后方可处置。

(1) 尸体处理。实验动物尸体应视为生物废弃物，必须进行无害化处理。常见的处理方法包括焚烧、深埋、高温高压灭菌等。在处理实验动物尸体时，应严格遵守相关的法律法规和操作规程，确保处理过程的安全、环保和有效。

(2) 非病原微生物感染实验的动物尸体及组织等应冷冻存放，集中作无害化处理。病原微生物感染及生物安全实验室中的实验动物尸体及组织等，应灭活后传出实验室，集中进行无害化处理。

(3) 废物处理。实验过程中产生的废物，如动物垫料、饲料残渣、一次性实验用品等，应进行分类收集和无害化处理。对于可回收利用的废物，应进行清洗、消毒和回收处理；对于不可回收利用的废物，应按照相关规定进行焚烧、填埋或其他无害化处理。

(4) 其他废弃物处理。有病原微生物感染的实验动物废垫料应灭菌后进行无害化处理；注射针头、刀片、手套及实验废弃物等应按医疗废物进行处理；病原微生物感染动物实验所产生的废弃物应灭菌后再按医疗废物进行处理；放射性沾染废弃物应按《电离辐射防护与辐射源安全基本标准》(GB 18871—2002)相关要求处理。

(5) 在整个实验动物处理处置过程中，工作人员需要经过专业培训，严格遵守各项规范和流程。

8.4 生物安全事故与应急处置

8.4.1 生物安全事故

实验室生物安全事故主要发生在病原微生物相关实验室，这些实验室经常涉及病原体的操作，如细菌、病毒、真菌和寄生虫等。如果在实验过程中保存或操作不当，实验过程中发生意外，如样本泄漏、气溶胶产生或动物抓伤咬伤，实验人员可能会直接接触到病原体从而被感染。感染的病原体还可能在实验人员之间传播，引发聚集性感染事件。此外，实验室中的病原体如果通过废水、固体废弃物等途径泄漏到外界环境，可能导致社区或周边环境的疾病传播，引发公共卫生问题。

8.4.1.1 实验室感染的方式

(1) 操作人员因操作不当导致直接感染。

(2) 操作过程中产生的微生物气溶胶使实验室空气污染，使接触人员感染。

(3) 由病原微生物污染的废弃物处置不当导致其他人感染或环境污染。其中病原微生物气溶胶可能是危害最常见的，实验室内很多操作过程都可产生气溶胶，如离心操作、磨削、样本混合、强力震动、搅拌、超声波破碎、低压冻干、开启容器等。

8.4.1.2 实验室感染的类型

(1) 细菌感染：包括致病性细菌感染和机会性细菌感染两类。前者如金黄色葡萄球菌、大肠埃希菌(某些致病性菌株)、结核分枝杆菌等，对人体健康构成威胁；后者不致病或致病性较弱，但可能引起免疫力下降。

(2) 病毒感染：包括高致病性病毒感染和潜伏性病毒感染两类。前者如埃博拉病毒、马尔堡病毒等出血热病毒，具有极高的致病性和致死率；后者在感染人体后会潜伏在体内，当机体免疫力下降时才会被激活，引发疾病。

(3) 真菌感染：包括皮肤癣菌感染和深部真菌感染两类。实验人员在接触被真菌污染的实验动物(如感染癣菌的豚鼠)、实验器具(如被真菌污染的培养皿)后，可能会感染皮肤癣菌，引起体癣、股癣、手癣、足癣等皮肤疾病。真菌感染通常会引起皮肤瘙痒、脱屑、红斑等症状。一些免疫功能低下的实验人员则可能会引发深部感染。

(4) 寄生虫感染：包括原虫感染和蠕虫感染两类。疟原虫是一种典型的原虫，如果实验人员在操作过程中被带有疟原虫的蚊子叮咬，或者通过其他途径(如接触感染疟原虫的动物血液)感染疟原虫，就会患上疟疾，出现周期性发作的寒战、高热、大汗等症状。实验室如果进行蠕虫相关的动物实验，如研究血吸虫、绦虫等，实验人员在接触感染蠕虫的动物或其粪便后，可能感染蠕虫。

8.4.1.3 典型的实验室生物安全事故

(1) 病原微生物样品运输过程中的安全事故。2005 年 4 月 13 日，世界卫生组织向全世界 18 个国家的数千个实验室发出了立即销毁 H2N2 流感病毒样品的警报。由于评估机构、受托公司和其他相关机构之间缺乏沟通并存在误解，才让致命流感病毒得以大范围地分发出去。加拿大国家微生物实验室 2005 年 3 月 26 日发现样品中的致命病毒为早已退出“历史舞台”的 H2N2 病毒。

(2) 废弃物处置过程中的实验室生物安全事故。2007 年 8 月初，英国一家农场发生口蹄疫疫情。调查发现，疫点附近两个实验室研究用的口蹄疫病毒，因排污系统受损等发生泄漏，很有可能是含口蹄疫病毒的污水从裂口漏出，污染了周围土壤；随后经过的车辆又把受污染的土壤带到了外面的农场，最终导致疫情暴发。

(3) 操作过程未严格按照流程引发的安全事故。2003 年,新加坡一名研究生在环境工程实验室中对西尼罗病毒进行研究。该实验室同时也保存有严重急性呼吸综合征(SARS)病毒样本。在实验过程中,这名研究生错误地使用了带有 SARS 病毒样本的移液器,并且没有遵守严格的生物安全操作规范。随后,病毒样本意外地污染了其他实验物品,并有可能形成了气溶胶。实验室中的 27 名工作人员受到潜在感染风险。幸运的是,经过严格的隔离观察和检测,最终没有出现 SARS 病例。这起事件引起了全球对实验室生物安全的高度关注,凸显了在处理高致病性病毒时,严格遵守操作流程的重要性。

8.4.2　生物安全事故应急处置

8.4.2.1　应急预案

生物实验室可能发生的各种事故类型,包括生物危害(如病原体泄漏、感染)、化学危害(如有毒化学试剂泄漏、爆炸)、物理危害(如机械伤害、辐射暴露)和电气危害(如电击、电气火灾)等。因此,为了保障实验室人员安全,防止环境污染和生态破坏,降低事故伤害程度,《病原微生物实验室生物安全通用准则》(WS 233—2017)等对生物实验室应急预案和意外事故的处置做了详细要求。

(1) 生物实验室应制定应急预案和意外事故的处置程序,包括生物性、化学性、物理性、放射性等意外事故以及火灾、水灾、冰冻、地震或人为破坏等突发紧急情况等。

(2) 应急预案应至少包括组织机构、应急原则、人员职责、应急通信、个体防护、应对程序、应急设备、撤离计划和路线、污染源隔离和消毒、人员隔离和救治、现场隔离和控制、风险沟通等内容。

(3) 从事高致病性病原微生物相关实验活动的实验室制定的实验室感染应急预案应向所在地的省、自治区、直辖市卫生主管部门备案。

(4) 生物实验室应对所有人员进行培训,确保人员熟悉应急预案。每年应至少组织所有实验室人员进行一次演练。

(5) 生物实验室发生意外事故,工作人员应按照应急预案迅速采取控制措施,同时应按制度及时报告。事故现场紧急处理后,应及时记录事故发生过程和现场处置情况。

(6) 事故总结和评估。实验室负责人应及时对事故经过、事故原因、事故责任进行调查分析，形成书面报告。报告应包括事故的详细描述、原因分析、影响范围、预防类似事件发生的建议及改进措施。

8.4.2.2 紧急撤离

当发生自然灾害(如地震、水灾等)或设施出现故障时，有可能使保存菌(毒)种等感染性材料的容器发生破裂。生物安全柜等关键设备出现故障以及实验室内压力、气流等发生逆转时，可能造成感染因子泄漏。这些事故都对操作人员、环境和抢险清理人员的健康造成威胁。所有人员应立即撤离相关区域外，暴露人员应接受医学观察，并应立即通知实验室负责人和上级领导。

(1) 发生设施系统意外故障、感染性材料意外泄漏事故时的撤离：当实验室发生感染性材料意外泄漏事故时，实验人员应立即终止实验操作，并对所有的感染性物质做好必要的防扩散处置(如包装、表面消毒及空气消毒等)，然后按正常程度退出实验室程序，撤离实验室。

(2) 发生紧急灾害时的撤离：发生火灾和地震时，应按下紧急报警铃，关闭电源，若实验人员已无法按正常程序退出，应按实验室标记的紧急撤离路线，从安全门撤离实验室。

(3) 实验室紧急撤离的处置措施。① 实验室人员紧急撤离的同时，实验室生物安全负责人应组织人员做好实验室内人员的接应和护送工作。② 应将从安全门撤离实验室的人员集中在一个房间，进行个人体表、防护用具消毒，然后离开。③ 在人员撤出实验室后，由穿戴合格防护装备的专业技能的人员对实验室的设施、设备实施险情排除和污染清除工作。④ 在实验室人员全部撤出后，应封锁实验室，并视险情的性质选择关闭通风系统或继续运行，张贴“禁止入内”标志。

8.4.2.3 紧急处理

(1) 设备故障导致的感染性材料溢洒与病原体的扩散。生物安全柜等关键设备出现故障以及实验室内压力、气流等发生逆转时，可造成感染因子的泄漏而对操作者造成威胁。依据《病原微生物实验室生物安全管理条例》的规定，应采取的处置措施包括：① 应立即报告实验室所在市或省疾病预防控制中心和医疗机构；② 依法采取预防、控制措施，封闭被病原微生物污染的实验室或者可能造成病原微生物扩散的场所；③ 开展流行病学调查；

④ 对实验人员隔离治疗，对相关人员医学检查；⑤ 对密切接触者医学观察；⑥ 现场消毒。

（2）操作失误导致的病原体外溢。当菌（毒）种外溢在台面、地面和其他表面时应采取的紧急处理措施如下：① 戴手套，穿防护服，必要时需进行脸和眼睛防护；② 立即用纱布或纸巾覆盖破碎容器以及溢出的感染性材料，通知实验室生物安全负责人；③ 在纱布或纸巾上面倒上含0.5%有效氯的消毒剂，从溢出区域的外围开始，向中心处理；处理完毕开启紫外线消毒灯，撤离现场；④ 根据危险评估和操作规程，作用一定时间后，在加强个人防护前提下，进入现场清理布、纸巾以及破碎物品，相关用品使用高压灭菌处理。

感染性菌（毒）种培养液污染到皮肤、黏膜应采取的紧急处理措施如下：① 当感染性培养物或标本组织液污染到皮肤、黏膜时，应立即停止工作，退至第二缓冲间，并及时报告；② 取出急救箱，在其他操作人员的配合下对污染的皮肤和伤口用碘酒或75%的乙醇擦洗多次，然后用清水冲洗；③ 视情况隔离观察，其间根据条件进行适当的预防治疗。

感染性物质溅入眼睛、皮肤刺伤（破损）等应采取的紧急处理措施如下：① 眼睛溅入感染性液体，应立即停止工作，用洗眼器冲洗，然后用生理盐水连续冲洗（注意动作不要过猛，以免损伤眼睛）；② 如果手部刺伤（破损），立即脱去手套（避免再污染），用清水和肥皂水清洗伤口，尽量挤出损伤部位的血液；③ 取出急救箱，对污染的皮肤和伤口用碘酒或75%的乙醇擦洗多次；④ 视情况隔离观察，其间根据条件进行适当的预防治疗。

各实验室应配置必要的生物安全泄后处置箱，目的是在生物安全事件发生后，快速提供必要的个人防护装备和应急处理工具，以保障现场工作人员的安全，防止污染扩散，并提高应急处置效率。生物安全泄后处置箱见图8-9。

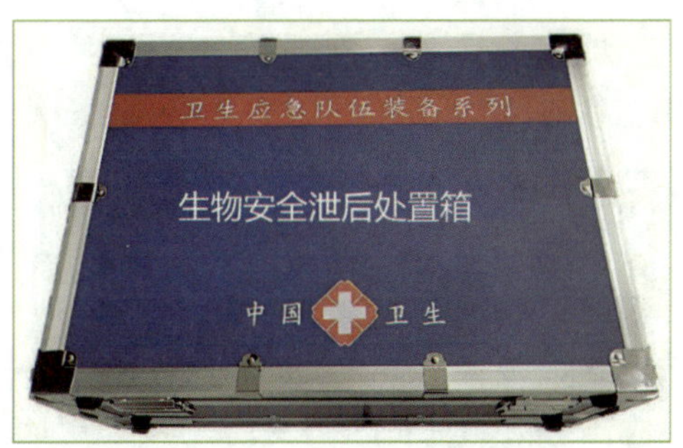

图8-9 生物安全泄后处置箱

8.4.2.4 生物实验室的人员防护措施和救治

生物实验室中的工作人员长期接触各类感染性物质，为了保障人员健康与安全，防止生物危害与化学伤害，应采取必要的防护措施。

(1) 实验室人员进行有可能接触血液、体液、病原体培养液等实验操作时应戴手套，操作完毕，脱去手套后立即洗手，并进行手部消毒。

(2) 在实验操作过程中，有可能发生血液、体液、培养液飞溅到人员的面部时，应当戴手套、具有防渗透性能的口罩及护目镜。有可能发生血液、体液或其他污染性液体大面积飞溅或者有可能污染工作人员的身体时，还应当穿戴具有防渗透性能的隔离衣或围裙。

(3) 在进行实验操作的过程中，尽量避免使用尖锐物品和利器，必须使用时应存放在耐穿扎的容器内，使用后收集在特定容器内统一处理。禁止将使用后的一次性针头重新套上针头套。禁止用手直接接触使用后的针头、刀片等锐器。

(4) 使用带螺旋帽、内有垫圈、耐冷冻的标本采集管盛放含感染性物质的样本。禁止使用非螺旋盖或密封性不足的离心管，以防止打开试管盖子时发生样本迸溅。

(5) 为实验室人员进行预防性治疗或免疫性接种。已知有免疫效果并有免疫疫苗或免疫血清的微生物，应提前在接触操作之前免疫接种。此外，医疗卫生机构应当根据暴露级别和暴露源病原体的性质，对发生职业暴露的工作人员实施适当的预防性用药。

思考题

1. 生物安全分为哪几个等级？各等级的主要区别是什么？
2. 生物安全对开展生物实验的重要性体现在哪些方面？
3. 不同生物安全等级的实验场所应具备哪些基本设施和条件？
4. 从事生物实验的人员应具备哪些生物安全资质？
5. 生物实验废弃物有哪些类型？如何进行分类收集？
6. 生物安全事故的常见类型及原因有哪些？
7. 制定生物安全事故应急预案的主要步骤有哪些？
8. 生物安全柜的工作原理是什么，有什么使用注意事项？
9. 简述个人防护装备(PPE)在生物实验室中的作用及正确使用方法。

10. 生物实验室的消毒和灭菌方法有哪些？如何选择合适的方法？
11. 病原微生物的运输需要遵循哪些法规和标准？
12. 实验室发生生物安全事故后，应如何进行现场处置？
13. 如何对实验室的生物安全进行风险评估？
14. 如何对生物实验废物进行无害化处理？
15. 你对未来生物安全管理发展趋势有何看法？

▶ 第 9 章

实验室辐射安全

本章简介

实验室辐射安全至关重要，直接关乎实验人员的身体健康，可有效预防辐射危害引发的疾病，同时能避免辐射泄漏对周围环境及公众安全造成威胁，保障实验室教学科研活动安全开展。本章介绍辐射的分类、危害、场所和设施等基础知识，放射性实验及废弃物处置要求，电离辐射、非电离辐射与放射性辐射的安全防护，辐射安全事故及其应急处置方法。

教学目标

知识目标 ① 了解辐射的分类，了解辐射对人体健康和环境的危害，熟知不同辐射危害引发疾病的原理。② 熟知实验室辐射场所的设施要求、设备使用规范及废弃物处置流程。③ 熟知电离辐射、非电离辐射与放射性辐射的安全防护原理与方法。④ 熟知常见辐射安全事故的类型、成因及应急处置方法。

能力目标 ① 能够依据辐射类型和场所要求，评估实验室辐射设施是否符合要求，对不符合要求的情形提出合理的改进建议。② 能够规范操作辐射实验设备，并根据不同辐射场景，准确选择并实施合适的安全防护措施。③ 面对辐射安全事故时，能够迅速启动应急响应，采取正确有效的处置方法。

素养目标 ① 树立对他人、对社会负责的价值观，以正确的伦理道德为指引，权衡实验的利弊，在保障他人身体健康和社会利益的前提下规范开展辐射实验研究，杜绝为追求科研成果而忽视安全与道德的行为。② 具有环境保护意识，关注辐射实验和实验废弃物对环境的潜在影响，促进辐射安全与生态环境和谐发展。

9.1 辐射基础知识

辐射是指能量从辐射源出发，以波或粒子的形式向外扩散到周围空间的现象。这种能量可以以多种形式存在，比如热辐射、声辐射、光辐射以及电磁辐射等。辐射的能量大小和类型决定了其对人体和环境的潜在影响，有些类型的辐射，如X射线和伽马射线，由于其高能量，能够穿透物质并对人体细胞造成损伤。长期或大量暴露于这类辐射下，可能会增加出现健康问题的风险。并非所有辐射都有害，例如可见光、无线电波和微波等类型的辐射在日常生活中广泛存在，并且对人类生活和工作有益。医疗领域也广泛使用辐射，如X射线用于医学影像诊断，放射治疗用于癌症治疗等。

我国先后出台了《电离辐射防护与辐射源安全基本标准》(GB 18871—2002)《中华人民共和国放射性污染防治法》《放射工作人员职业健康管理办法》《放射性物品运输安全管理条例》《放射性废物安全管理条例》《中华人民共和国职业病防治法》《放射性同位素与射线装置安全和防护条例》等法律和标准，制定了严格的辐射安全标准和防护措施，以加强辐射管理、保障辐射安全和保护人员健康。

9.1.1 辐射分类

根据辐射的传播形式，辐射可以分为电磁辐射和粒子辐射。粒子辐射是指以粒子形式传播的辐射，这些粒子带有一定的质量，如α粒子、质子和中子等。电磁辐射则是以电磁波的形式在空间中传播，一般不带质量，具有波的一般特征，波谱范围非常广泛，从无线电波、微波、红外线、可见光、紫外线，一直到X射线和γ射线都包含在内。

辐射根据其能否使物质发生电离，还可以被划分为电离辐射和非电离辐射。电离辐射是一切能引起物质电离的辐射总称，其种类很多，包括高速带电粒子(α粒子、β粒子、质子等)辐射和非带电粒子/电磁辐射(X射线、Y射线等)。人们经常利用电离辐射从事科研、治疗和生产。例如，物理化学和生物等科研领域，除了使用各种放射性核素外，很多仪器利用电离辐射进行物化性质测试，已成为现代科学研究中必不可少的手段。

非电离辐射是电磁辐射中能量较低，不足以引起物质电离的辐射，包括紫外线中的UVA和UVB波段(波长$>$100 nm)、可见光、红外线、微波及无线电波等。严格来讲，所有电器(包括家用电器)都会产生电磁辐射，但真正可能影响环境和健康的是一些大功率的通信设备，射频感应和介质加热设备高压输变电装置，电磁医疗和诊断设备等。电离辐射和非电离辐射见图9-1。

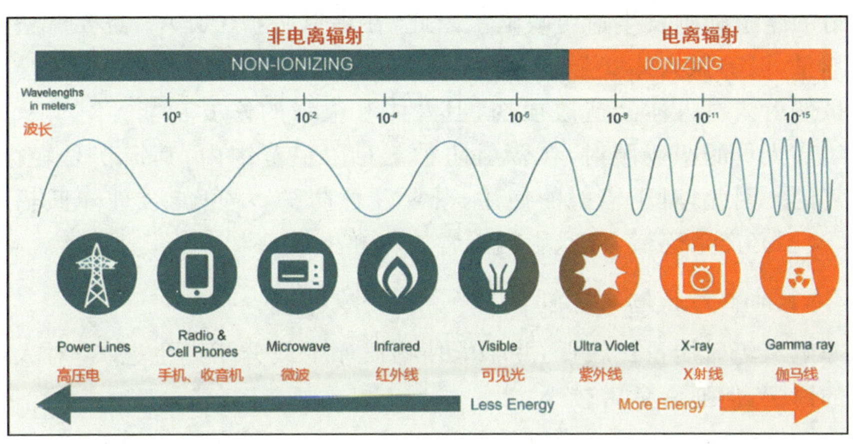

图 9-1 电离辐射和非电离辐射

9.1.2 辐射的危害性

辐射对人体的皮肤、器官、细胞和神经中枢有一定的危害性，不论放射性物质通过何种途径进入人体，都会引起内辐射。总体上看，短时间大剂量的辐射可造成人体病变，长时间小剂量的辐射有可能产生遗传效应，大量吸入放射性物质可能导致人体内脏病变。

9.1.2.1 电离辐射的危害

α 射线、β 射线、γ 射线与人体相互作用引起人体内物质大量电离，使人体产生生物学方面的变化。这些变化在很大程度上取决于辐射能量在物质中沉积的数量和分布。放射源从体外照射人体并在体内发生电离作用的现象称为外照射，γ 射线与 X 射线的射程都比较长，容易引起外照射，必须对外部辐射加以屏蔽阻挡来减少照射量。放射性核素进入体内后对人体的照射称为内照射，易造成体内放射性物质沉积，α 射线和 β 射线的内照射危害比较大。

电离辐射对人体的照射可能引发多种生物效应，这些效应既可能直接影响受照射个体，也可能通过遗传方式影响其后代，这些效应的发生概率和严重程度与受照的剂量密切相关。对人的机体造成的损害随着辐射照射量的增加而增大，大剂量的辐射照射会造成被照部位的组织损伤，并导致癌变。长时间的小剂量照射蓄积也会导致被照射器官组织诱发癌变，并会使受照射的生殖细胞发生遗传缺陷。因此，在辐射防护工作中，需要严格控制辐射剂量，以确保人体安全。

虽然射线对人体会造成损伤，但人体有很强的修复功能。对于从事放射性工作人员的职业照射，在辐射防护剂量限值范围内，其损伤是轻微的、可修复的。因此，对于辐射的使用，既要注意防护，尽可能合理降低辐射的危害，又不必产生恐慌心理，影响正常工作和生活。

9.1.2.2 非电离辐射的影响

非电离辐射能量比较低，并不能使物质原子或分子产生电离，对人体有一定的影响，但通常危害较小。

(1) 紫外辐射

机体组织的核酸和蛋白质吸收紫外线的能力特别强，紫外线易对眼睛和皮肤造成损伤。眼角膜和结膜吸收紫外线容易产生急性角膜结膜炎，轻者眼睛有不适或异物感，重者眼睛剧痛、畏光、流泪、充血、球结膜水肿。强烈的紫外辐射还能够损伤眼球晶状体，是白内障眼病的主要诱因。皮肤受到强烈的紫外辐射后，表皮上会生成各种化学介质，并释放扩散到真皮，引起局部血管扩张，会出现红斑效应，并且红斑消失得很慢。

(2) 可见光辐射

可见光对人体的危害相对较小，最多见的影响来自人工光源，如激光以及电影、幻灯机的照明灯、聚光灯和泛光等高强度光源。眼睛凝视一个强烈的可见光源(如激光或太阳)，可引起视网膜灼伤。由于晶状体的聚光能力，使光线投射在视网膜上的强度可达角膜的100多倍。吸收了足够的光能促使组织的分子振动增强，造成局部变热，使色素上皮细胞和邻近对光敏感的视网膜杆状细胞、锥状细胞发生烧伤，严重的可能导致视力暂时或永久性丧失。

(3) 红外辐射

适量的红外线照射有益于人体健康，过量照射则会对人的眼睛、皮肤造成伤害。0.8～1.3 μm 波长的近红外线可能引起类似于可见光产生的视网膜损坏，过度接触这些有危害的波长，可能完全破坏有保护作用的表皮细胞，严重的会影响视力。红外辐射对皮肤最为突出的直接作用是急性的皮肤灼伤、毛细管扩张和长时间的色素沉着。有许多因素可以影响红外线对皮肤急性灼伤的能力，如辐射强度、辐射波长、照射时间、皮肤暴露面积与部位、环境温度与湿度等。

(4) 激光辐射

激光会对人的眼睛和皮肤等造成伤害,其中以对眼睛的损伤最为严重。可见光激光、紫外激光、红外激光一般情况下不会对人体造成严重的伤害,不同波长范围内激光的危害各不相同。远红外激光对眼睛的损害主要以角膜为主,该波长范围的激光几乎完全可被角膜吸收,可能引起角膜炎和结膜炎,患者感到眼睛疼痛、有异物样刺激、怕光、流眼泪、眼球充血、视力下降等。中远紫外激光以角膜吸收为主,因而可导致晶状体及角膜混浊。激光还可通过体表和眼睛等器官对神经中枢起刺激作用,可导致视觉疲劳、头晕、失眠等症状。因此,必须避免直视激光束。此外,激光照射皮肤时,如其能量过大,可引起皮肤的损伤。激光对皮肤的损伤程度与激光的照射剂量、激光的波长、肤色深浅、组织水分等许多因素有关。

(5) 微波辐射

微波能量可以穿透玻璃、隙缝或纤维织物,对人体造成伤害。微波高强度辐射作用下,人体内组织分子固有的或诱导产生的电偶极子因进行高频摆动,为克服分子阻力而消耗能量,故引发高温生理反应,从而使组织器官损伤,严重时可引起皮肤或人体内部组织的烧伤甚至死亡。低强度的微波辐射可产生非热效应,造成非热损伤,引起心动过缓、多汗、瞌睡、血压下降、耳鸣等症状。

9.1.3　辐射实验场所与设施基本要求

存在电离辐射的实验室包括操作放射性物质的开放性放射化学实验室和装有射线发生装置的仪器实验室。前者的建设和使用必须经电离辐射主管部门审批许可,后者的存在范围非常广泛,这些实验室的安全运行对在其中学习和工作的人员尤为重要。

9.1.3.1　放射化学实验室的设计要求

放射性实验室需要按限制分区特殊设计并配备良好的设备。实验室(限制区)应按照放射性由弱到强来排列设计,即依次为非限制区、限制区、控制区、辐射区、高辐射区和强辐射区。大多数使用辐射源的实验室均属于限制区。不同的放射性核素和用量应在不同的实验室区域内操作使用。放射性实验室应处于污染监测和人员控制区域,不可在办公室或其他场所进行实验。

放射性实验室应使用光滑、无缝和无吸附性的材料装饰表面(地面墙面和桌面等);通风柜排风速度应不小于 0.5 m/s,使用没有过滤装置和特殊设计的通风柜时,应区别不同实验谨慎操作;易污染的实验区应铺盖专用吸水纸(实验用聚合物背膜吸水纸);实验室内放射性物品的安全要特别保障。

放射性实验室内的实验用品(如玻璃器皿和工具等)要有专门的地点存放,不能用于其他实验或带出实验室。操作有挥发性的放射性物质(如碘)和高活度放射性溶液等,必须在通风柜内进行。

9.1.3.2 放射化学实验室的实验要求

放射化学实验室应严格管理,错误的操作程序、拥挤混乱的工作区以及不良的工作习惯都可能发生放射性污染和事故。

(1) 认真遵守实验步骤。放射性核素的使用必须经过申请批准,经许可使用,严格按照实验步骤操作。

(2) 使用实验用专用吸水纸铺实验区,防止放射性液意外洒。实验台通风柜台面、样品盘、废物区以及地面等放射性工作区应使用吸水纸。

(3) 操作易发生溅洒的放射性样品时,应采取二次收集方案。可用托盘或手套箱等方法收集溅洒物,并预防容器破裂。

(4) 移动、加热、离心或搅拌放射性样品时,其容器要加盖或密封。防止发生溢出、蒸发、产生气体和容器破裂等情况。

(5) 使用手推车转移放射性样品时,应防止掉落和倾覆事故的发生。

(6) 标记所有使用存放和处理过放射性样品的物品和区域。

(7) 实验结束后应及时清理和检测工作区。如发现放射性污染,应及时做去污处理。

9.1.3.3 放射化学实验室的辐射监测

为获得有效准确的核辐射数据,确保辐射值满足相关要求,应根据放射源和探测器的性质采取适合的辐射测量措施。

(1) 合适的检测位置。检测探头应位于待测表面 1 cm 左右。距离过远会使测量值偏低,甚至探测不到;距离过近,容易污染探头。

(2) 合适的探测器。γ 射线探测器不能用于 β 射线测量,反之亦然。

(3) 合适的测量频率。采用瞬时检测与定期检测相结合,特别是开展实验期间，应加强辐射监测力度，以获取该时刻的辐射剂量率或表面污染水平。

（4）做好监测记录。监测记录应该包括放射性使用记录、污染控制、个人剂量监测、废物处置及人员培训情况等。

（5）测量仪器定期标定。按照相关要求定期对测量仪器仪表进行标定，以保障检测数据的准确性和可靠性。

9.2　放射性实验安全及废弃物处置

9.2.1　辐射设施的采购运输

9.2.1.1　放射性物品运输安全

为加强放射性物品运输的安全管理，我国制定了《放射性物品运输安全管理条例》。依据该条例，按照物品特性及其对人体健康和环境潜在危害程度，对放射性物品的运输采取分类管理。不同类别的放射性物品应使用专用的、符合国家标准的运输容器。放射性物品运输容器与放置其中的放射性物品称为货包。A 型货包用来运输放射性活度有一定限值的放射性物品，如反应堆新燃料等；B 型货包的要求比 A 型货包更高，且包装经得起运输事故的破坏，常用来装运放射性活度极大的放射性物品，如反应堆乏燃料等。

经营放射性物品道路运输的企业，应当有符合《放射性物品运输安全管理条例》中要求的专用车辆及设备、从业人员和健全的安全生产管理制度。营运单位从事放射性物品道路运输的驾驶人员、装卸管理人员、押运人员需要持有道路运输从业资格证。放射性物品运输时，运输容器和包装、营运单位、托运人、承运人和环保、卫生、公安、交通等部门均要依照国家规定严格依法履行相应职责。

9.2.1.2　放射性物品运输工具和设备

放射性物品运输工具包括用于公路或铁路运输的车辆，水路运输的船舶或其货舱、隔舱或限定甲板区以及空中运输的飞机等。货包不得与食品、易燃易爆物品混装在同一车厢内运输。

用于道路运输的车辆和设备，道路运输单位应当按照有关车辆及设备管理标准和规定维护、检测、使用和管理专用车辆及设备，确保专用车辆和设备技术状况良好。道路运输管理机构应当按照相关规定对专用车辆进行定期审验，每年审验一次。专用车辆不能用于非放射性物品运输，但集装箱运输车(包括牵引车、挂车)、甩挂运输的牵引车和运输放射性药品的专用车辆除外。当采用这些车辆运输非放射性物品时，不得将放射性物品与非放射性物品混装。专用车辆运输放射性物品应当悬挂符合国家标准的警示标志，不得超载、超限运输放射性物品。

9.2.1.3 放射性物品运输过程管理

放射性物品运输前，应配备必要的辐射监测设备、防护用品、防盗和防破坏设备，并编制运输说明书、辐射事故应急响应指南、装卸作业方法、安全防护指南等，将相关材料提交至主管部门备案。

放射性物品通过道路运输时，应当经公安机关批准，按照指定的时间、路线、速度行驶并悬挂警示标志，除驾驶人员外，还应当在专用车辆上配备押运人员，以确保放射性物品在押运人员监管之下。通过水路运输放射性物品时，按照水路危险货物运输的法律、行政法规和规章的有关规定执行。通过铁路、航空运输放射性物品时，按照国务院铁路、民航主管部门的有关规定执行。

放射性物品运输过程中如发生辐射事故，承运人、托运人应当按照辐射事故应急响应指南的要求，结合本单位安全生产应急预案的有关内容，做好事故应急工作，并立即报告事故发生地的县级以上人民政府环境保护主管部门。

9.2.2 放射性实验废弃物处置

放射性污染物是指各种放射性核素污染物，具有放射性，对人体或环境造成危害。我国的《放射性同位素与射线装置安全和防护管理办法》《放射性同位素与射线装置安全和防护条例》明确规定了放射性物质的安全管理。随着放射性物质需求与仪器使用在实验领域的快速发展，实验室放射性废弃物量迅速增加，做好放射性实验废弃物处置，保护实验室人员与环境，防止实验室放射性废弃物污染，意义重大。

9.2.2.1 放射性污染物的危害

在大剂量的照射下，放射性物质对人体和动物存在着损害作用。人体受到的照射剂量为 4 Gy(Gray,戈瑞,吸收剂量单位)时,死亡概率约 5%;剂量为 6.5 Gy 时,则死亡概率达到 100%;剂量在 1.5 Gy 以下时,死亡率大约为 0,但并非无危害作用,一些症状多年以后才会表现出来。

放射物产生的电离辐射能杀死生物体的细胞,妨碍正常细胞的分裂和再生,并引起细胞内遗传信息的突变。人体受到射线过量照射所引起的疾病称为放射性损伤,分急性和慢性两种。急性放射性损伤指照射超过 1 Gy 时,可引起急性放射病或局部急性损伤;在剂量低于 1 Gy 时,少数人可出头晕乏力食欲下降等轻微症状;剂量在 1～10 Gy 时,以造血系统损伤为主;剂量在 11～50 Gy 时,以消化道症状为主,若不经治疗在 2 周内可能死亡;剂量在 50 Gy 以上时,以脑损伤症状为主,可在 2 天内死亡。慢性放射性损伤需要经过较长时间(比如数年)才能展现,受辐射的人可能出现白血病等疾病。

9.2.2.2 放射性污染物的处置

放射性废弃物中的放射性物质,采用一般的物理、化学及生物学的方法都难以将其消灭,只有通过放射性核素的自身衰变才能使放射性衰减到一定的水平。许多放射性元素的半衰期较长,并且衰变的产物是新的放射性元素,所以放射性废弃物与其他废弃物相比在处理和处置上有许多不同之处。

(1) 放射性废水处置

放射性废水的处理方法主要有稀释排放法、放置衰变法、混凝沉降法、离子变换法、蒸发法、沥青固化法、水泥固化法、塑料固化法以及玻璃固化法等。

(2) 放射性固体废弃物处置

放射性固体废弃物主要是被放射性物质污染而不能再用的各种物体,常用的处理方法如下所述。

① 焚烧处置:在高温条件下使放射性固体废弃物中的有机物燃烧分解,将其转化为灰烬和气体,从而实现减容和稳定化的目的。焚烧处置是目前国际上广泛采用的有效方法。

② 陆地处置:现今使用最广泛的处置方式,包括浅层填埋、近地表处置、中等深度处置、深地质处置等四种方式。浅层填埋是将经过处理后的放射性废弃物放置在离地表较浅的填埋设施中,对放射性核素进行隔离,使其放

射性水平随着时间逐渐降低。近地表处置是将低水平放射性固体废物直接填埋在离地表较近的处置设施中,适用于放射性较低且半衰期较短的废物处置。中等深度处置和深地质处置原理类似,放射性固体废弃物深埋于地下不同深度位置的稳定地质层中,利用地质介质的天然屏障作用,使其与人类生存环境隔离。中等深度的位置在地下几十米至几百米不等、深地处置的位置在地下数百米至上千米不等。目前,深地处置是国际上公认的放射性废弃物处置较为有效的方法。

③ 海洋处置:将低水平放射性废物固化并装入金属桶中投入 4 000 m 以下的深海中,此种方式因对处置的废物无法监控而难以作出准确的安全评估,同时会引起海产品中放射性核素浓集。自 1993 年《伦敦公约》修订后,国际上已全面禁止放射性废物海洋处置。

④ 固化处置:将放射性核素通过物理或化学的方法固定在一种稳定的固体介质中,使其不易在环境中迁移和扩散,从而达到安全处置的目的。常见的固化方法包括水泥固化法、沥青固化法和玻璃固化法等。

9.3 辐射安全防护及事故应急处置

9.3.1 电离辐射与放射性辐射安全防护

9.3.1.1 电离辐射防护目的

电离辐射防护在于防止不必要的射线照射,保护操作者和周围人群免受辐射损伤。

(1) 保护人体健康。既要预防确定性效应发生,即避免人体短时间内接受高剂量电离辐射而引发诸如皮肤损伤(如红斑、溃疡等)、造血功能障碍、白内障等确定性效应,减少对机体组织和器官造成的可见、可预测的功能性损害;又要降低随机性效应发生概率,即减少电离辐射诱发癌症、遗传疾病等随机性效应的发生风险,通过防护尽可能降低其在人群中出现的可能性。

(2) 满足相关领域的职业健康要求,保障职业安全。满足职业健康法规和标准设定的相关要求,对于从事涉及电离辐射相关职业的工作人员,如核电站工作人员、放射科医护人员等,通过防护使他们的工作场所辐射水平处于安全范围，使职业人员的辐射剂量限制在规定的剂量限值以内，防止职业暴露带来的健康危害，保障他们能够长期安全地从事相应工作。

(3) 保护环境生态。一方面，可防止辐射污染，避免电离辐射对土壤、水体、大气等环境要素造成污染，防止影响生态系统的正常结构和功能。另一方面，可通过有效的防护措施降低环境辐射水平，控制各类辐射源释放到环境中的电离辐射量，让环境中的辐射水平保持在可接受范围，保障生态环境的健康稳定发展。

(4) 消除社会担忧和恐惧心理，促进相关技术合理应用。通过有效的防护措施，消除公众对辐射的恐惧和担忧，避免“谈辐色变”，为核能及其他辐射技术的安全、可持续发展创造有利条件，使其更好地服务于人类的生产生活和社会发展。

9.3.1.2　电离辐射防护标准

《电离辐射防护与辐射源安全基本标准》是我国现行辐射防护应遵守的基本标准。该标准指出，一切带有辐射的实践和设施必须遵循辐射防护三原则，对于工作人员、公众应急照射等情况必须加以约束和限制。

(1) 电离辐射防护三原则

实践的正当性原则：指对于任何一项辐射照射实践其对受照个人或社会所带来的利益足以弥补其可能引起的辐射危害时，该实践才是正当的。

辐射防护的最优化原则：在考虑了经济和社会因素之后，保证受照人数、个人受照剂量的大小以及受照射的可能性均保持在可合理达到的尽量低水平。

个人剂量限制原则：在实施上述两项原则时，要同时保证个人所受的辐射剂量不超过规定的相应限值。

(2) 职业剂量限值

根据《电离辐射防护与辐射源安全基本标准》(GB 18871—2002)规定，对于职业工作人员的要求是连续 5 年内的平均有效剂量不超过 20 mSv(辐射防护领域中表示当量剂量或有效剂量的单位)任何单一年份的有效剂量不超过 50 mSv。16～18 岁青少年如接触放射性物质，年有效剂量不超过 6 mSv，眼晶体的年剂量当量不超过 50 mSv，四肢(手足)或皮肤的年当量剂量不超过 150 mSv。

(3) 应急照射限值

短时间内大剂量辐射对人体的影响见图 9-2。应急照射情况下，工作人员一次可接受 50 mSv 全身照射但以后所接受的照射应适当减少以使此次照射前后 10 年平均有效剂量不超过 20 mSv。

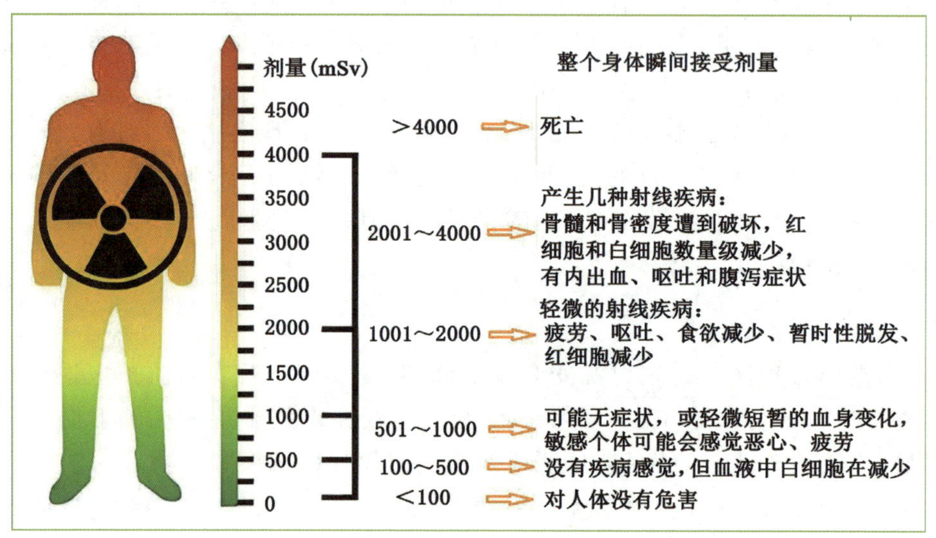

图 9-2　短时间大剂量辐射对人体的影响

9.3.1.3　电离辐射防护方法

(1) 时间防护

防护原理：对于相同条件下的照射，人体接受的剂量与照射的时间成正比，在辐射场中停留时间越短，所接受的辐射剂量越小。

防护措施：事先制订详细的工作计划，确保操作熟练、准确，尽量缩短在辐射源附近的停留时间；对于长时间接触辐射源的工作，应合理安排人员轮流进行，避免单人长时间连续作业。

(2) 距离防护

防护原理：根据平方反比定律，辐射源的辐射强度与距离的平方成反比，即距离辐射源越远，人体所接收到的辐射剂量越低。

防护措施：在设计工作场所布局时，操作区与辐射源应保持安全距离。在操作放射性物质或使用辐射设备时，应尽可能增大与辐射源之间的距离。

(3) 屏蔽防护

防护原理：通过使用具有良好吸收或阻挡辐射能力的材料，将辐射源与人体隔离开来，减少人体所接受的辐射剂量。

防护措施：根据辐射类型和能量的不同，选择合适的屏蔽材料。如对于X射线和 γ 射线，可选用铅、混凝土、铁等材料进行屏蔽；对于 β 射线，可选用铝、有机玻璃等轻材料进行屏蔽。在使用放射性药物进行诊断和治疗的医疗机构，应配备铅衣、铅屏风、铅防护眼镜等个人屏蔽用品。

(4) 个人防护

防护原理：通过使用个人防护用品，进一步减少人体暴露在电离辐射中的面积和时间，降低辐射对人体的危害。

防护措施：从事电离辐射工作的人员必须正确佩戴个人剂量计，以便实时监测所接受的辐射剂量。此外，还应佩戴口罩、手套、帽子等防护用品，防止放射性物质通过呼吸、皮肤接触等途径进入人体。

电离辐射的警示、危害和防护，可以通过设置警示告知卡（牌）的方式进行强调。电离辐射防护告知卡（牌）见图 9-3。

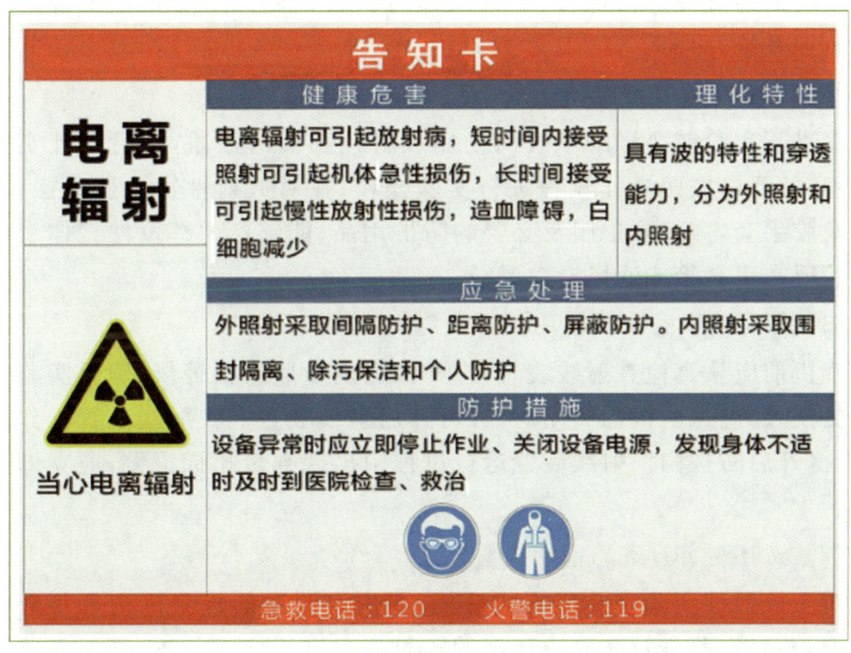

图 9-3　电离辐射防护告知卡（牌）

Chapter 9

9.3.1.4 放射性实验室的安全管理

(1) 放射性物质的购买

购买放射性物质及射线装置，需要经过环保部门审批并进行实验室环境影响评估，获批相关安全许可证明后，方能进入购买程序。

(2) 放射性标志的使用

放射性工作场所，要在场所外面的明显位置张贴电离辐射标志；实验室内存放的放射性物品辐射发生装置等应有明显的放射性标志。

(3) 放射性实验的登记制度

实验室开展放射性实验时，要采取严格的登记制度，要详细记录实验的日期、参加人员、放射源、非密封的放射性物质、仪器的使用情况和实验过程等。

(4) 放射源的安全使用

任何类型的放射源都不能用手直接拿取、触摸，所有放射源使用时都要使用工具进行操作：保证放射源进出仪器的操作正确，谨防误操作造成事故。放射源的管理严格执行“双人双锁”制度，存储库应有安全报警系统和视频监控系统。

(5) 非密封放射性物质的安全使用

在进行实验前要详细了解所使用放射性物质的性质，然后设计实验操作流程，并严格按照操作流程进行实验操作；在对放射性物质进行操作时，要戴橡胶手套，穿好防护服及必要的防护用品；能够产生挥发性气体的放射性实验要在手套箱或通风橱中进行。

(6) 射线装置的安全使用

开机前应认真检查射线装置，打开辐射剂量监测报警仪，确保实验室内无人员误入，确保防护门关闭后，方可开启射线装置。在射线装置工作过程中，不得开启防护门。射线装置运行过程中出现剂量超标报警，应立即关停设备。

(7) 放射性实验室的定期检测

对于放射性实验室及其周边环境，要由有资质的检测机构每年进行一次检测，并对实验室及其周边环境的辐射情况进行详细分析，确保实验室的辐射水平在规定的限值之内。

9.3.1.5　放射性实验室的人员管理

(1) 工作人员的教育培训和职业健康管理

放射性实验室的安全管理人员及实验人员要通过国家指定机构组织的辐射安全培训，培训合格才能从事放射性工作，做到持证上岗。相关人员的职业健康检查包括岗前、在岗、离岗健康检查，一般 2 年内必须参加 1 次体检，符合职业健康标准的人员方可参加相应的工作。从事放射工作的人员脱离放射工作岗位时，应进行离岗前职业健康检查。放射工作单位应为从事放射工作的人员建立终身保存的职业健康监护档案。

(2) 进入放射性实验室的人员管理要求

进入放射性实验室开展实验，要佩戴个人剂量计。该剂量计需要进行定期检测，一般为每季度 1 次。进入强辐射工作场所时，除佩戴个人剂量计外，还应当携带报警式剂量计。工作人员离开放射性实验室前，应进行全身放射性物质玷污检测合格后方可离开实验室。参观访问人员进入放射性实验室，要确保有了解该实验室安全与防护措施的工作人员陪同，进入实验室前，向参观访问人员提供足够的信息和必要的培训指导，在相关区域设置醒目的标志，并采取其他必要的措施，确保对来访者实施适当的监控。

9.3.2　非电离辐射安全防护

9.3.2.1　紫外辐射和可见光辐射的防护措施

化学实验室中有可能会产生此类辐射的仪器设备有紫外灭菌灯、紫外灯、分光光度计、摄谱仪等。对于紫外辐射，应严格遵守以下几项防护措施。

(1) 凡使用紫外灯和紫外辐射源的实验室，室外应该设有清晰、醒目的警告标志，在进门上方设有蓝色工作指示灯，紫外灯工作期间，指示灯亮。

(2) 操作人员应做好个人防护。在眼部防护方面，佩戴能够有效阻挡紫外线和可见光的护目镜。在面对大面积的强光光源或者存在飞溅物可能损伤眼睛的实验场景中，可以佩戴有护目镜的全面罩。在皮肤防护方面，实验人员应穿上长袖、长裤的实验工作服，尽量减少皮肤暴露；佩戴防护手套，保护手部皮肤；必要时要戴帽子以保护头部。

(3) 操作人员遭受紫外辐射并出现症状，如皮肤发红(红斑、红肿)、皮肤老化、色素沉着、眼痛流泪、畏光和视力下降等，应根据情况及时进行处理，必要时就医治疗。

(4) 定期对产生辐射的实验设备进行检查和维护，确保设备的辐射防护装置完好无损。例如，检查紫外灯的灯罩是否有裂缝(裂缝可能会导致紫外线泄漏)。检查设备的辐射强度是否在正常范围内，对于辐射强度超标的设备，要及时进行维修。

9.3.2.2 红外辐射的防护措施

实验室中经常会出现红外辐射源，如加热的金属、熔融的玻璃等，既可能对皮肤、眼睛等产生热效应危害，又可能对部分实验室设备造成干扰，影响实验的准确性和可靠性。应采取必要的防护措施，保护接触红外辐射的操作者和相关实验设备。

(1) 隔离屏蔽。使用具有良好红外辐射屏蔽性能的材料来构建隔离设施。这些材料对红外线有较高的反射率，可以将大部分红外辐射反射回去，减少向外的辐射传播。

(2) 合理通风与散热。在存在红外辐射的工作场所，合理设计通风系统非常必要，通过通风可以带走部分热量，降低环境温度，减少红外辐射带来的热效应。

(3) 实验人员做好个人防护。穿戴专门设计的防红外辐射防护服，佩戴防红外辐射眼镜，面部暴露较多的工作场景使用防护面罩。

(4) 保持必要防护距离，缩短暴露在红外辐射下的时间。增加操作人员与红外辐射源之间的距离可以显著降低辐射强度。此外，对于在高红外辐射环境下的工作，应当合理安排工作时间，减少个人连续暴露在红外辐射下的时间。

9.3.2.3 微波辐射的防护措施

实验室中产生微波辐射的主要是微波加热设备(如微波炉)、微波反应器、微波消解仪、微波等离子体设备等，产生的辐射危害主要有两类，一是热效应危害，例如对人体组织的烫伤和对温度敏感实验材料(如生物样本)的损伤，二是非热效应危害，例如长期的微波辐射可能会干扰人体神经系统的正常功能、削弱人体的免疫功能。虽然合格的微波仪器设备均不会产生微波泄漏，但由于微波看不见、摸不着，其危险性容易被忽视，即使辐射强度超标也很难察觉。因此，应加强对微波辐射的安全防护。

(1) 场所管理与设备屏蔽防护。受微波照射的不安全场所，应按要求设置警戒标志，无关人员禁止入内并操作设备；微波设备本身应具备良好的屏蔽性能，实验室应定期检测，确保屏蔽层完好。

(2) 加强人员技能培训，防止微波泄漏。微波操作人员必须经过必要的技术培训，掌握微波设备操作技能，严格按照规则操作，具备对设备的定期维护保养能力，防止微波泄漏。

(3) 实验人员做好个人防护。穿戴含有金属纤维的防电磁波辐射防护服，对微波起到反射和屏蔽的作用，能有效减少微波对人体的辐射。眼部可能受到微波辐射伤害的情况下，要佩戴防微波辐射眼镜。

(4) 做好职业性健康管理。从事微波操作的人员岗前应接受健康检查。凡有严重的神经衰弱、眼睛或心血管系统疾病、血液系统疾病的患者，不得从事微波工作。在岗的微波操作人员应定期接受体检，一般 1～2 年进行一次体检。

(5) 进行剂量监测。为了保证安全，应为经常暴露在微波辐射环境中的工作人员配备个人剂量计。就像辐射工作人员佩戴的放射性剂量计一样，该剂量计实时监测个人所接受的微波辐射剂量，如果微波辐射强度超标，可及时发出警报。

9.3.3　辐射安全事故及应急处置

9.3.3.1　辐射事故的分级分类

辐射事故是指放射性物质丢失、被盗、失控，或者放射性同位素和射线装置失控，导致人员受到意外的异常照射，或者出现环境污染后果。辐射事故类型按性质一般分为五类，即超剂量照射事故、表面污染事故、丢失放射性物质事故、超临界事故和放射性物质泄漏事故。按照事故性质、严重程度、可控性和影响范围等因素，我国将辐射事故分为特别重大辐射事故、重大辐射事故、较大辐射事故和一般辐射事故等四个等级。

(1) 特别重大辐射事故（Ⅰ级），指Ⅰ类、Ⅱ类放射源丢失、被盗、失控并造成大范围严重辐射污染后果；或者放射性同位素和射线装置失控导致 3 人及以上急性死亡；或者放射性物质大量泄漏，对环境造成长期、严重的放射性污染，使大面积区域不适合人员居住或工作。

(2) 重大辐射事故（Ⅱ级），指Ⅰ类、Ⅱ类放射源丢失、被盗、失控；或者放射性同位素和射线装置失控导致 3 人以下急性死亡或者 10 人及以上急性重度放射病、局部器官残疾；或者放射性物质泄漏量较大，造成较大范围放射性污染，需要长时间（数月至数年）的清理和修复工作才能恢复正常使用。

(3) 较大辐射事故（Ⅲ级），指Ⅲ类放射源丢失、被盗、失控；或者放射性同位素和射线装置失控导致10人以下急性重度放射病、局部器官残疾；放射性物质泄漏，对小范围区域（如实验室内部或附近区域）造成明显的放射性污染，需要采取紧急防护措施和一定时间（数周）的清理工作。

(4) 一般辐射事故（Ⅳ级），指Ⅳ类、Ⅴ类放射源丢失、被盗、失控；或者放射性同位素和射线装置失控，导致人员受到超过年剂量限值的照射，但未造成急性放射病症状；放射性物质泄漏，对实验室局部区域（如一个实验室的部分角落）造成放射性污染，通过短期（数天）的清理和防护措施即可控制辐射危害。

9.3.3.2 辐射事故应急处置的重要性

辐射事故一旦发生，容易造成危害人员健康、污染环境、引起公众恐慌等严重后果。因此，做好辐射事故的应急处置，具有重要意义。

(1) 做好辐射事故的应急处置是我国法规和监管要求的具体体现。国家制定了严格的辐射安全管理法规和标准，要求涉辐射单位必须制订应急计划并进行演练。应急处置是法规要求的具体实践，有助于确保涉辐射单位依法履行辐射安全责任。

(2) 做好辐射事故的应急处置是国家安全生产的重要组成部分。辐射安全在国家安全生产体系中占据着关键地位，不仅关乎从事相关辐射活动人员的生命健康，还深刻影响着环境质量。辐射安全事故的有效处理对于维护社会稳定、保障经济健康发展、树立良好国际形象均有重要意义，是国家安全生产不可或缺的核心要素之一。

(3) 做好辐射事故的应急处置是风险控制的关键环节。辐射安全事故应急处置是辐射风险管理的重要组成部分。事故发生前，应急计划的制订和演练可以帮助识别潜在的风险点；事故发生时，快速响应能够将风险控制在可接受的范围内，防止事故进一步恶化，进而可降低事故的风险等级。

(4) 做好辐射事故的应急处置是应急管理体系完善的需要。良好的辐射安全事故应急处置能够促进整个应急管理体系的完善。既可以检验和优化现有的应急管理系统，又可以通过对辐射事故应急处置的经验总结，为其他类型的应急事件提供参考，促进国家整体应急管理水平提升。

9.3.3.3　辐射事故应急处置流程

(1) 编制应急处置预案

可能发生辐射事故的单位，必须制定事故应急处置预案，确保在一旦出现此类事故时可立即采取相应行动，应急计划应报监督部门审批，主管部门备案。

(2) 事故报警

① 内部报警。事故发生现场的工作人员应第一时间向本单位的辐射安全管理部门或相关负责人报告。

② 外部报警。单位负责人在接到报告后，需要按照规定及时向当地环境保护主管部门、公安部门和卫生主管部门报告，同时要告知事故发生的时间、地点、可能的辐射类型、辐射强度估计、人员伤亡情况等基本信息。

(3) 启动应急预案

一旦确认事故发生，立即启动应急预案，成立应急处置指挥小组，组织相关人员和资源进行应对。

(4) 现场紧急处置

① 人员疏散。人员疏散的首要任务是确保人员安全，迅速组织现场人员撤离到安全区域。疏散范围应根据事故类型、辐射源强度和气象条件等因素确定。

② 现场封锁。对事故现场进行封锁，防止无关人员进入受到辐射危害。可以使用警戒线、障碍物等进行隔离。

③ 辐射监测。利用现场的辐射监测设备，对事故现场及周边环境进行初步辐射监测。确定辐射污染的范围、程度和分布情况，为后续的应急处置提供数据支持。

(5) 应急救援队伍响应

① 专业救援人员集结。环保、公安、卫生等部门的专业应急救援队伍接到报警后，应迅速赶赴事故现场。专业救援人员通常包括辐射防护专家、放射源搜寻与回收专业人员、医护人员等。

② 救援设备调配。应急救援队伍应及时调配相应的应急救援设备，如更高级的辐射监测仪器、防护用具、放射源收储容器、医疗急救设备和药品等。

(6) 人员医疗救治与安置

一是对受辐射人员分类救治，根据人员受照剂量和症状，医护人员对受照人员进行分类救治。二是对受影响人员心理安抚和安置，提供心理辅导和咨询服务，帮助他们缓解焦虑、恐惧等情绪。

(7) 污染控制与清理

一方面，采取有效的措施控制辐射污染的扩散。另一方面，在事故得到控制后，对污染区域进行清理和修复。清理和修复过程中产生的放射性废物要按照相关规定进行安全处置。

(8) 事故调查与评估

① 事故原因调查。环保、公安等部门联合开展事故原因调查。通过现场勘查、询问相关人员、查阅设备运行记录等方式，确定事故是由于设备故障、人为操作失误、安全管理漏洞还是其他原因引起。

② 辐射影响评估。卫生部门和专业的辐射防护机构根据辐射监测数据，对事故的辐射影响进行评估。评估内容包括人员受照剂量估算、可能出现的辐射损伤症状、对环境的长期影响、可能造成的经济损失等。

(9) 应急响应终止与后期跟踪

当事故现场的辐射水平恢复到正常的本地水平、受照人员得到妥善救治、环境污染得到有效控制和清理等条件满足后，应急指挥部门组织专家进行评估，决定是否终止应急响应。

应急响应终止后，仍要对事故现场和周边环境进行长期的跟踪监测，观察是否有潜在的辐射风险遗留。同时对整个应急处置过程进行总结和评估，总结经验教训，完善应急预案和安全管理制度。

思考题

1. 简述辐射的基本概念以及电离辐射与非电离辐射的区别。
2. 辐射对人体健康有哪些主要危害？请举例说明。
3. 结合《电离辐射防护与辐射源安全基本标准》(GB 18871—2002)，描述不同类别放射源实验室的选址与布局要求？
4. 开展放射性实验前，需要进行哪些准备工作？
5. 如何对电离辐射进行有效防护？关键措施有哪些？
6. 非电离辐射在实验室常见的来源有哪些？应如何防范？

7. 放射性实验废弃物分为哪几类？各自的特点是什么？
8. 举例说明辐射实验安全事故的常见类型及引发原因。
9. 辐射监测在实验室辐射安全管理中有何重要意义？
10. 参与放射性实验的人员需要参与哪些培训，具备哪些资质？
11. 放射性物质在实验室的存储和取用，应遵循哪些规定？
12. 当实验室发生辐射泄漏事故时，现场人员应如何第一时间响应？
13. 辐射防护用品的种类有哪些？如何正确选择和使用？
14. 谈谈未来实验室辐射安全管理的发展方向。

▶ 第 10 章

实验室特种设备与常规冷热设备安全

本章简介

实验室特种设备与常规冷热设备的安全管理极为关键，能有效防范设备发生意外，保障人员免受起重伤害、爆炸冲击、冷热灼伤等风险，确保设备稳定运行，为实验室营造安全有序的环境。本章介绍起重类设备、压力容器、场（厂）内专用机动车、实验室冰箱以及实验室加热设备的日常管理、安全事故及应急处置方法。

教学目标

知识目标　① 掌握起重类设备、压力容器、场（厂）内专用机动车、实验室冰箱、实验室加热设备等特种设备与常规冷热设备的使用和日常管理要点。② 熟知各类设备可能发生的安全事故类型、诱因及危害。③ 熟知针对不同特种设备及常规冷热设备安全事故的应急处置方法。

能力目标　① 能够对各类特种设备进行规范的维护与检查，及时发现设备潜在的安全隐患。② 当设备出现异常情况时，能迅速识别可能引发安全事故的风险，采取有效的预防措施。③ 面对特种设备和冷热设备安全事故时，能够迅速启动应急响应，采取正确有效的处置方法。

素养目标　① 具有专业、规范操作特种设备的知识素养，以保障设备安全稳定运行。② 具有严谨、负责的工作态度和职业道德，面对实验室使用率不高、有特殊要求的特种设备管理也能尽职尽责。

特种设备是指对人身和财产安全有较大危险的锅炉、压力容器、压力管道、电梯、起重机械、客运索道、大型游乐设施、场（厂）内专用机动车辆以及法律、行政法规规定适用《中华人民共和国特种设备安全法》的其他特种设备。特种设备有两个基本特征：一是涉及生命安全，一旦发生事故极易造成人员伤亡，影响公共安全；二是危险性较大，一旦发生事故容易产生重大经济影响和较大的社会影响，潜在的危险性较大。国家对各类特种设备，从生产、使用、检验检测三个环节都有严格规定，实行全过程监督。

高校实验室常见的特种设备有起重设备、压力容器和场（厂）内专用机动车辆。特种设备是实验室中的特殊危险源，应遵守《中华人民共和国特种设备安全法》《特种设备安全监察条例》《特种设备使用管理规则》等法律法规和标准的相关要求，也应遵守教育主管部门相关文件和规范的要求。本章基于上述法律法规和技术标准阐述应用于高校实验室的相关特种设备安全管理。

10.1 起重类设备安全

起重机械设备是指用于垂直升降或者可垂直升降并可水平移动重物的机电设备，其范围规定为额定起重量大于或者等于 0.5 t 的升降机；额定起重量大于或者等于 3 t 且提升高度大于或者等于 2 m 的起重机；层数大于或者等于 2 层的机械式停车设备。

10.1.1 起重机械设备日常管理

起重机械设备的日常管理包括使用登记、资质管理、定期检验、运行维护、废弃处置等方面。

10.1.1.1 起重机械的使用登记管理

(1) 达到《特种设备目录》起重机械指标的起重设备，须按照规定办理登记。特种设备在投入使用前或者投入使用后 30 日内，使用单位应当向特种设备安全监管部门申请办理使用登记；对于整机出厂的特种设备，一般应当在投入使用前办理使用登记，取得特种设备使用登记证。登记标志应当置于该特种设备的显著位置。特种设备使用登记证见图 10-1。

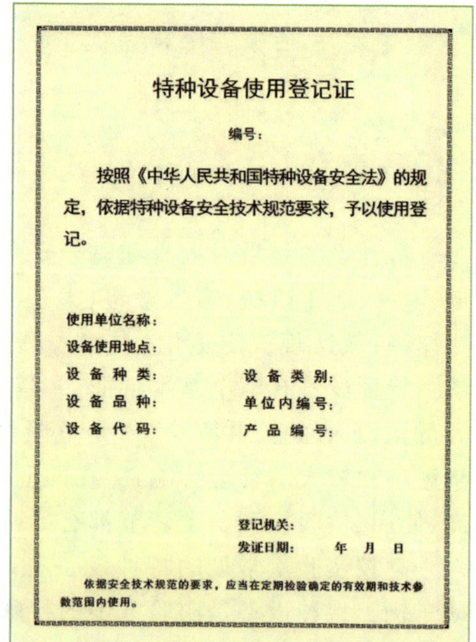
特种设备使用登记证

编号：

按照《中华人民共和国特种设备安全法》的规定，依据特种设备安全技术规范要求，予以使用登记。

使用单位名称：
设备使用地点：
设 备 种 类：　　设 备 类 别：
设 备 品 种：　　单 位 内 编 号：
设 备 代 码：　　产 品 编 号：

登记机关：
发证日期：　　年　月　日

依据安全技术规范的要求，应当在定期检验确定的有效期和技术参数范围内使用。

图 10-1　特种设备使用登记证

(2) 起重机械改造、移装、变更使用单位或者使用单位更名、达到设计使用年限继续使用等情况，相关单位应当向登记机关申请变更登记。

(3) 起重机械拟停用 1 年以上，使用单位应当采取有效的保护措施，设置停用标志，并进行注销登记。重新启用时，使用单位应当进行自行检查，并办理启用手续。

(4) 拟报废的起重机械，首先应消除该设备的使用功能，并办理报废手续，将使用登记证交回登记机关。

(5) 登记管理中常见错误，包括未进行使用登记、未取得特种设备使用登记证、停用后未办理停用手续、违规使用已经办理停用或报废注销的起重设备。

10.1.1.2　起重机械的作业人员

(1) 操作人员须通过考核取得特种设备安全管理和作业人员证，持证上岗。特种设备安全管理和作业人员证每 4 年复审 1 次，复审合格的可继续从事该工作；复审不合格、逾期未复审等情况，其特种设备安全管理和作业人员证予以注销。特种设备安全管理和作业人员证见图 10-2。

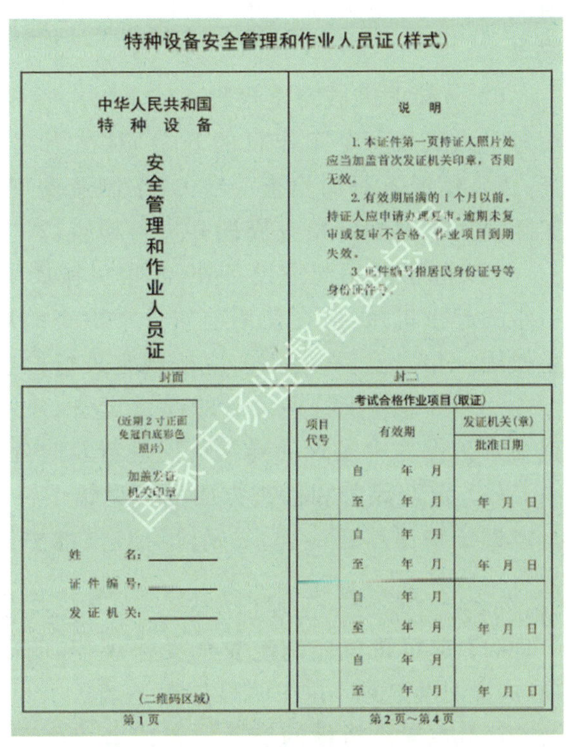

特种设备安全管理和作业人员证(样式)

中华人民共和国
特　种　设　备
安全管理和作业人员证

封面

说　明

1. 本证件第一页持证人照片处应当加盖首次发证机关印章，否则无效。

2. 有效期届满的 1 个月以前，持证人应申请办理复审。逾期未复审或复审不合格，作业项目到期失效。

3. 证件编号指居民身份证号等身份证件号。

封二

(近期 2 寸正面免冠白底彩色照片)

加盖发证机关印章

姓　　名：________

证 件 编 号：________

发 证 机 关：________

(二维码区域)

第 1 页

考试合格作业项目(取证)

项目代号	有效期	发证机关(章) 批准日期
	自　年　月 至　年　月	年　月　日
	自　年　月 至　年　月	年　月　日
	自　年　月 至　年　月	年　月　日
	自　年　月 至　年　月	年　月　日

第 2 页～第 4 页

图 10-2　特种设备安全管理和作业人员证

(2) 作业人员资质方面的常见错误主要有三种：一是属于特种设备的起重机械的操作人员未取得特种设备安全管理和作业人员证；二是属于特种设备的起重机械操作人员，其特种设备安全管理和作业人员证过期未复审；三是普通起重机械操作人员未经培训。

10.1.1.3　起重机械设备的定期检验

(1) 使用单位应定期向有检验资质的单位申请，对在用起重机械进行定期检验。相关规定要求，使用单位对在用起重机械进行自行检查合格的基础上，在安全检验合格有效期届满前 1 个月向特种设备检验检测机构提出定期检验申请。检验检测机构应当按照安全技术规范的要求及时进行检验。未经定期检验或者检验不合格的设备，不得继续使用。

(2) 起重机械设备检验方面的常见错误主要有两种：一是属于特种设备的起重设备超期未进行检验，二是特种设备检验合格证未张贴。

10.1.1.4 起重机械设备定期保养和自行检查

(1)《特种设备安全监察条例》规定，在用特种设备应至少每月进行一次自行检查，并对设备的安全附件、安全保护装置、测量调控装置及有关附属仪器仪表进行定期校验、检修，对发现的异常情况及时处理，并做好记录。

(2)《起重机械安全规程 第 1 部分：总则》(GB/T 6067.1—2010)规定，在每个换班或每个工作日的开始，对在用起重机械应按其类型进行日常检查；正常情况下每周检查一次，或按制造商规定的检查周期结合起重机械的实际使用工况制定检查周期并进行检查。

(3) 除了备用起重设备外，起重机械如果停止使用一个月以上但不超过一年的起重机械，应在使用前按日常检查的规定进行检查；起重机械如果停止使用一年以上，在使用前应按规定进行检查。

(4) 对不属于特种设备的起重设备，建议每月进行维护和自查，并对检查和维护保养中发现的异常情况进行及时处理，并做好记录。

(5) 定期保养和检查方面的常见错误：一是未按照要求对起重类设备进行定期维护保养及检查，二是没有日常维护保养和自行检查记录。

10.1.1.5 起重机械设备操作规程、警示标志及防护措施

(1) 起重机械应制定安全操作规程，明确操作流程和要求、安全注意事项、应急处置流程，并在明显位置上墙。

(2) 在起重机械的合适位置或者工作区域应当设有明显可见的文字安全警示标志，如“起升物品下方严禁站人”“臂架下方严禁停留”“作业半径内注意安全”“未经许可不得入内”等。在起重机械的危险部位，应当有安全警示标志和危险图形符号。

(3) 起重机械的警示装置(声光报警装置、安全警示标志灯)应能保持正常工作。

(4) 室内起重机械应标有运行轨道，并有警示标志。

(5) 起重机械使用时，应当具有规定的安全距离和安全防护措施，如起

重机限位器、起重力矩限制器、防坠安全器等。

(6) 操作过程中，严格执行安全操作规程，做好相应记录。

(7) 操作方面的常见错误：一是未制定和张贴安全操作规程；二是未设置安全警示标志，或设置位置不明显；三是缺少必要的防护措施；四是地面无起重设备运行通道标志。

起重机的警示标志、限位器、起重量限制器、行驶通道、声光报警器等见图 10-3。

图 10-3　起重机的警示标志、限位器、起重量限制器、行驶通道、声光报警器等

10.1.1.6　废弃不用的起重机机械处置

特种设备存在严重事故隐患，无改造维修价值，或者超过安全技术规范规定使用年限，应当及时予以报废，采取必要措施消除该特种设备的使用功能，并应当向原登记的特种设备安全监督管理部门办理注销。

规定报废条件以外的特种设备，达到设计使用年限可以继续使用的，应当按照安全技术规范的要求通过检验或者安全评估，并办理使用登记证书变更，方可继续使用。允许继续使用的，应当采取加强检验、检测和维护保养等措施，确保使用安全。

10.1.2 起重类设备安全事故及应急处置

10.1.2.1 起重机械类设备事故

起重机伤害事故主要有脱钩、折断、挤压、吊物坠落、倒塌、倾覆、触电、撞击等，占全部起重机伤害事故的较大比例，尤其以吊物坠落、挤压碰撞事故最为突出。

(1) 碰撞挤压事故

① 吊物在运行过程中摆动挤压碰撞人。发生此种情况的可能原因：一是司机操作不当，运行中机构速度变化过快，吊物产生较大惯性；二是指挥有误，吊运路线不合理致使吊物在剧烈摆动中挤压碰撞人。

② 吊物摆放不稳倾倒碰砸人。发生此种情况的可能原因：一是吊物旋转方式不当，对重大吊物旋转不稳，没有采取必要的安全防护措施；二是吊运作业现场管理不善，致使吊物突然倾倒碰砸人。

③ 在指挥或检修作业中被挤压碰撞，即作为指挥人员在运行机构之间，受到运行中的起重机的挤压碰撞。发生此种情况的可能原因：一是由于指挥作业人员站位不当；二是由于检修作业中没有采取必要的安全防护措施，司机启动起重机时挤压碰撞人。

(2) 起重作业高处坠落事故

起重机的操纵、检查、维修工作多是高处作业，可能发生人员高处坠落事故。引起事故的可能原因：工作装置和安全防护设施缺失或损坏；桥箱或吊笼运行时超载；制动器或承重构件不符合安全要求；防坠落装置缺失或失灵；电气设备保险装置失灵等。

(3) 吊物坠落事故

吊物坠落是起重伤害中比例较大的一种。这类事故主要是由于吊具或索具(如钢丝绳)有缺陷或选择不当、绑挂方法不当、司机操作不规范、过卷扬、超载限制器失灵等原因造成。

(4) 起重机倾翻、折断、倒塌事故

机体倾翻事故的原因主要有露天作业的起重机夹轨器失效、没有防风锚定装置或其不可靠、超载或支护不当、在基础不稳固状态下起吊重物、负载转弯、超速运行等。折断倒塌事故包括结构折断和零部件折断，如主梁或支腿折断等，主要原因有超载、机构及零部件缺陷、违章操作和自然灾害等。

(5) 触电事故

触电事故主要是露天作业碰触高压线路、司机碰触滑触线、电气设施漏电或起升钢丝绳触线等原因造成的。

10.1.2.2　起重机械类设备事故应急处置

(1) 事故报告

起重机出现危险和异常状态时，现场作业人员应第一时间将危险状态信息传递出去和上报，同时做好应急处置准备。

(2) 应急启动

可根据现场实际出现的事故(隐患)现象，参照应急处置预案和有关设备维修使用说明中关于故障排除和紧急情况处置条款执行，以切断事故发展链条，积极使突发危险从事故的临界状态恢复到正常状态。

(3) 现场警戒隔离

人员或吊物坠落、司机或作业人员高空被困、起重机倾翻或折断等事故均易引发二次事故。应根据现场情况对现场进行警戒和隔离，通知危险区域以内的人员撤离和疏散，避免伤害扩大，保证救援通道畅通。

(4) 人员高空坠落时的应急处置

现场指挥人员可统一指挥，在采取必要的防护措施下，由专业人员采取相应工具和手段，尽快抢救出坠落的伤员，根据受伤情况使用止血带、夹板等进行现场紧急抢救，防止伤员过度出血。初步救治后，应尽快送至医院进一步诊断和救治。

(5) 司机或作业人员被困高空时的应急处置

高空、地面抢险人员应统一指挥，协调行动。根据情况，地面可设防止被困人员及施救人员高空坠落的保护措施(充气减震垫、防护网等)。施救人员迅速调集液压升降平台等设备，抵达被困人员位置，帮助被困人员脱离危险区域。如有人员受伤，可视具体情况，用安全绳吊放或其他方法转移伤员。

(6) 起重机倾翻、折断或倒塌时的应急处置

现场应有专业人员指导，由专业抢险人员利用必要的设备设施(汽车起重机、车、气割机、千斤顶等)移开倒塌物体搜救受伤人员。应有专人对现场

的危险状况(空中物品电缆、电线、锐器、火源等)进行监控,确保施救人员的安全。如使用大型机械设备,应尽力避免对伤员造成二次伤害。伤员救出后,医疗救护人员应根据情况进行现场急救,然后转送医院进一步救治。

(7) 起重机碰撞挤压时的应急处置

安排专人监护空中物品或吊具,技术保障人员应采取防护措施。抢险人员穿戴防护用品(安全帽、防滑鞋等),进入危险区域救出伤员,若伤员挤压在物体中无法脱身,应采取必要的抬升、切割、顶开等措施,将碰撞挤压伤者的吊具或吊物等移开,实施救援,医疗救护人员负责救护和运送伤员。

(8) 起重漏电或人员触电的应急处置

在总电源切断前,禁止盲目施救。救援人员应穿戴绝缘服、绝缘鞋、绝缘手套等防护用品,迅速将起重机的总电源断开,用绝缘物(棒)或木制杆件分开导电体与伤员,医护人员实施人工呼吸或其他方法救护伤员。被困司机在起重机漏电的情况下,如未断开总电源,禁止自行移动,避免跨步电压对人体的伤害。

(9) 起重机吊具或吊物伤人的应急处置

操作人员立即停止起重机的一切动作,防止起重机的继续运行可能会导致吊物晃动或碰撞等进一步伤人情况的发生。有急救知识的救援人员迅速靠近伤者,查看伤情并开展救治,同时注意确保现场环境安全,避免在救治过程中发生二次事故。应急救治后根据情况运送伤员至医院进一步诊断和救治。

10.2 压力容器安全

10.2.1 压力容器分类

根据《特种设备目录》中对于压力容器给出的定义,压力容器是指盛装气体或者液体,承载一定压力的密闭设备。压力容器的范围为:① 最高工作压力大于或者等于 0.1 MPa(表压)的气体、液化气体和最高工作温度高于或者等于标准沸点的液体、容积大于或者等于 30 L 且内直径(非圆形截面指截面内边界最大几何尺寸)大于或者等于 150 mm 的固定式容器和移动式容器;② 盛装公称工作压力大于或者等于 0.2 MPa(表压),且压力与容积的乘积大于或者等于 1.0 MPa·L 的气体、液化气体和标准沸点等于或者不超过 60 ℃液体的气瓶；③ 氧舱。

压力容器可按照容器的工作温度、压力等级、工艺原理、安装方式和综合因素等不同方法进行分类。

10.2.1.1　按容器工作温度划分

(1) 高温容器：200～500 ℃。

(2) 常温容器：自然环境温度。

(3) 低温容器：−20～−253 ℃。

10.2.1.2　按压力等级(P)划分

(1) 低压(L)：0.1 MPa≤P<1.6 MPa。

(2) 中压(M)：1.6 MPa≤P<10 MPa。

(3) 高压(H)：10 MPa≤P<100 MPa。

(4) 超高压(U)：P≥100 MPa。

10.2.1.3　按工艺过程中的作用原理划分

(1) 反应压力容器(R)：用于完成介质的物理、化学反应的压力容器，如反应器、反应釜、分解锅、硫化罐等。

(2) 换热压力容器(E)：用于完成介质热量交换的压力容器，如管壳式余热锅炉、热交换器、冷却器、冷凝器、蒸发器等。

(3) 分离压力容器(S)：用于完成介质的流体压力平衡缓冲和气体净化分离等的压力容器，如分离器、过滤器、集油器、缓冲器、洗涤器、吸收塔、铜洗塔、干燥塔、汽提塔、分汽缸、除氧器等。

(4) 储存压力容器(C)：用于储存、盛装气体、液体、液化气体等介质的压力容器，如各种储罐。

10.2.1.4　按安装方式分类

(1) 固定式压力容器：有固定安装和使用地点，工艺条件和操作人员也较固定的压力容器。

(2) 移动式压力容器：使用时不仅承受内压或外压载荷，搬运过程中还会受到由于内部介质晃动引起的冲击力，以及运输过程带来的外部撞击和振动载荷，因而在结构、使用和安全方面均有其特殊要求。

10.2.1.5 按综合因素分类

(1) Ⅰ类容器:指装有非易燃或无毒介质的低压容器,或是装有易燃或有毒介质的低压分离容器和换热容器。

(2) Ⅱ类容器:① 中压容器;② 装有剧毒介质的低压容器;③ 装有易燃或有毒介质的低压反应容器及贮罐;④ 内径小于 1 m 的低压废热锅炉。

(3) Ⅲ类容器:① 高压、超高压容器;② 装有易燃或有毒介质的中压反应容器,中压贮罐或槽车;③ 装有剧毒介质的大型低压容器和中压容器;④ 中压废热锅炉或内径大于 1 m 的低压废热锅炉。

高校实验室所用的压力容器大多数属于固定式压力容器,技术要求和管理要求应符合《固定式压力容器安全技术监察规程》(TSG 21—2016)的规定。

10.2.2 属于特种设备的压力容器日常管理

10.2.2.1 压力容器的使用登记管理

(1) 属于特种设备的固定式容器和移动式容器,须取得特种设备使用登记证。

(2) 使用单位在氧舱投入使用前,应向特种设备安全监管部门逐台申请办理使用登记,领取特种设备使用登记证,未按照规定办理使用登记不得投入使用。使用情况发生变更时,应办理变更登记。

(3) 符合《固定式压力容器安全技术监察规程》(TSG 21—2016)的简单压力容器,不需要办理特种设备使用登记证。

(4) 使用登记管理常见错误,主要是违规使用未取得特种设备使用登记证和压力容器登记卡的压力容器。

10.2.2.2 压力容器的操作人员管理

(1) 快开门式压力容器操作人员、移动式压力容器充装人员、氧舱维护保养人员、特种设备安全管理人员应取得相应的特种设备安全管理和作业人员证,持证上岗,每 4 年复审 1 次。

(2)《特种设备使用管理规则》规定,使用特种设备(不含气瓶)总量 50 台以上的单位应当设置特种设备安全管理机构,其安全管理负责人应取得相应的特种设备安全管理人员资格证书。

(3) 使用 5 台以上第Ⅲ类固定式压力容器、使用移动式压力容器、使用各类特种设备(不含气瓶)总量 20 台以上的单位应当配备专职安全管理员。

(4) 学校应有特种设备操作人员管理台账。

(5) 操作人员管理常见错误:一是操作属于特种设备的压力容器的人员无特种设备安全管理和作业人员证;二是操作人员的特种设备安全管理和作业人员证不在有效期内。

10.2.2.3 压力容器的定期检验

(1) 金属压力容器一般于投用后 3 年内进行首次定期检验。以后的检验周期由检验机构根据压力容器的安全状况等级进行判定。非金属压力容器一般于投用后 1 年内进行首次定期检验。以后的检验周期由检验机构根据压力容器的安全状况等级进行判定。

(2) 固定式压力容器的特种设备使用标志或复印件,应悬挂或者固定在特种设备的显著位置,移动式压力容器的使用标志应当随容器携带,并且打印张贴二维码。

(3) 有关检验的常见错误:一是使用未检验的压力容器;二是安全检验合格证不在有效期内,安全检验合格证未置于特种设备明显位置或丢失。

10.2.2.4 安全附件的定期校验

(1) 安全阀或压力表等安全附件应定期校验或检定。安全阀、爆破片装置、安全联锁装置等安全附件以及压力表、液位计、测温仪等仪表需要定期检查,安全阀一般每年至少校验一次,从事安全阀的运行维护、拆卸检修、校验工作的人员应当取得特种设备安全管理和作业人员证。

(2) 安全附件校验的常见错误:一是应校验或检定的安全附件未及时检验;二是定期校验的单位或人员无相应资质。

10.2.2.5 压力容器的日常使用管理

(1) 建立管理制度与操作规程。使用单位应设置安全管理机构,配备安全负责人、安全管理人员和作业人员,建立各项安全管理制度,制定操作规程。操作规程一般包括设备运行参数、操作程序和方法、维护保养要求、安全注意事项、巡回检查和异常情况处置规定。

(2) 实验室应经常巡视设备。应保证在用压力容器处于正常使用状态,发现异常及时处理,并做好记录。

(3) 建立压力容器维护保养制度。对压力容器本体及其安全附件、装卸附件、安全保护装置、测量调控装置及附属仪器仪表进行定期维护保养，并做好记录。

(4) 建立定期自行检测制度。压力容器的自行检查包括月度检查、年度检查。一般来说，每月进行 1 次月度检查，每年进行 1 次年度检查，当年度检查与月度检查时间重合时，可不再进行月度检查。检查内容主要为压力容器本体及其安全附件、装卸附件、安全保护装置、测量调控装置、附属仪器仪表是否完好，各密封面有无泄漏以及其他异常情况。

(5) 实验室常用的简单压力容器管理要求。实验室中常见的小型水热反应釜、管式气氛炉、移动式空气压缩机的储气罐、水处理设备中的离子交换或过滤压力容器、消防灭火用气瓶等都是带压设备。此类设备虽然不需要办理特种设备登记手续，但也应建立档案管理，制定严格的操作规程，安全使用。

10.2.2.6 盛装易燃易爆气体压力容器和大型气罐的特殊要求

(1) 大多数盛装可燃、爆炸性气体的压力容器属于气瓶类，须遵守《气瓶安全技术规程》(TSG 23—2021)的相关要求，按照该规程第 8.6 条的要点进行检查。

(2) 充装危险气体介质，如毒性危害程度较高的化学介质、易爆液化气体的非气瓶类压力容器，按照固定式压力容器进行管理。其电气设备应防爆，金属储罐接地应符合要求，室外放置的大型储罐应符合防雷设计要求。

(3) 常见错误或隐患有：一是属于特种设备的压力容器未实行使用登记制度，无使用登记表；二是属于简单压力容器未建立安全管理档案，达到报废期限未经检验仍在继续使用；三是盛装可燃、爆炸性气体的压力容器的电气开关和熔断器未采用防爆产品，无避雷装置，避雷装置未定期检验；四是大型储气罐放置在室内，或放置在室外的大型储气罐无隔离装置和警示标志，无遮阳和防腐等措施。

10.2.2.7 压力容器的报废管理

(1) 达到设计使用年限的压力容器应及时报废(未规定设计使用年限，但是使用超过 20 年的压力容器视为达到使用年限)，如若超期使用必须进行检验和安全评估。

(2) 简单压力容器达到设计使用年限时应当报废，如需继续使用，使用单位应当报特种设备检验机构参照《压力容器定期检验规则》(TSG R7001—2013)的有关要求进行检验。

(3) 报废管理方面常见错误主要有:压力容器超期服役、未经过检验评估、未办理相关手续等。

10.2.3 压力容器安全事故及应急处置

10.2.3.1 压力容器安全事故常见类型

(1) 爆炸事故

爆炸事故按性质分为物理爆炸和化学爆炸。物理爆炸是由于容器内介质的压力超过容器所能承受的极限压力,使容器本体破裂,其特点是爆炸过程中没有发生化学反应,仅仅是容器的物理性破裂。物理爆炸产生的能量巨大,容器破裂后,内部的介质会瞬间释放,形成强大的冲击波,可以对周围的设备、建筑物和人员造成严重破坏。化学爆炸常见于盛装可燃气体和易燃液体的压力容器。容器内的介质发生了急剧的化学反应,产生大量的热量和气体,导致容器内的压力急剧上升而引发的爆炸。化学爆炸比物理爆炸更加复杂和危险,除了强大的冲击波外,还会伴随着燃烧现象,产生高温火焰和有毒有害气体。这些燃烧产物和有毒气体可以在周围环境中迅速扩散,造成火灾和中毒等次生灾害。

(2) 泄漏事故

泄漏事故按程度分为轻微泄漏和严重泄漏。轻微泄漏是指压力容器的密封部位或者本体出现较小的裂缝、砂眼等缺陷,导致介质缓慢泄漏。严重泄漏是指压力容器出现较大的破裂或者密封完全失效,介质大量泄漏。无论哪种泄漏,都会对周围环境和人员健康造成危害,严重的对人员生命安全构成威胁。

(3) 变形事故

变形事故按程度分为局部变形和整体变形。局部变形是指压力容器的某个局部区域出现形状改变,可能是由于容器局部受到过高的压力、不均匀的温度分布或者外部的碰撞等原因引起的。局部变形会削弱容器的强度,使该区域承受压力的能力下降。如果不及时发现和处理,变形可能会进一步发展,最终导致容器破裂。整体变形是指整个压力容器的形状发生明显的改变,如整体膨胀或者收缩,通常由于长期的超压运行或者温度变化过大引起。整体变形会影响容器的结构稳定性和密封性，增加泄漏和破裂的风险。同时，容器的内部部件（如内件、管道等）也可能因为整体变形而受到损坏，影响其设备的正常运行。

10.2.3.2 压力容器安全事故的应急处置

(1) 发现压力容器泄压装置、显示装置、自动报警装置、连锁装置及相关安全附件（压力表、温度计、安全阀）失灵等异常情况时，应立即断开动力电源开关或关闭气源的进气阀门，查找异常原因，清除故障，确保安全后再投入运行。

(2) 当压力容器出现超温、超压时，应立即断开动力电源开关或关闭气源的进气阀门，同时迅速开启能安全卸载的阀门，使压力容器内部压力迅速降低。

(3) 当压力容器支座支撑连接处出现松动、移位、沉降和倾斜等险情时，必须紧急停止运行，迅速断开动力电源开关或关闭气源的进气阀门，划定危险区域，设置警戒线，严禁无关人员进入。

(4) 当压力容器接口部位的焊缝、法兰等部位变形、腐蚀、裂纹、过热及泄漏时，应迅速关闭气源的进气阀门，同时迅速开启能安全泄压的阀门，使压力容器内部压力迅速降低，待修复检验检测合格后再投入使用。

(5) 突然停电、停水，使压力容器及其设备不能正常运转，或压力容器及其设备周围发生火灾等非正常原因时，必须紧急停止运行，并按有关操作规程依规避险，防止次生事故发生。

(6) 压力容器及其设备一旦发生爆炸事故，必须设法躲避爆炸物，在可能的情况下尽快将人撤离现场，并拨打火警电话 119 或急救电话 120 请求救援。爆炸停止后，在采取有关安全措施情况下，立即查看是否有人员伤亡，并进行救助。

10.3 场(厂)内专用机动车安全

10.3.1 场(厂)内专用机动车辆概述

根据《特种设备目录》和《场（厂）内专用机动车辆安全技术规程》(TSG 81—2022)的规定，场(厂)内专用机动车辆是指除道路交通、农用车辆以外仅在工厂厂区、旅游景区、游乐场所等特定区域使用的专用机动车辆，包括机动工业车辆和非公路用旅游观光车辆。专用机动工业车辆主要用于场(厂)区内的货物运输、装卸、堆垛等作业，包括但不限于叉车、牵引车、推顶车和搬运车等。场(厂)内用的叉车、推顶车、牵引车和搬运车见图 10-4。

图 10-4 场(厂)内用的叉车、推顶车、牵引车和搬运车

(1) 叉车：包括内燃平衡重式叉车、蓄电池平衡重式叉车、内燃侧面叉车、插腿式叉车、前移式叉车、三向堆垛叉车、托盘堆垛车、防爆叉车等。

(2) 牵引车：包括内燃牵引车、蓄电池牵引车、全液压式牵引车等。

(3) 推顶车：包括内燃推顶车、蓄电池推顶车等。

(4) 搬运车：包括内燃固定平台搬运车、蓄电池固定平台搬运车、平台堆垛车、托盘搬运车、拣选车等。

场内专用旅游观光车辆主要用于场(厂)区内的观光游览，通常设计更为舒适，注重乘客的乘坐体验，主要包括内燃观光车和蓄电池观光车等。需要注意的是，虽然场(厂)内专用机动车辆不在公共道路上行驶，但仍然需要遵守相关的安全规定和操作规程，确保作业安全。

10.3.2 场(厂)内专用机动车辆日常管理

10.3.2.1 专用机动车辆的使用登记证和作业人员管理

(1) 场(厂)内专用机动车辆应当按台(套)向登记机关办理使用登记,并将相关信息固定在车辆前后悬挂车牌的部位。

(2) 场车作业和专职安全管理人员需取得相应项目的特种设备安全管理和作业人员证,持证上岗,并且保证每台场车在作业时均由持证司机随车操纵。

(3) 特种设备安全管理和作业人员证每4年复审1次,复审合格的在证书正本上加盖发证部门复审合格章。复审不合格、逾期未复审的,注销其特种设备安全管理和作业人员证。

(4) 学校内的专用车辆驾驶人员,除了取得相应的操作证书外,还应定期参加安全教育培训,熟悉校园相关管理规则和车辆操作规程,严格按照规范操作,保持良好的精神状态,严禁疲劳驾驶、酒后驾驶等违规行为。

(5) 使用登记和人员管理方面常见错误:一是场(厂)内专用机动车辆未取得特种设备使用登记证,或场(厂)内专用机动车辆未悬挂车牌;二是专用机动车辆操作人员未取得特种设备安全管理和作业人员证,或特种设备安全管理和作业人员证过期。

10.3.2.2 专用机动车辆的定期检验

场车使用单位应当在设备下次检验日期届满前1个月,向特种设备检验机构提出检验申请,检验合格后应将合格标志张贴于车辆明显位置。未经定期检验或者检验不合格的特种设备,不得继续使用。一般说来,高校使用较多的在用叉车定期检验每2年1次;在用非公路用旅游观光车辆定期检验每年1次。

10.3.2.3 专用机动车辆的作业管理

(1) 作业流程规范。严格按照操作规程进行作业,如叉车在叉取货物时,要确保货物放置平稳、重心合理,避免货物掉落伤人。行车在吊运货物时,要先检查吊具的安全性,确保起吊过程平稳、准确。

(2) 安全防护措施。在作业现场设置警示标志,如“注意叉车”“施工重地,请勿靠近”等,提醒相关人员注意安全。作业人员要佩戴好相应的个人防护用品,如安全帽、安全带等。

(3) 现场指挥协调。在进行大型或复杂的作业时,要有专人进行现场指挥和协调,确保作业过程安全、有序。指挥人员要熟悉作业流程和安全要求,与驾驶员和作业人员保持良好的沟通。

10.3.3　场(厂)内专用机动车辆安全事故及应急处置

10.3.3.1　典型事故

(1) 碰撞事故。一是车辆和车辆碰撞,二是车辆和建筑物或固定设施碰撞。碰撞事故的主要原因是驾驶员注意力不集中、操作失误、车辆失控、行驶路线受阻等。

(2) 倾翻事故。车辆重心过高、货物放置不稳或者行驶过程中遇到颠簸、急转弯、行驶操作不当(如急刹车、快速启动)或者车辆本身故障(如轮胎爆胎、转向系统故障)可能导致倾翻。

(3) 坠落事故。当车辆在有高度差的装卸平台、月台、坡道等区域行驶时,如果防护设施不完善或者驾驶员误操作,车辆可能会从高处坠落。

(4) 挤压事故。车辆在行驶、装卸货物过程中,驾驶员视线盲区或者人员违规进入车辆作业区域,导致人员被车辆和其他物体(如墙壁、货架)挤压。

10.3.3.2　应急处置

(1) 立即停车。驾驶员在发生事故后应第一时间停车,拉紧手刹,关闭发动机,防止车辆因惯性或其他原因再次移动。

(2) 初步检查。迅速查看现场情况,立即报告主管部门。如果发现有人受伤,立即呼叫急救人员。

(3) 实施救援(如果可行)。在确保安全的情况下,实施救援,解救受伤人员脱离车辆或危险区。如果人员伤势较重,不要随意挪动,等待专业急救人员到来。

(4) 现场警戒。如有必要,在事故现场周围设置明显的警示标志,防止其他车辆和人员靠近,避免发生二次事故。

10.4 实验室冰箱安全

10.4.1 实验室冰箱概述

实验室冰箱是一种专门为满足实验室环境和实验样本、试剂等保存需求而设计的制冷设备。它在外观上和普通家用冰箱有相似之处，但在结构、性能、功能和精度等方面有很大的不同。

从结构上看，实验室冰箱通常有坚固的外壳，一般采用高质量的金属材料，如不锈钢外壳，这使其具有良好的抗压性和耐腐蚀性，能够适应实验室中可能出现的各种化学物质的侵蚀和较为复杂的使用环境。

实验室冰箱的内部结构包括多个可调节的搁架，这些搁架可以根据不同的实验样本和试剂瓶的大小、形状进行灵活调整，以充分利用内部空间。同时，实验室冰箱配备了精确的温度控制系统，有的还带有温度显示和报警装置。

实验室冰箱在制冷原理上和普通冰箱类似，压缩机将制冷剂压缩成高温高压气体，然后通过冷凝器散热，使其变成高压液体，再经过节流装置降压后，在蒸发器中蒸发吸热，从而达到降低内部温度的目的。实验室冰箱的主要作用如下所述。

10.4.1.1 样本保存

用于保存各种生物样本，如血液样本、组织样本、细胞培养物等。例如，在医学研究中，血液样本需要保存在特定的温度下，以防止血液中的成分发生变化。对于一些需要进行基因检测的血液样本，合适的温度可以确保DNA的稳定性，一般要求在−20 ℃左右保存。在微生物学实验室中，细菌、病毒等微生物样本也需要在适宜的温度下保存。有些细菌需要在4 ℃左右的低温环境下“休眠”，以保持其活性，方便后续的实验研究，如大肠杆菌的短期保存。

10.4.1.2 试剂保存

许多化学试剂对温度敏感，实验室冰箱可以为它们提供稳定的保存环境。比如酶类试剂的活性会受到温度的极大影响。像DNA聚合酶等酶试剂，在−20 ℃的实验室冰箱中可以长时间保持活性，而在较高温度下可能会迅速失活。一些标准溶液和缓冲液也需要在特定温度下保存,以保证其浓度和化学性质的稳定。例如,在实验室冰箱中保存 pH 缓冲液,可以防止其因温度变化而发生 pH 值改变,从而确保实验结果的准确性。

10.4.1.3 药品保存

实验室中用于实验动物或临床试验的药品需要合适的温度保存。例如,某些药物在配制后如果不妥善保存,可能会分解或变质。在研发阶段,这些药物通常会被保存在实验室冰箱中,以确保其药效和安全性。

10.4.1.4 实验材料保存

一些实验材料,如实验用的胶卷(在一些传统的影像学实验中)、特殊的实验纸张等,可能会受到温度和湿度的影响。实验室冰箱可以提供相对干燥和低温的环境,防止这些材料受潮、变质或性能下降。

10.4.2 实验室冰箱使用管理及事故应急处置

10.4.2.1 实验室冰箱贮存危险化学品

贮存危险化学品的实验室冰箱应为防爆冰箱或经过防爆改造的冰箱,并在冰箱门上注明是否防爆,防爆冰箱带有 Ex 标志。某些有机溶剂或燃料等化学品在高温或暴露于光线和空气的作用下,容易发生分解、氧化或聚合等反应,导致燃烧或爆炸。用实验室冰箱贮存易燃易爆试剂,有助于提高安全系数。但如果试剂密封不严产生微泄漏,导致实验室冰箱内空气中的试剂浓度增加,达到爆炸极限,遇到电火花或静电,便会产生爆炸和燃烧。

其他类别的普通化学品如需低温保存,同样需要了解其相关数据,判断能否存放普通冰箱中以及存放普通冰箱中的风险高低。实验室冰箱贮存化学品常见错误:在普通冰箱中放置易燃易爆试剂,或是冰箱已经故障停止工作其内部仍存有易燃易爆试剂。几种典型的实验室防爆冰箱见图 10-5。

10.4.2.2 实验室冰箱内存放物品管理

(1) 实验室冰箱内存放的物品须标识明确。标识至少包括:名称、浓度、危险性质、使用人、日期等。实验室内试剂、试样等及时做标记既是良好习惯,也是管理要求。实验室冰箱内存放的物品往往较多,完成实验后应及时清理,平时也应定期清理,保持规范。特别是学生毕业前,应将无用的试剂、实验产物等分类交由专业公司集中处置,并将有用的试剂和物品标识清楚

图 10-5　几种典型的实验室防爆冰箱

移交给实验室管理员。

(2) 实验室冰箱内存放的试剂瓶螺口拧紧,无开口容器,不得放置非实验用食品、药品。不得放置无盖的烧杯或包装不严密(用保鲜膜、铝箔等)的容器(除非内装物质是无挥发性的),避免实验室冰箱内空气中有机物的浓度增加。一些敏感性试剂须增加二次密封。如果存放固体物,包装要尽量密封。

(3) 实验室冰箱内不宜存放过多有机溶剂,间隔一定时间需要打开冰箱门换气,使箱体内的有机蒸气及时散发。

(4) 常见问题如下所述。① 试剂瓶未按要求标识要素,或采用饮料瓶装试剂等。② 将生活用的食品、蔬菜、饮料等放在实验室冰箱中。③ 将装有挥发性液体的无盖烧瓶或烧杯放在冰箱中,或只是用塑料膜覆盖一下。将有双层盖子的试剂瓶随意丢掉内层盖子。④ 长期未清理,有较多无标签试剂瓶。实验室冰箱中混乱,有叠放现象,试剂瓶易滑下打破。⑤ 存在实验室冰箱内的试剂瓶、烧瓶等重心较高的容器未加以固定,开关实验室冰箱门时易造成倾倒或破裂。⑥ 将非实验用的药品放在实验室冰箱中,或将实验用的药品放在办公室冰箱中。实验室冰箱内不规范存放药品现象见图 10-6。

图 10-6　实验室冰箱内不规范存放药品现象

10.4.2.3　实验室冰箱使用年限和空间

(1) 实验室冰箱一般使用期限为 10 年,原则上不能超期使用。实验室冰箱超期服役可能产生管路老化问题和线路老化问题,前者容易破漏,会出现制冷剂泄漏;后者可能会产生短路或漏电,严重的可能引起火灾。

(2) 超过期限的实验室冰箱如需继续使用,需申请延期并经审核通过。建议实验室冰箱使用至 16 年时实施强制报废,以减少安全隐患。

(3) 实验室冰箱发生故障不能修复时,须提前报废。

(4) 实验室冰箱周围留出足够空间,周围不堆放杂物,不影响散热。如散热受阻,对实验室冰箱本身环境不利,并且对周围环境可能造成威胁。

(5) 实验室冰箱应安放在远离热源,不受阳光直射的地方,散热面周围不堆积杂物。

10.4.2.4　实验室冰箱事故及应急处置

(1) 实验室冰箱事故类型。实验室冰箱事故类型主要有储存试剂泄漏、实验室冰箱着火、发生爆炸三类。实验室冰箱一般较少发生事故,如果试剂瓶没有密封好,在冰箱内倾倒,或者试剂瓶在放置过程中受到碰撞破裂,就会导致试剂泄漏。当实验室冰箱内储存有易燃、易爆的化学品(如乙醚、丙酮等有机溶剂),如果实验室冰箱的电气部件产生电火花(如压缩机启动或温控器故障产生的电火花),或者实验室冰箱内的电线老化、短路,遇到泄漏的易燃化学品蒸气,则可能引发火灾或爆炸。

(2) 事故应急处置。实验室冰箱发生火灾或爆炸时,一般按照下列流程处置。① 立即切断电源。一旦发现火灾或爆炸迹象,迅速切断冰箱的电源,避免因带电原因进一步扩大。② 发出警报。大声呼喊,通知实验室里的其他人发生火灾或爆炸。在保证自身安全的情况下,迅速查看事故现场,报告单位主管部门,或拨打火警电话 119。③ 尝试灭火(如果安全可行)。如果是初期小火灾,且已知燃烧物质的性质,可以使用合适的灭火器进行灭火。如果火势较大,不要盲目灭火,尽快撤离现场。④ 组织疏散。协助实验人员按照安全疏散路线撤离,注意避免拥挤和慌乱。

10.5 实验室加热设备安全

10.5.1 加热设备的使用管理

实验室加热设备包括电炉、电热板和电加热套、烘箱(干燥箱)、马弗炉、管式炉、水浴锅、油浴锅等。这些加热设备能够满足实验过程中不同温度的要求,对化学实验中的反应加速,物理实验中的物质状态变化等诸多实验环节有重要作用,是实验室进行各类实验的重要工具。几种典型的实验室加热设备见图 10-7。

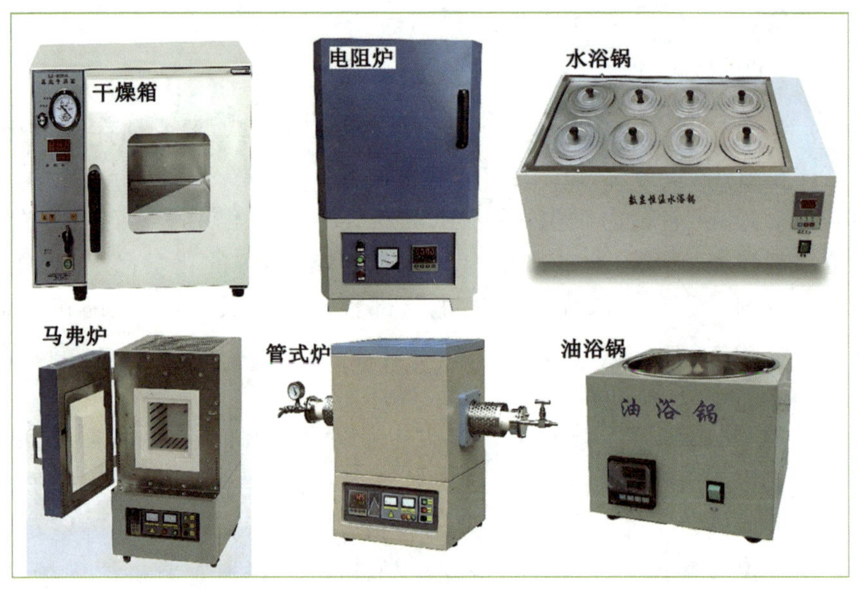

图 10-7 几种典型的实验室加热设备

10.5.1.1 加热设备的空间位置

(1) 烘箱、电阻炉等加热设备应放置在通风干燥处,确保周围有一定的散热空间,否则可能导致实验室局部空间温度过高,影响邻近设备和设施安全。

(2) 高温设备必须放置在稳定的绝缘防火操作平台上。木桌、木板等属于可燃物品，烘箱、电阻炉等加热设备直接放置在上面易发生火灾；金属桌须做好绝缘措施。

(3) 易燃易爆化学品、气体钢瓶遇热易发生火灾、爆炸事故，不应放置在烘箱、电阻炉等加热设备附近。

(4) 许多杂物遇高温易发生火灾，不应放置在烘箱、电阻炉等加热设备边上。

(5) 电阻炉、烘箱放置位置应远离配电箱、插座、接线板等设备。

(6) 加热设备空间布置方面的常见错误：一是烘箱、电阻炉等放置在木桌、木板等易燃物品上，二是烘箱、电阻炉等设备边上放置易燃易爆化学品、气体钢瓶、冰箱、杂物等；三是加热设备放置位置拥挤，无防护措施；四是烘箱、电阻炉阻挡配电箱或靠近插线板等。

10.5.1.2 烘箱及电阻炉加热的使用年限

烘箱及电阻炉的一般使用期限为 12 年，原则上不超期使用。烘箱、电阻炉长期在高温环境下工作，易造成线路老化，温控失灵，发生安全事故。如需超期使用，须申请延期使用，并经审核通过后方可继续使用。烘箱及电阻炉虽未超期使用、但已存在安全隐患的，应彻底消除隐患后方可使用。

10.5.1.3 烘箱及电阻炉加热的使用安全

加热设备是实验室内的风险源之一。按照相关规定，应在加热设备周边张贴警示标志和操作规程，做好必要防护措施，严格按照规程操作。

(1) 安全警示标志具有警示安全、杜绝违章操作的作用，应张贴于加热设备周边醒目位置处。

(2) 安全操作规程应通俗易懂、简明扼要，明确规定操作步骤、防护措施、注意事项及应急处置措施。

(3) 烘箱及电阻炉等加热设备应有高温隔离装置，或设置必要的隔离距离。使用高温烘箱、电阻炉时实验人员应佩戴防护手套，以防止烫伤。

(4) 为防止发生火灾和爆炸，下列物品禁止放入烘箱加热烘烤：易燃易爆物品、具有挥发性及腐蚀性物品、加热后产生大量气体的物品、纸质或塑料筐等易燃包装的物品。

(5) 使用加热设备时，应进行登记，温度较高的实验需有人值守或有实时监控措施。烘箱、电阻炉等设备属于高温设备，存在火灾隐患。长时间使用的烘箱、电阻炉工作时需有人值守，或间隔 10～15 min 观察 1 次，或安装实时监控设施、超温断电保护器,以防发生事故。

(6) 烘箱等加热设备使用完毕,清理物品、切断电源,确认其冷却至安全温度后方能离开。烘箱等高温加热设备即使使用完毕切断电源后,内部温度仍然较高,如周围有易燃物品,仍有引发火灾的可能,应确认其冷却至安全稳定后方可离开。

10.5.1.4 明火电阻炉加热的使用安全

有的实验需要使用明火电阻炉,使用明火电阻炉时应注意操作安全。

(1) 凡涉及化学试剂的实验室尽量避免使用明火电阻炉,建议使用密封电炉、电磁炉、电加热套、水浴锅、油浴锅等加热设备替代。确因特殊需要使用,必须在使用场所采取有效的防火、防爆、隔热处理等措施,并张贴高温警示标志。使用中的明火电炉 2 m 范围内严禁堆放易燃易爆物品、气瓶和易燃杂物。

(2) 严禁使用明火电炉加热易燃易爆试剂。禁止超用途、超范围、超审核有效期使用明火电炉。

(3) 使用电阻炉等明火设备时必须有人值守,用完及时拔掉电源插头。

10.5.1.5 电磁炉、电烙铁、电吹风加热的使用安全

(1) 电磁炉加热液体时,要严格按照操作规程,避免液体沸腾外溢,同时注意观察,避免烧干。

(2) 通电的电烙铁不使用时,应摆放在烙铁架上,防止烙铁头引燃物品或有其他不安全事故发生。

(3) 经常检查电磁炉、电烙铁、电吹风、热风枪、电热水壶、微波炉等加热设备的开关是否正常,使用完毕应立即切断电源,拔掉电源插头。

(4) 不得将刚使用完毕的电吹风、热风枪、电烙铁立即收纳起来,应冷却至室温后再进行收存。

(5) 未使用的电吹风、电热枪,其出风口不要对着试剂、纸张等易燃品。

10.5.1.6 自制红外灯烘箱的使用安全

(1) 红外灯会发热,禁止用纸质、木质材料自制烘箱,避免引发燃烧事故。

(2) 如果要自制红外烤箱,其箱体必须是不易燃的材料,如钢板、陶瓷板等,并注意电源线与开关等要符合规范要求,不得裸露电源线接头等。

(3) 紫外灯不发热,但自制紫外灯照射箱也应注意安全。

10.5.2　加热设备安全事故及应急处置

10.5.2.1　加热设备典型事故

(1) 火灾事故

事故原因:加热设备温度过高,使周围的易燃物(如纸张、有机溶剂等)着火;加热设备短路或过载,产生电火花,点燃附近的可燃物质。例如,在化学实验室中,用酒精灯加热含有有机溶剂的样品时,有机溶剂挥发出来,遇到酒精灯火焰则可能被点燃。

事故危害:火灾会迅速蔓延,烧毁实验室设备、实验样本和文件资料等,还会产生大量有毒有害气体,对人员生命安全构成严重威胁。

(2) 烫伤事故

事故原因:使用者在操作加热设备过程中,不小心接触到高温的加热表面(如电炉丝、电加热套等),或者加热的液体飞溅出来烫伤皮肤。比如,在加热试管中的液体时,液体可能因为沸腾而喷出,溅到手上导致烫伤。

事故危害:烫伤程度根据接触温度和时间的不同而不同,可能导致皮肤红肿、水泡,严重时会造成深层组织损伤,引起疼痛和感染。

(3) 爆炸事故

事故原因:加热一些具有挥发性和易爆性的化学物质,如果在封闭或通风不良的环境中,当达到爆炸极限时,遇到火源(加热设备的明火或电火花)则会爆炸。另外,加热设备本身的故障(如加热容器破裂)也可能导致爆炸。例如,加热一个密封的玻璃容器,容器内的液体受热膨胀,使容器内压力增大,可能引起容器破裂爆炸。

事故危害:爆炸会产生强大的冲击力,造成实验室设备损坏、建筑物结构破坏。另外,碎片飞溅可能导致人员伤亡。

10.5.2.2　加热设备事故的应急处置

(1) 火灾事故应急处置

① 立即切断电源:如果是电加热设备引起火灾,要马上切断电源,防止火势因电流作用进一步扩大。

② 发出警报:大声呼喊提醒实验室中的其他人发生火灾,同时启动实验

室的火灾警报系统。立即拨打单位内部的消防电话或火警电话119。

③ 尝试灭火(在安全的情况下):如果火势较小,可使用适当的灭火器进行灭火;如果火势较大,不要贸然灭火,应尽快撤离。

④ 组织疏散:引导实验室人员按照预定的疏散路线撤离。

(2) 烫伤事故应急处置

① 迅速脱离热源:让伤者立即远离加热设备,避免持续烫伤。

② 冷却烫伤部位:将烫伤部位放在流动的冷水中冲洗15～30 min,以降低烫伤部位的温度,减轻疼痛和烫伤程度。

③ 脱去受伤部位的衣物(如有必要):在冷水冲洗后,轻轻脱去受伤部位的衣物。如果衣物与伤口粘连较紧,不要强行撕扯,以免加重伤口,可以用剪刀小心剪开。

④ 覆盖伤口:用干净的纱布、毛巾或无菌敷料轻轻覆盖烫伤部位,防止感染。如果没有这些物品,暂时用干净的塑料袋或保鲜膜覆盖也可以。

⑤ 及时就医:评估烫伤情况,若烫伤情况严重,应立即呼叫急救车辆或安排人员送伤者去医院治疗。

(3) 爆炸事故应急处置

① 紧急避险:立即卧倒,用双手护住头部和重要器官,躲在坚固的物体后面,防止被爆炸产生的碎片击中。

② 评估状况并报警:爆炸后稍做停顿,观察周围情况,同时拨打单位内部的安全管理部门电话,根据情况决定是否拨打火警电话119和急救电话120。

③ 组织疏散(如果安全):如果建筑物结构稳定且没有明显的危险,协助其他人员按照预定的疏散路线撤离到安全地带。

④ 配合救援人员工作:消防、医疗等救援人员到达后,积极配合他们的工作。

思考题

1. 举例说明起重机在实验室可能发生的安全事故类型及原因。

2. 实验室常见的压力容器类型有哪些,各自的安全防护关键点是什么?

3. 场内专用车辆在实验室区域行驶时,应遵循哪些交通规则和安全注意事项?

4. 实验室用冰箱在放置和使用过程中，为防止安全事故需要注意什么？

5. 实验室加热设备发生安全事故的类型有哪些，危害性体现在哪些方面？

6. 压力容器发生超压等故障时，应如何进行紧急处置？

7. 场内专用车辆若发生碰撞事故，现场人员应如何开展应急救援？

8. 实验室用冰箱着火时，应采取哪些应急措施处置？

9. 加热设备烫伤实验人员时，应采取哪些应急措施处置？

10. 操作起重机、压力容器等特种设备的人员需要具备哪些资质证书？

11. 对实验室特种设备进行定期安全检查的主要内容有哪些？举例说明。

12. 实验室用冰箱存放化学试剂等物品时，有哪些存储原则和要求？

13. 从技术创新角度探讨如何提升实验室特种设备和冷热设备使用的安全水平？

参考文献

[1] 艾德生.《高等学校实验室安全检查项目表》要点解读[M]. 北京:清华大学出版社,2024.

[2] 艾德生. 高校实验室安全形势与任务[J]. 实验技术与管理,2025,42(1):1-10.

[3] 蔡乐. 高等学校化学实验室安全基础[M]. 北京:化学工业出版社,2018.

[4] 冯建跃. 高校实验室安全工作参考手册[M]. 北京:中国轻工业出版社,2020.

[5] 高建村,葛君,张人友,等. 高校及科研院所实验室事故人因因素影响分析[J]. 实验技术与管理,2023,40(2):205-209.

[6] 公安部. 剧毒化学品购买和公路运输许可证件管理办法[EB/OL]. (2005-05-25)[2024-09-08]. https://www.gov.cn/zhengce/2021-12/25/content_5712923.htm.

[7] 公安部. 易制爆危险化学品治安管理办法[EB/OL]. (2019-05-22)[2024-09-23]. https://www.gov.cn/gongbao/content/2019/content_5442274.htm.

[8] 郭海涛. 消防安全管理技术[M]. 2 版. 北京:化学工业出版社,2024.

[9] 全国实验动物标准化技术委员会. 实验动物 动物实验生物安全通用要求:GB/T 43051—2023[S]. 北京:国家市场监督管理总局,2023.

[10] 科技部. 实验动物 环境及设施:GB 14925—2023[S]. 北京:国家市场监

督管理总局,2023.

[11] 应急管理部.危险化学品仓库储存通则:GB 15603—2022[S].北京:国家市场监督管理总局,2022.

[12] 国家市场监督管理总局特种设备安全监察局.气瓶安全技术规程:TSG 23—2021[S].北京:国家市场监督管理总局,2021.

[13] 国家市场监督管理总局.特种设备安全监督检查办法[EB/OL].(2022-05-26)[2024-09-04]. https://www.gov.cn/zhengce/2022-05/25/content_5726888.htm.

[14] 中国电子技术标准化研究所.测量、控制和实验室用电气设备的安全要求 第1部分:通用要求:GB 4793.1—2007[S].北京:国家质量监督检验检疫总局,2007.

[15] 国家市场监督管理总局.特种设备目录[EB/OL].(2014-10-30)[2024-09-17]. https://www.samr.gov.cn/tzsbj/tzgg/zjwh/art/2014/art_075b6c60ca144be7a425e80f20c17af3.html.

[16] 国家质量监督检验检疫总局.特种设备使用管理规则:TSG 08—2017[EB/OL].(2017-01-16)[2024-07-15]. https://www.samr.gov.cn/cms_files/filemanager/samr/www/samrnew/tzsbj/zcfg/aqjsgf/aqjsgf/201906/P020190621529718866227.pdf.

[17] 国家质量监督检验检疫总局.特种设备作业人员监督管理办法[EB/OL].(2011-05-03)[2024-08-19]. https://https://www.gov.cn/gongbao/content/2011/content_2010600.htm.

[18] 全国危险化学品管理标准化技术委员会.化学品分类和标签规范 第2部分:爆炸物:GB 30000.2—2013[S].北京:国家质量监督检验检疫总局,2013.

[19] 全国认证认可标准化技术委员会.实验室 生物安全通用要求:GB 19489—2008[S].北京:国家质量监督检验检疫总局,2008.

[20] 全国危险化学品管理标准化技术委员会.危险货物分类和品名编号:GB 6944—2012[S].北京:国家质量监督检验检疫总局,2012.

[21] 国务院.病原微生物实验室生物安全管理条例[EB/OL].(2024-12-06)[2024-12-25]. https://flk.npc.gov.cn/detail2.html?ZmY4MDgwODE2ZjNjYmIzYzAxNmY0MTEyMjMyNjE1MWU.

[22] 国务院.放射性废物安全管理条例[EB/OL].(2011-12-20)[2024-07-

09]. https://flk. npc. gov. cn/detail2. html? ZmY4MDgwODE2ZjNjYmIzYzAxNmY0MTA5OWVlNzEyY2E.

[23] 国务院. 实验动物管理条例[EB/OL]. (2017-03-01)[2024-08-20]. https://flk. npc. gov. cn/detail2. html? ZmY4MDgwODE2ZjNjYmIzYzAxNmY0MTUyYTVjNjIyMDQ.

[24] 国务院. 特种设备安全监察条例[EB/OL]. (2009-01-24)[2024-08-13]. https://flk. npc. gov. cn/detail2. html? ZmY4MDgwODE2ZjNjYmIzYzAxNmY0MGQzMDZiNzA1ZjM.

[25] 国务院. 易制毒化学品管理条例[EB/OL]. (2018-09-18)[2024-09-06]. https://flk. npc. gov. cn/detail2. html? ZmY4MDgwODE2ZjNjYmIzYzAxNmY0MTI3ZjVmMzFhMzY.

[26] 何晋浙. 高校实验室安全管理与技术[M]. 北京:中国计量出版社,2009.

[27] 教育部办公厅印发《高等学校实验室安全规范》的通知[EB/OL]. (2023-02-08)[2024-07-20]. http://www. moe. gov. cn/srcsite/A16/moe_784/202302/t20230220_1045998. html.

[28] 教育部办公厅关于开展加强高校实验室安全专项行动的通知[EB/OL]. (2021-12-10)[2024-08-10]. http://www. moe. gov. cn/srcsite/A16/s7062/202112/t20211224_589878. html.

[29] 李冰洋,毕大强,艾德生,等. 高校学科交叉实验室安全课程体系构建与实施[J]. 实验技术与管理,2023,40(11):7-14,34.

[30] 李冰洋,黄开胜,艾德生. 世界一流大学实验室安全管理理念及清华大学实践[J]. 实验室研究与探索,2022,41(1):299-305.

[31] 李贤功,吴祝武,张春蕾,等. 基于关联规则的实验室事故分析[J]. 实验技术与管理,2022,39(10):218-221.

[32] 李玉贤,纪宝玉,王磊. 化学实验室安全操作技术与防护[M]. 北京:中国中医药出版社,2020.

[33] 刘海峰,曾晖,李瑞. 化工实践实验室安全手册[M]. 广州:中山大学出版社,2020.

[34] 马国杰,王志武. 实验室安全教育手册:动漫版[M]. 郑州:郑州大学出版社,2021.

[35] 彭华松,许歆瑶,刘闯,等. 新工科背景下高校实验室安全教育的问题及

对策[J]. 实验室研究与探索,2021,40(10):295-299,304.
[36] 中华人民共和国安全生产法[M]. 北京:法律出版社,2021.
[37] 中华人民共和国特种设备安全法[M]. 北京:法律出版社,2013.
[38] 中华人民共和国消防法[M]. 北京:中国法制出版社,2021.
[39] 宋小飞,伍银爱,吕鹏飞,等. 突发事故应急预案在高等院校实验室管理中的应用[J]. 实验技术与管理,2015,32(4):251-255.
[40] 王启立,吴祝武,艾德生,等. 涉化类实验室安全教育必修课程建设:审视与建议[J]. 实验技术与管理,2025,42(3):238-245.
[41] 王启立,吴祝武,艾德生. 立德树人视角下高校实验室安全培训思考:从安全教育到安全育人[J]. 中国大学教学,2024(7):78-84.
[42] 吴宜灿. 辐射安全与防护[M]. 合肥:中国科学技术大学出版社,2017.
[43] 吴祝武,白向玉,孙志强,等. 高校实验室安全管理的探索与实践[J]. 实验技术与管理,2019,36(12):1-4.
[44] 吴祝武,白向玉,王冰洁,等. 新时期加强高校实验室安全治理能力建设的探索与实践[J]. 实验技术与管理,2022,39(12):211-216.
[45] 阳富强. 高校实验室安全教育[M]. 北京:化学工业出版社,2024.
[46] 姚朋君,范强锐,马涛,等. 高校安全生产突发事件应急预案体系构建[J]. 实验室研究与探索,2015,34(4):282-285.
[47] 余新炳. 实验室生物安全[M]. 北京:高等教育出版社,2015.
[48] 张安胜,彭华松. 高校实验室安全教育体系的构建与实践[J]. 实验室研究与探索,2022,41(10):307-312.
[49] 郑春龙. 高校实验室生物安全技术与管理[M]. 杭州:浙江大学出版社,2013.
[50] 郑端文,刘振东. 消防安全技术[M]. 2 版. 北京:化学工业出版社,2011.
[51] 中国疾病预防控制中心病毒病预防控制所,中国疾病预防控制中心,中国疾病预防控制中心传染病预防控制所,等. 病原微生物实验室生物安全通用准则:WS 233—2017[S]. 北京:国家卫生和计划生育委员会,2017.
[52] 教育部关于印发《高等学校实验室安全分级分类管理办法(试行)》的通知[EB/OL]. (2024-03-26)[2024-07-26]. http://www.moe.gov.cn/srcsite/A16/s7062/202404/t20240419_1126415.html.

[53] 教育部关于加强高校实验室安全工作的意见[EB/OL].(2019-05-22)[2024-07-15]. http://www.moe.gov.cn/srcsite/A16/s3336/201905/t20190531_383962.html.

[54] 中国工程建设标准化协会化工分会.爆炸危险环境电力装置设计规范:GB 50058—2014[S].北京:住房和城乡建设部,2014.

[55] 住房和城乡建设部,应急管理部.建筑防火通用规范:GB 55037—2022[S].北京:住房和城乡建设部,2022.

[56] 朱莉娜,孙晓志,弓保津,等.高校实验室安全基础[M].天津:天津大学出版社,2014.

附录一　法律法规

附录 1 《中华人民共和国安全生产法》

附录 2 《中华人民共和国特种设备安全法》

附录 3 《特种设备安全监督检查办法》

附录 4 《高等学校消防安全管理规定》

附录 5 《危险化学品安全管理条例》

附录 6 《易制毒化学品管理条例》

附录 7 《易制爆危险化学品治安管理办法》

附录 8 《放射性废物安全管理条例》

附录 9 《放射性同位素与射线装置安全和防护条例》

附录 10 《病原微生物实验室生物安全管理条例》

附录二 标准规范

附录 11 《高等学校实验室安全规范》

附录 12 《高等学校实验室安全分级分类管理办法（试行）》

附录 13 《化学化工实验室安全管理规范》（T/CCSAS 005—2019）

附录 14 《危险化学品仓库储存通则》(GB 15603—2022)

附录 15 《化学品分类和危险性公示 通则》（GB 13690—2009）

附录 16 《易制毒化学品品种名录》(2024 年)

附录 17 《易制爆危险化学品名录》(2017 年)

附录 18 《常用危险化学品储存禁忌物配存表》

附录 19 《实验室化学废液相容表》

附录 20 《危险化学品配伍禁忌(一):易制爆》

附录 21 《危险化学品配伍禁忌(二):易制毒》

附录 22 《危险化学品配伍禁忌(三):其他》

附录 23 《实验室废弃化学品收集技术规范》(GB/T 31190—2014)

附录 24 《国家危险废物名录》(2021 年)

附录 25 《气瓶搬运、装卸、储存和使用安全规定》(GB/T 34525—2017)

附录 26 《气瓶安全技术规程》(TSG 23—2021)

附录 27 《特种设备目录》(2014 年)

附录 28 《特种设备使用管理规则》(TSG 08—2017)

附录 29 《实验室 生物安全通用要求》(GB 19489—2008)

附录 30 《高等学校实验室安全检查项目表》(2025 年)